教我如何不想她
——语音的故事

朱晓农 焦磊 著

香港研资局 General Research Fund（HKUST 644509）资助项目

目录

序 .... 焦磊　1

语音有什么可研究的？ 3
张三李四：语音学家都有些谁？——发音弹琴：语音学研究些什么？——鸡先蛋先：语音学的来历

口腔的故事 13
萧伯纳的《卖花女》与国际音标——什么是元音？——丹尼尔·琼斯和保尔·帕西——"他的三号定位元音不大好。"——真实的希金斯教授——使徒行传——赖福吉给《窈窕淑女》配音——费国华对朱晓农说："你的 i 太高了。"——日化元音：什么叫"中国特色"？——从五音到三十六字母——堵塞和爆发、塞音和塞擦音——湍流与交通阻塞——咝音与虎跳峡——搭拍音和闪音的区别——㘗㘗呼鸡与喷喷称奇——伯努利效应与颤音

喉头的故事 47
琼斯对艾伯克龙比说："请发内爆音。"——琼斯叫威尔斯读浊送气音——假声只能用来唱京戏吗？——周杰伦的音色和沈星有什么相同点？——平平仄仄作诗难——沈约与乌镇——什么是四声？四声是什么样的？——从轻重到平仄，长短律还是高低律？——声调探索的传承：从利玛窦到赵元任——"赵是从来不犯错误的！"——国语罗马字和汉语拼音——刘半农：中国语音学的开山鼻祖——教我如何不想她——"我辈数人，定则定矣！"——喉头研究的意义：再谈"中国特色"

语音的演化 85
格林童话和格林定律——国学崇山的巅峰：顾炎武的故事——古无轻唇音：

钱大昕的故事——没有音标符号之前：戴震的故事——"支脂之"古代同音吗：段玉裁的故事——新范式制定者：高本汉的故事——三大天才之一：陆志韦的故事——多产的耕耘者：王力的故事——文学家与语音学：林语堂和陈独秀——乌戈山离和元音大递换——孔夫子是怎么读诗经的？——语音是怎么变的：词汇扩散论

翻译和拼音 123

僧祐的故事——鸠摩罗什的故事——《圣经》的方言译本——最早的汉语拼音尝试：利玛窦——系统的汉语拼音方案：金尼阁——早期超一流描写语音学家：艾约瑟——洋泾浜：上海腔英文——three 还是 free：广东腔英文

语音与科学 151

从《黄帝内经》的"会厌"到《梦溪笔谈》的"嗓叫子"——控制横膈膜的神经索和伯努利效应——"直立人"还是"直颈人"？——黑猩猩为什么学不会人类语言？——鲸鱼、人和蝙蝠——帕瓦罗蒂的"High C"——赫姆霍兹共振管和歌唱共振峰——腹语、呼麦和长啸——贝尔的故事：从电话到浪纹计——水是眼波横：横波与纵波——数学家傅立叶——语图仪和可视语言——降调短，升调长——声纹能定罪吗？——从音位到区别特征：哲学含义——语音与人种差异——汉语中为什么有"又高又紧"的 i 元音——小个子发声：假声和嘎裂声——热带之声：气声

高音的故事——语音的象征作用 201

"窝头"（water）是"水"吗：语音和语义的任意性关系——象声词——台湾来的"美眉"——北京女孩子为什么说"女国音"？——"大小"义与元音低高的相关性——"凄凄惨惨戚戚"与"十八相送"：诗人和音乐家的直觉——擂鼓进攻，鸣金收兵——体态语的高频动作——服从动物行为大原理的语音小原理——美眉怎么知道男孩子是真心爱她？

语音与联想 219

"首当其冲"的联想——同音联想和淳朴民俗——顺应民俗联想的政治文化——同音联想面面观——其他民族的同音联想——联想再联想——再联想之一：法治如语法——再联想之二：中国为什么产生不了科学

跋 .... 朱晓农 246

序

　　写作一本语音学小册子的计划早在2008年的时候就产生了，当时所想写的还不是一本关于语音学的科普书，而仅仅是一本语音学的入门教材，简单地介绍一下这门学问里面的基本知识点。当然，朱晓农老师和我都不希望把这本书写成个高头讲章——朱老师刚写完一本详细讲授语音学的教材，没有必要换汤不换药再来一回——所以当然最好是连汤一块儿换，于是就商量着往里面加点语音学的趣事逸闻之类。这方面的内容，说起来不少，写起来还真不多。所以吧，真正写的时间并不长，但准备的时间可不短。每一节的内容都是朱老师和我一点儿一点儿攒起来的，这么着积少成多，一转眼就是两年。

　　两年写一本10多万字的小书，时间应该是很宽裕了，不过要是考虑到这本小书所涉及的方方面面，两年就截稿，我还真觉得有些仓促。这本书又谈文学又谈历史，既讲生理又讲物理，想要深入浅出，而且还得有点可读性，应付起来可是件吃力的事。好在朱老师和我在专业之外都喜欢谈些副业，例如科学哲学之类——还记得我刚认识朱老师那会儿，两人讨论的第一个问题不是语音学，而是哲学家库恩（Thomas Kuhn）的科学范式问题——当然，其实这也不真是副业，因为要想把语音学建立为一门在科学方法指导下不断发展的现代学科，第一步要做的就是要为其建立起科学的研究范式，这个观点正是朱老师和我不谋而合之处。虽说朱老师在《方法：语言学的灵魂》一书中对此问题已经有详细的论述，但那毕竟是针对专业读者来谈的。现在我们的"野心"想更大一点，希望讲学理能像白居易写诗，"老妪能解"。换句话说，我们不但希望对语言或是语言学有兴趣的读者能够在读了这本书之后，对语音学这门专门之学、艰涩之学有一个活泼泼的认识，而且也希望不了解语音学的读者在读了这本书之后，能对语音学有所了解，并产生兴趣，当然，最好是能够投身到这个大有前途的事业中来。那样，

教我如何不想她

这本小书也算是超额完成它的任务了。

这本书由许多小故事或是趣味小知识组成，按照语音学研究的几个主要方面安排了相关的章节。实际上，这种形式有些像古人的笔记体，读书偶有所得，就随手记下来，最后有了一定规模，集在一起就成了一本书。前贤早就说过，学者的作用，无非是替人读书而已，我们所做的，也是这样一项工作。这些故事或知识，有作者的亲历亲知，但更多的是受启发于同侪学者及其著作。按学术惯例，这些内容都应当一一注明来源出处，但本书是个科普小册子，为趣味性与可读性起见，除非直接引文，不再特别注明出处，在此一并感谢。此外，如今网络资源丰富，本书所用的很多图片都是出自网络，对于网络资源的慷慨提供者，我们也致以衷心的感谢。

焦　磊
2010年8月

语音有什么可研究的?

张三李四：语音学家都有些谁？——发音弹琴：语音学研究些什么？——鸡先蛋先：语音学的来历

教我如何不想她

张三李四：语音学家都有些谁？

人之为人，是有语言，会说话。

这是一条可以上纲上线的标准。人和动物的根本区别是什么？就在于人有语言，人会说话，动物不会。我们会发出不同的音节，把音节组成词，再把词组成句子，用来表达思想。而动物就没有这样复杂的语言结构和语言能力，它们只有一些简单、固定、与生俱来的表意方式。

如果要问我们生活中最普通、最平常的行为是什么？答案可能就是说话了。说话，也就是"言语"，是我们最经常、最频繁的自主行为。你可以一天不打架——这大概没问题，你也可以一天不走路，甚至一天不吃饭，但你一定会有言语行为。哪怕在没人的场所，你也可以自言自语；哪怕不自言自语，你也会想事情，而用脑子想事情就是一种"内部言语"行为。

有趣的是，那些最平常最普通的事情，谁都会做，但恐怕谁都不会去想它背后的道理。走路是这样，说话也是。谁都会说话，但恐怕没有谁会去注意说话时的那些声音是怎么回事儿，怎么发出来的，又是怎么传播、接受的。

咱们这本书就是讲些跟语音有关的故事。语音学是个很冷门的学科，一般人要么不知道有这么个学科，要么觉得这语音有什么可研究的，不就是人人都会的说话嘛。不过，要是告诉你一些研究语音的行家的故事，也许你会改变些看法——比如说刘复。你要是没听说过语音学家刘复，也许你听说过文学家、诗人刘半农？那是同一个人，就是写下面这首打油诗的大诗人：

教我如何不想她，请进门来喝碗茶。
原来如此一老叟，教我如何再想他！

对了，这就是咱们这本书的书名——《教我如何不想她》。这也是一首歌的

语音有什么可研究的？

歌名。1999年评选20世纪百首名曲，它排在第一。年龄大点的大概都知道这首歌的词作者叫刘半农，曲作者是赵元任。这两位都是大语音学家，是中国语音学的开山祖师，还是语言学界三大天才人物中的两位。你也许没听说过语音学家赵元任，但你大概听说过《爱丽丝漫游奇境记》，那是最早用白话文翻译的名著，不久前还重印过，译者就是赵元任。1972年中美重开交往，去国多年的赵元任回国访问，邀请他的竟然不是中国语言学会，而是中国音乐家协会。

又比如，读过中文系的大概都听说过王力教授，他是实验语音学出身。还有林语堂，更是研究语音变化（那叫"历史音韵学"）的正宗德国博士。要知道，现代语言学是从两百年前研究历史语音变化开始的，最早是在德国兴起的，先驱人物有葆朴、格林等。也许有人会问：这刘半农不是"五四"时代的文学家吗？王力不是作家协会会员吗？林语堂更是世界笔会的副会长啊？是的。还有格林，你也许不知道语音学家格林，但你一定听说过《格林童话》。不错，他们都是文学家，而且刘半农、林语堂、格林在文学方面的名气比他们在语音学方面大得多。不过，那时候的文学家什么的，一般都会来研究一下语音学和语音演变——历史音韵学，这在20世纪上半叶是门大学问，是大热门。很多有名的文人，比如说陈独秀啊，章太炎啊，都曾参与其中，津津有味或愤愤不平。

再往前算，清代有个著名的学派叫"乾嘉学派"（包括段玉裁、王念孙、钱大昕等），发轫于清初的大学者顾炎武，研究的是古代的语音，尤其是上古时代，也就是孔夫子那时候是怎么发音的。这可是咱们历史上名气最大、学问也最大的一个学术群体。他们个个博学多才，建树良多，其中成就最高的领域就是关于历史语音的研究——"古音学"。甚至可以放胆地说，在我们3000年的科技学术史上，古音学是成就最大的科目；是"最大的"，不是"最大的之一"。

20世纪国外的大语音学家，前有丹尼尔·琼斯（Daniel Jones），后有他的学生的学生赖福吉（Ladefoged）。也许你都没有听说过，但你大概听说过希金斯教授吧？要是你对这个名字也不熟悉，大概听说过奥黛丽·赫本主演的电影《窈窕淑女》吧？这个电影是从英国戏剧家萧伯纳的名作《卖花女》改编而来。原作的名字叫《皮格玛利翁》（*Pygmalion*），借了一个希腊神话故事的名字。原本的希腊神话故事是说有一位国王叫皮格玛利翁，爱好雕塑。有一次他雕了一座美丽的少女雕像，结果就爱上了雕像中的少女，并为之朝思暮想，寝食难安。最终他的

教我如何不想她

痴情感动了神灵，雕像中的少女变成了真人，偿了他的心愿。而萧伯纳的戏剧则讲了一个现代故事，语音学家希金斯和皮克林上校打赌，希金斯能使用语音学将满口土话的粗俗姑娘改造成一个带着上流社会口音的高贵女子。于是希金斯将卖花姑娘杜丽特尔带回家中，并对她进行了长期的发音训练。终于，希金斯获得了成功。当杜丽特尔出席上流社会的聚会时，所有人都为她那高贵的口音而吃惊。他们相互打听这神秘的姑娘来自何方，甚至认为她是一位来自东方的流亡公主。希金斯赢了赌赛。在后来的电影《窈窕淑女》中，希金斯更是爱上了杜丽特尔，他们终成眷属。

发音弹琴：语音学研究些什么？

希金斯教授是语音学在20世纪初刚刚成型时由文学家推介给社会大众的语音学家形象。语音学产生的直接动力是语言教学。我们学英语要先学音标，学普通话要先学拼音、学声母韵母，这都是语音学的应用。

当然，今天的语音学，经过100年的发展，已经扩大到一个即使一代人以前都难以想象的广度和深度。现在，数学、计算机、工程、心理学、神经生理学、生物学、人工智能、医学、康复、司法、公安、通信等很多学科或者部门中，都有人研究语音。因此，语音学也就有了一个综合的名称"语音科学"或是"语音学诸学科"（phonetic sciences）。这诸学科所研究的大多数跟语言学没有什么关系。要是一个心理学家来做语音实验，他关心的课题可能是听感的音征、话语可懂度的测量、大脑处理言语信号的过程等。而要是言语工程师来研究，他关心的语音有什么可研究的？

可能是信号传送、语音合成、言语辨认，甚至个体说话人辨认等。而个体说话人的辨认，又是司法语音学中的重中之重。大批非语言学家都在做实验语音学的工作。计算机、通信行业，如微软、摩托罗拉、贝尔，都有自己的语音实验室；玩具商可能会开发能跟你说话的洋娃娃；交通部门会开发自动语音售票机。现在声纹锁都有了，比指纹锁更可靠。有一次，朱晓农在做一个实验语音学的讲座，谈到一个司法语音学的例子：声纹鉴定表明，有99.7%的把握可以确定嫌疑犯有罪，但还有0.3%的可能会错判。朱晓农问："法官该不该判他有罪呢？"听众中有一位急得跳起来："朱老师，要判的，要判的。你不知道那些罪犯有多凶恶！"后来知道，这位听众是南方某个大城市公安局搞刑侦的，专门做语音识别和语音鉴定。

尽管今天的语音学很庞大，但是它的核心部分、它的基础研究，还是我们说话的声音，还是研究我们的发音器官如何协调作用发出我们能理解的话语。我们的发音器官，嘴巴、喉咙、舌头、鼻子等，看上去很直观、很简单，但它们所创造的语音是那么的复杂，直到今天我们还是对之不甚了了。连最简单的问题我们都可能回答不出来，比如说，这世界上的语言中，到底一共有多少种元音、多少种辅音——没有一个语音学家能够答得上来。又比如说，我们的舌头接触到齿龈部位，一共可以发出多少不同的辅音；普通话"日子"的"日"字的韵母是不是一个元音，等等。这些个看似简单的问题，语音学家和音系学家看法都有不同。不过，从最基本的方面说，我们的发音说话机制和其他物体的发声机制有很多地方是相同的，都是由同样的物理学原理所支配的。无论你是说汉语、英语、日语、德语、法语……甚至是生僻少见的非洲豪萨语、太平洋莫杜那语，从物理学上来说，你的发声原理和机制与猫发出的"喵喵"的叫声或是蜜蜂的翅膀发出的"嗡嗡"声，甚至是敲门的"咚咚"声或是拍桌子的"砰砰"声，都是一样的，都是由于物体的振动发出某种声音。不同的是人的声带振动还有些不同的控制方式（这到"喉头的故事"一章里去谈）。更重要的不同还在于下一步的"调音"：人的嘴巴可以很精确地控制好自己，摆出不同的形状，从而调制出很多很多种不同的音，少说有几百种。全世界范围来看，甚至可多达上千种。动物的嘴巴就"笨"多了，它们的生理结构使它们只能发一些先天遗传的简单的音，后天几乎无法习得其他音。所以鹦鹉会学人话，大家就觉得很稀奇。而我们人类就能轻而

教我如何不想她

易举地学各种语音,甚至学猫叫狗叫。至于蜜蜂翅膀的"嗡嗡"声、敲打声就没有一个像嘴巴那样的"共鸣器"来帮助"调音"了。

因此,分解开来看,我们的发音活动包括三个独立的先后过程:气流启动、发声、调音,这三个过程大体上就由肺、喉头和声道(嘴巴,还有鼻子)这三个部分来完成。"独立"是说这些过程由不同的发音器官控制,可以独立操作。而"先后"是指气流到达的先后顺序,而不是说动作本身的先后。气流先从肺部发出,经过喉头发出声,然后进入上声道调制出不同的音。至于动作本身,倒不一定遵循"先后",比如在发a音的时候,可以先在口腔中摆好了发a的口型,然后开始启动肺部的气流发音。

气流的动力源主要来自于肺部,世界上绝大部分的语音都是由肺部往外呼气作为动力来启动发音的。只有三种辅音的动力源不来自肺部:喷音和内爆音的动力源在喉头,䎝(zhōu,本义是唤鸡的声音)音的动力源在口腔内。

"发声"主要指的是发音时声门的活动。声门指的就是声带以及跟它相连接的肌肉、软骨等。肺部的气流在经过声门时,声带可能振动,也可能不振动。如果振动,可能快些,也可能慢些。发出的声可能沙哑、清脆、闷声闷气等等。发声的结果就是把肺部的"呼气"变成带有某种"声质"(voice quality)的气流。而造成这些个不同声质的原因就在于声门的状态不同。声带可能"质地"有所不同,厚点薄点,长点短点等等。也可能控制的方式不同,可以比较"正常";也可以四面八方都绷得很紧;也可以挤成一团儿,只振动声带的某一部分;还可以振动时声带缝里或声带后的软骨间漏气,等等。

"调音"是指上声道内的活动。上声道指的是从喉头到嘴唇或鼻子这一段的腔体(严格地说,包括三个腔体:咽腔、口腔、鼻腔)。口腔里的"调音器官",例如嘴唇、舌头、牙齿、软腭等,把经喉部调节带有某种声质的气流在声道内进行"音色调制",从而发出"音质"各不相同的音。这些音可以分成两大类,一类是元音,如a、o、e、i;一类是辅音,如b、p、m、f。

我们不妨把人的发音器官想象成一件弦乐器。发音过程相当于弹琴。弹琴时手指拨动是动力,相当于肺部的空气动力源。不同粗细长短质地的琴弦振动相当于处于不同状态的声带振动,那是在"发声"。不同大小形状的琴箱就相当于上声道的形状变化,那是共鸣器在调音。这三部分发音器官组合在一起,就产生了我们每天使用的语音。人类的语音器官,是世界上最精巧的乐器。难怪古人在评价音乐的时候会说"丝不如竹,竹不如肉"呢。

语音学就是研究这件人体乐器的:看看这琴弦有几根,都是些什么材质做的,这影响到"声质";看看这琴箱的大小、形状,这影响到"音质"。

鸡先蛋先:语音学的来历

语音学的发展过程和其他任何一门科学的发展史一样,从表面上看,都是一部"攻无不克、战无不胜"的胜利史(实际上当然失败的尝试大大多于成功的战例),是由许多大学者的大成就所构成的。其中有些学者可能只是在语音学领域出名,对本书的读者来说相对还比较陌生;而另一些学者则可能在很多不同的领域,如文学、数学、物理学、生物学等多个方面都是鼎鼎大名。就像下面马上就要提到的赫姆霍兹,学理工的读者早就对他耳熟能详了。但即使是那些熟悉的名字,他们和语音学之间的关系也少有人知。而本书所要展示的,正是他们与语音学之间那有趣的一面。在这些人物的故事中,我们可以看到语音学是怎样伴随着其他学科,渐渐走入现代科学的。一部科学史,就是一部英雄好汉的传奇演义。

追溯语音学的发展,让我们从一个古老的哲学问题开始:先有鸡还是先有蛋?把它类比到语音学中,就可以问:是先有语音学家这只鸡呢,还是先有语音学这枚蛋?哲学中的这个问题是个无限倒退的悖论,可是在语音学中,答案相当简单:是先有蛋。先有了语音学,然后产生了新一代的语音学家。最早的语音学理论是关于元音的理论,那是一位非语音学家赫姆霍兹创立的,由此孕育了语音

教我如何不想她

图1-1 语音学的先驱赫姆霍兹

学。也就是说,语音学之蛋是由非语音学家之鸡生的。

这位赫姆霍兹是19世纪的欧洲人,全名为赫尔曼·路德维奇·弗尔德南·冯·赫姆霍兹。他于1821年生于柏林,祖上有英国、德国和法国血统。19世纪初,科学还未分工分得那么细,所以赫姆霍兹研究过数学、物理学、医学。今天我们把他尊为言语科学和语音学的先驱,他自己要是知道了一定会吃惊,因为他本人在生理学、光学、声学、工程学、数学、电学诸多方面都做出过贡献,语音学还真论不上。他对语音学的奠基性贡献是发明了"赫姆霍兹共振管",发现了计算共振频率的公式。离开了他的概念和公式,所有的共振音(包括元音和响音)都无法深入讨论。所以,我们可以说,现代语音学在19世纪后半期由一位物理学家奠定了它的科学基础。然后有一位"独行侠",英国人亨利·斯维特出了本《语音手册》,开始系统探索。接着,法国的保尔·帕西创办了国际语音学会(最早叫"语音教师协会")和学会刊物,把它规范化、体制化了——语音学作为一门学科就此成型。到了20世纪初,英国的丹尼尔·琼斯把它推向了社会。

不但最初的语音学之蛋产自非语音学家,事实上,语音学的每个显著进步,都和别的学科的发展密切相关。例如最近十几年来,由于电子技术与信息工程的发达,数字信号技术的进步,使得语音信号处理的水平上了一个台阶,让实验语音学的理论和技术都得到了突破。语音实验室的配置,从最初的留声机、纸质假腭、浪纹计与烟熏玻璃等,到今天只需要一台笔记本电脑就可以完成大部分的声学分析。赖福吉在他的书中描写的"需要携带数箱笨重的仪器才能进行"的田野调查,已经成为了历史。而那段历史啊,还真是"去古不远"——一代人都不到。15年前,朱晓农到中国浙南调查方言,仅仅是录音,就大包小包的。今天,语音学乃至整个语言学,都仍不断地受益于其他学科的进展。语音学是与其他前沿科学共同进步的。

语音有什么可研究的？

我们分几大部分来讲语音的故事。先讲基础语音学里的好汉演义，如口腔里调音（元音、辅音）的故事、喉头发声（声调、气声等）的故事。

然后是语音演化的故事，如写格林童话的作者是怎么制定日耳曼语演化的格林定律的，中国古典学术的顶峰——乾嘉学派——是怎么研究先秦语音的，你能想象孔夫子是用什么样的声音腔调来吟诵他所编辑的"关关雎鸠，在河之洲"的吗？而现代的大学者如陆志韦、赵元任、王力是怎么沿着这条路进一步深入的，比如不但研究孔夫子时代"关"念什么，还研究同一个"关"字，为什么今天北京人读成 kwɑn，广东人说成 kun，上海人说成 kwɛ。

然后我们还会讲语音和科学的关系，人类是怎么发音的，猩猩为什么学不会语言。还讲些传统语音学最不关心的，虽然远离语音学核心，但却跟我们日常生活密切相关的语音与文化、与社会的关系，以及语音学是如何诠释文化现象的。如北京女孩子为什么会说那种"女国音"，台湾"国语"为什么会说"美眉"，还有女孩子怎么能知道一个男孩子是否真心爱她——这里面都有语音在无意识中起着作用！最后还要讲些语音的象征作用、联想意义等等。

口腔的故事

萧伯纳的《卖花女》与国际音标——什么是元音？——丹尼尔·琼斯和保尔·帕西——"他的三号定位元音不大好。"——真实的希金斯教授——使徒行传——赖福吉给《窈窕淑女》配音——费国华对朱晓农说："你的i太高了。"——日化元音：什么叫"中国特色"？——从五音到三十六字母——堵塞和爆发、塞音和塞擦音——湍流与交通阻塞——咝音与虎跳峡——搭拍音和闪音的区别——咿咿呼鸡与啧啧称奇——伯努利效应与颤音

教我如何不想她

萧伯纳的《卖花女》与国际音标

前面讲到了萧伯纳原著、奥黛丽·赫本主演的电影《窈窕淑女》,那个故事向我们展示了语音学神奇的塑造力。这种威力来自一些小小的表示发音的字母,我们管它们叫"音标"。有了音标才能描写各种不同的语音,把它们分类,然后进行有效的语音教学或训练。音标有很多种,不同国家、不同语音学家,会用不同的音标。目前世界上最通行的音标,就是国际语音学会采用的音标,叫作"国际音标"(IPA)。国际音标的源头,就跟《窈窕淑女》中的主人公希金斯教授有关。

萧伯纳剧本中希金斯教授的原型,很多人猜测是世界上第一位专业的语音学家,英国的亨利·斯维特(Henry Sweet)。斯维特生于1845年,是萧伯纳的老友。他这个人言辞尖刻、锋芒毕露,因而也命运多舛,尽管在欧洲大陆广受尊重,却一直不见容于故乡的学界,所以最终他也没在牛津当上Professor(勉强译为"主教授"),而只是个Reader(教授)。1877年斯维特出版了《语音手册》,这可看作现代语音学诞生的标志之一。斯维特对语音学的奠基性贡献是创制了一套"宽式罗马字",每个符号表示一组近似的音。这种想法当时是全新的,从这个意义上说,斯维特是第一个触及音位这个概念的人,当然"音位"这个词儿是后来发明的。宽式罗马字最终引向了国际音标,这对此后100多年的语音学来说是不可或缺的,语音学中的每个人都受益匪浅。

但是,在当时的英国,绝大多数人还不知道有语音学与音标这回事儿,更不要说其他国家了,语音学家则更没有人听说过,就连萧伯纳本人对语

图2-1 亨利·斯维特

音学也是一知半解。萧伯纳自19世纪70年代开始对语音学产生兴趣,并结识了当时一班语音学家,尤其与斯维特来往甚多。但是萧伯纳所关心的,并非是人类发音的奥秘,而是认为,语音学可以通过对社会等级的标志——口音的改造,来消灭阶级差别,达到人人平等。正是带着这样的信念,他才写出了《卖花女》。这个剧本一炮而红,很快造成了英国人对于语音学这一学科的好奇与狂热。而后来根据其故事改编的电影《窈窕淑女》,更是将语音学这一学科介绍给了全世界。对于语音学的推广和普及,萧伯纳功莫大焉,可惜斯维特已经看不见了。萧伯纳于1912年开始创作《卖花女》的时候,斯维特正由于贫血症而走向他生命的尽头。6月份剧本脱稿,斯维特已经去世。然而,在他身后,音标在全世界流传开来了。

　　大概大家都见过国际音标。在学习英语的时候,国际音标被用来标写英语的发音,使得学习者能够照样儿发出英语的音来。大家肯定对 æ、ʌ、ʊ 这些在英语字典中常见的不同于英语字母的音标印象深刻。但是如果要问,究竟有多少国际音标符号,这样的符号有没有系统以及发音规则,可能大部分人都不知道。实际上,国际音标既然名为"国际",就说明其绝不仅仅是用于标注英语发音的一套符号。实际上,国际音标发明的初衷就是为了标写世界上的一切语言的。国际音标的英文叫作 International Phonetic Alphabet,简称为 IPA。1886年一群法国语音学家在保尔·帕西的领导下,成立了最早的一个语音学会。他们使用统一的符号作为音标系统来教小孩学外语。在经过两次名称变更后,他们终于在1897年成立了国际语音协会,法文叫 L'Association Phonétique Internationale,缩写是 API;英文叫 International Phonetic Association,缩写是 IPA,与"国际音标"的英文缩写相同。协会的目的是想使用国际音标来描述一种语言的所有发音,进而描述全世界所有语言的发音,也就是所有语言都用同一套标音符号标写。由于全世界不同的语音实在不少,所以完整的国际音标符号是非常多的。各种语言可以将适合本国语言的音标取出,添加或不添加附加符号标写,用来标记本国语言的语音。随着学者对人类语音的进一步分类与了解,国际音标也经历了不少增减修改,尤其是最近30年来修订了5次。目前最新的国际音标版本是2005年修订过的,如图2—2所示。

教我如何不想她

国际音标（修订至 2005 年）

中文版 © 2007　中国语言学会语音学分会

辅音(肺部气流)

	双唇	唇齿	齿	龈	龈后	卷舌	硬腭	软腭	小舌	咽	喉
爆发音	p b			t d		ʈ ɖ	c ɟ	k ɡ	q ɢ		ʔ
鼻音	m	ɱ		n		ɳ	ɲ	ŋ	ɴ		
颤音	ʙ			r					ʀ		
拍音或闪音		ⱱ		ɾ		ɽ					
擦音	ɸ β	f v	θ ð	s z	ʃ ʒ	ʂ ʐ	ç ʝ	x ɣ	χ ʁ	ħ ʕ	h ɦ
边擦音				ɬ ɮ							
近音		ʋ		ɹ		ɻ	j	ɰ			
边近音				l		ɭ	ʎ	ʟ			

成对出现的音标，右边的为浊辅音。阴影区域表示不可能产生的音。

辅音(非肺部气流)

喷音	浊内爆音	喷音
ʘ 双唇音	ɓ 双唇音	ʼ 例如：
ǀ 齿音	ɗ 齿音/龈音	pʼ 双唇音
ǃ 龈(后)音	ʄ 硬腭音	tʼ 齿音/龈音
ǂ 腭龈音	ɠ 软腭音	kʼ 软腭音
ǁ 龈边音	ʛ 小舌音	sʼ 龈擦音

其他符号

ʍ 唇-软腭清擦音	ɕ ʑ 龈-腭擦音
w 唇-软腭浊近音	ɺ 龈边浊闪音
ɥ 唇-硬腭浊近音	ɧ 同时发 ʃ 和 x
ʜ 会厌清擦音	若有必要，塞擦音及双重调音可
ʢ 会厌浊擦音	以用连音符连接两个符号，如： k͡p t͡s
ʡ 会厌爆发音	

元音

前　　　央　　　后
闭　i y　　ɨ ʉ　　ɯ u
　　　　ɪ ʏ　　　　ʊ
半闭　e ø　　ɘ ɵ　　ɤ o
　　　　　　ə
半开　ɛ œ　　ɜ ɞ　　ʌ ɔ
　　　　æ　　ɐ
开　　a ɶ　　　　　ɑ ɒ

成对出现的音标，右边的为圆唇元音。

超音段

ˈ	主重音	ˌfoʊnəˈtɪʃən
ˌ	次重音	
ː	长	eː
ˑ	半长	eˑ
˘	超短	ĕ
|	小(音步)组块	
‖	大(语调)组块	
.	音节间隔	ɹi.ækt
‿	连接(间隔不出现)	

声调与词重调

平调		非平调	
ő 或 ˈ	超高	ê 或 ˆ	升
é ˊ	高	ê ˆ	降
ē ˉ	中	ế ˇ	高升
è ˎ	低	ề ˏ	低升
ȅ ˬ	超低	ê̌	
↓	降阶	↗	整体上升
↑	升阶	↘	整体下降

附加符号　如果是下伸符号，附加符号可以加在上方，例如：ŋ̊

清化	n̥ d̥	气声性	b̤ a̤	齿化	t̪ d̪
浊化	s̬ t̬	嘎裂声性	b̰ a̰	舌尖性	t̺ d̺
送气	tʰ dʰ	舌唇	t̼ d̼	舌叶性	t̻ d̻
更圆	ɔ̹	唇化	tʷ dʷ	鼻化	ẽ
略展	ɔ̜	腭化	tʲ dʲ	鼻除阻	dⁿ
偏前	u̟	软腭化	tˠ dˠ	边除阻	dˡ
偏后	e̠	咽化	tˤ dˤ	无闻除阻	d̚
央化	ë	软腭化或咽化	ɫ		
中-央化	ě	偏高	e̝ (ɹ̝ =龈浊擦音)		
成音节	n̩	偏低	e̞ (β̞ =双唇浊近音)		
不成音节	e̯	舌根偏前	e̘		
r 音色	ɚ a˞	舌根偏后	e̙		

图 2-2　国际音标图（中文版）

口腔的故事

国际音标图分成两大部分，图中用折线隔开。上面那部分是字母音标，表示辅音和元音。辅音音标比较多，包括第一个表格（普通辅音），和下面的一个小表格（非肺部气流的特殊辅音）与一些有协同调音或他们认为较为少见的辅音。元音符号少点儿，都放在右面横线上的元音图里。本章我们讲的内容就是元音和辅音，也就是口腔里的故事。

横线下左下那一部分，是些修饰性、限定性的附加符号，是为了补充在辅音与元音字母中反映不出来的那些个附加的发音特征。其中有发声特征（清化、浊化、气化、嘎裂化等），即声带上的东西——这到后一章里去讲。剩下的是进一步限定音段的。右下是超音段符号，涉及音高和音长。

需要指出的是，折线下这一部分补充音标，凌乱而不系统，而且远不敷用。国际音标叫是叫国际音标，但实际上是由西方的语音学家根据他们熟悉的语音制定并修订的。国际音标第二部分的混乱，反映出西方语音学在声带发声方面的研究落后于中国的语音学发展。当然，这第一部分里的元辅音音标，也还没有完全反映出最新的进展。

什么是元音？

定义元音和辅音，有很多声学上的方法。而关于元音和辅音之间的分界，到底应该如何定义，到现在还是语音学上很有争议的问题。不过从我们传统的音韵学来看，倒是很简单：用作声母的是辅音；用作韵腹的是元音，除了m、n、l一类的"响音"。事实上，就靠我们的语音直感，就能够大致地划分开元音和辅音。

教我如何不想她

比如我们的古人就把一个音节分成声母和韵母，韵母中又分韵腹和韵尾，这就基本上划分开了辅音和元音。又比如在闪米特语系语言的文字里，无论是早期的腓尼基文字体系，后来的希伯来文字体系，还是如今的阿拉伯文字体系，元音都不出现于文字中，仅由辅音字母构成语言的文字框架。创造文字的时候，还没有可能给元音和辅音做出精确的界定，但是人们依靠语感直觉就把元音和辅音区分开来了，从而有意识地用字母标示辅音，把元音从中省略掉，或者用一些附加符号来表示。所以，我们只需说，元音就是类似于a、i、o、u等的音，就可以从外延上对元音做出大致的分辨了。

从发音的角度来说，元音和辅音最大的区别在于，发元音的时候，我们的声道是敞开的，气流可以自由流出，不会遇到多少阻碍；而发辅音时则会在声道中形成某种阻碍，气流通过口腔时会被阻断或者受到妨碍。元音的发声源在声门处，通过声带的准周期性振动而发音。而辅音在声门之上的声道内还有产生某种非周期性噪音的声源。因此，元音的重要特征就是乐音性，在我们做语音分析的时候，元音周期性的频率也许是其最重要的内容。

世界上所有的语言都有元音，也都有辅音。最常见的元音就是i、u、a。这三个元音代表了口腔中的舌位所能达到的前方、后方与下方的极限。也就是说，用这三个元音可以定义"元音空间"，其他元音都分布在这空间的某个角落里。这三个元音也构成了语言中元音最基本的对立。据统计，世界上的语言，元音最少的只有三个，就是i、u、a（个别语言有处理成两个元音音位的）；而元音最多的则有20多个。我们汉语普通话里有10个元音：a、o（波浪的"波"的韵母），ɤ（"哥"的韵母），i、u、y（鱼），ʅ（之），ɿ（字），e（"夜"的韵腹），ə（"更"的韵腹）。还有一套卷舌元音，如"二"ɚ，"今儿"ɻ，"杆儿"ɐ˞等。

口腔的故事

丹尼尔·琼斯和保尔·帕西

元音的发声原理我们到后面的"语音与科学"一章里去讲。我们先来看元音的分类。要说元音的分类，不能不讲一讲今天我们使用的元音分类的奠基人，著名的英国语音学家丹尼尔·琼斯（Daniel Jones）。前面讲到的赫姆霍兹是语音学的先驱人物，现代语音学的科学基础在他那里开始奠定，然后到了英国人亨利·斯维特和法国人保尔·帕西开始成型，而真正成熟并成为一门全球性的学科，要等到丹尼尔·琼斯出来。说起丹尼尔·琼斯在语音学上的贡献，可能大家不一定清楚，但要是说我们现在所用的英语字典上面标注的发音是由丹尼尔·琼斯确定的，那么大家可能就不会那么陌生了。

丹尼尔·琼斯在语音学上的功绩自然不仅仅限于为英语制定了标准读音的音标，他还奠定了整个现代语音学的基础，为语音学研究培养了大量的人才。当今世界上的语音学家，大多跟丹尼尔·琼斯或是其门徒沾些关系。就算是本书的作者也不例外。可以说，如果没有丹尼尔·琼斯，也就不会有这本介绍语音学的小书了。

图2-3　丹尼尔·琼斯

丹尼尔·琼斯1881年出生于伦敦海德公园附近一个富裕的家庭。他的父亲是个律师，因此希望他子承父业。然而琼斯本人对法律不感兴趣。琼斯中学毕业以后，曾经在德国著名的马堡语言学校（William Tilly's Marburg Language Institute）修习过两年的德语，当时他的成绩并不突出。但就是在那时候，琼斯培养起了对语音学的兴趣。不同语言中多样性的语音吸引了琼斯的注意，而学校的课业则使他感到厌烦。两年之后，琼斯在剑桥获得了数学学士学位，此后他便一心投入了语音学的怀抱。

教我如何不想她

当时在欧洲，语音学的中心位于法国。法国语音学家保尔·帕西（Paul Passy）在巴黎建立了国际语音学会，而学会的会刊——也是当时唯一的一份语音学学术刊物，就是用法语出版的。早期语音学刊物的工作主要是将不同语言的发音转写为国际音标，而这种转写是否合法，需要经过帕西等语音学家的鉴定。当时另一位著名的语音学家就是英国的亨利·斯维特，但斯维特长年不得志，尽管在国外声名远扬，但国内根本没人知道，所以也就没有学生投奔他的门下。因此，在1905年的时候，琼斯便负笈法国，向保尔·帕西学习当时还是一门冷僻学科的语音学。

说起保尔·帕西，他也是一个传奇式的人物。他1859年出生在一个书香门第，他的叔祖伊波吕特·帕西（Hippolyte Passy）是路易·菲力普（Lewis Philip）和路易·拿破仑（Lewis Napoleon）的两朝内阁大臣，而父亲弗雷德里克·帕西（Fredrick Passy）是一个著名的经济学家，更是一个著名的社会活动家，曾经担任过法国的下议院议员，还拿过1901年的诺贝尔和平奖。因此，保尔·帕西从小就生活在浓郁的文化氛围中。他父亲曾经担任过一个多国议员联合组织的主席，家中的沙龙里时常有各国客人来往，多语交流成了一种必要。所以帕西在家就学会了四种语言，这也为他以后研究语言学打下了基础。实际上，帕西并没有真正上过学。与很多中国的传统学者一样，他的学术能力是在家中学习语言的同时，通过传统的文献学训练培养起来的，而大学生活对他来说则显得枯燥无味——因此他三次都没拿到学士学位。在帕西19岁那年，为了逃避兵役，他找了一份教授英语与德语的工作。到20多岁时他对语言学产生了很大的兴趣，于是开始攻读学位，于1891年以《音变研究》为题获得了博士学位。此后就在法国高等研究学校担任一个为他所专设的讲座教师职位，很快又升为助理院长。最终在1926年于该校退休。

帕西在当时的语音学界有举足轻重的地位。他创立了国际语音学会，并担任主席，还出版了第一本专业语音学杂志。当时的语音学主要是提倡用音标来标写各种语言，帕西所使用的那套音标后来被作为标准的音标符号系统，这套符号经过近百年的发展和几次修订，就成了今天我们所使用的国际音标（IPA）。

帕西的课程使琼斯受益匪浅。帕西一共开了三门课，一门是欧洲主要的一些语言的语音基础，第二门是古代法语的语音学，第三门则是学生基于自己母语所做的一项独立研究。琼斯在帕西手下刻苦攻读，取得了优异的成绩。在60分的总分之中，他取得了56分的好成绩。根据语音学家吉姆森的说法，这是有史以来在母语不是法语的所有学生中取得的最高成绩。而帕西也在琼斯的毕业证书上给予他一个很高的评价。他说：

"琼斯先生作为高等研究院的学生和我相处了一段时间，我为他在科研上的能力和他学习的刻苦吃惊。我相信他一定会在理论与实践上取得很大成绩。"

从帕西那里毕业以后，琼斯就来到了伦敦大学院担任语音学教师的职务。在此之前，伦敦大学院的语音学课程已经有了40多年的历史了，任教的语音学教师中就有著名的亚历山大·麦尔维尔·贝尔（Alexander Melville Bell），也就是著名的电话发明者贝尔的父亲。麦尔维尔·贝尔的父亲亚历山大·贝尔原先从事制鞋业，但由于他对戏剧有兴趣，便转而向舞台发展。无奈，演艺事业无法支持生计，所以，他只好和他的孩子麦尔维尔·贝尔搬到伦敦，教授言语科学的课程。麦尔维尔·贝尔受到他父亲的影响，放弃船运的工作，继承父亲的衣钵，对言语病理学进行研究。麦尔维尔为了教授聋人说话，在1867年发明了一套符号，称作"可视语音"（visible speech），并出版了一本同名著作。因此，在琼斯来到的时候，伦敦大学院的语音学已经有了相当的基础。琼斯在那儿教授英语与法语的语音学课程，并于1905年加入了国际语音学会（IPA），开始发表他的语音学著作。

"他的三号定位元音不大好。"

琼斯来到伦敦大学院之后，在那儿工作了一辈子。伦敦大学院也因此成为了语音学的中心。琼斯的逸事随着他的功绩一起广为人知。琼斯的学生，爱丁堡大

教我如何不想她

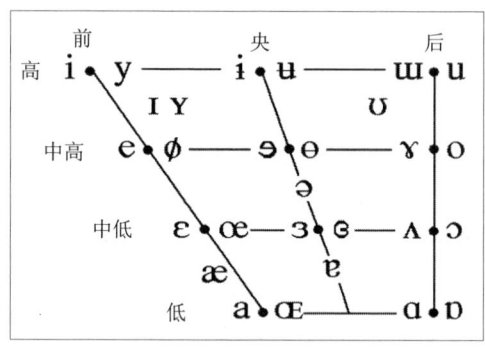

图2-4 IPA元音图

学已故语音学教授大卫·艾伯克龙比（David Abercrombie）回忆他的老师的时候，对琼斯印象最深刻的一个细节是："当弗斯（J. R. Firth，语音学家，琼斯的同事）问起他（琼斯）对我的印象的时候，他说：'他的三号定位元音不大好。'"

这确实是一个典型的琼斯型的印象。虽然琼斯对语音学有多方面的贡献，但最著名的，还是他提出了定位元音（Cardinal Vowels）。语音学经过100年的发展壮大，这个著名的概念如今已经是深入人心。它代表的同时也是一段语音学的发展史。对于年轻的语音学家和音韵学家来说，定位元音这个概念大概是他们接触到琼斯这个名字的唯一机会了。这个概念在麦尔维尔·贝尔和亨利·斯维特那里已经出现，但直到琼斯，这个概念才被完整化、系统化。

琼斯所想做的，是制定一套元音符号，能普遍用于所有语言的描写。而原有的分类法，显然远不能满足这个需要。提出定位元音的概念，主要是为了能够为口腔中的所有元音的描写提供用于定位的参照系。在定位元音系统中将元音空间划分为前后与上下这两个维度，根据舌头的最高点在这两个维度中的定位来判断元音的位置。而定位元音所取的四个极点，则是口腔中舌位所能达到的最前最高点、最前最低点、最后最高点与最后最低点四个位置，这四个极点的元音分别被标记位为i、a、u、ɑ。接着，将这四个点所确定的元音空间按垂直高度分为四个层级，亦即高、中高、中低、低四级。这样就得到了八个一级定位元音（Primary Cardinal Vowels）。其中，前面的四个一级定位元音和后面最低的那个ɑ是不圆唇的，其余三个后面的一级定位元音则是圆唇的。与之相对的圆唇元音或不圆唇元音则被称为二级定位元音（Secondary Cardinal Vowels）。

定位元音对于琼斯来说是个非常重要的概念。早期的语音学源于语言教学，重视语言教学法和描写技术，还有记音的方法等。定位元音的确立为元音的学习提供了一种简便有效的方法。当学习者学会定位元音之后，就可以利用定位元音

口腔的故事

来判断其余元音的位置，便于准确发音。然而，定位元音本身相当难学。琼斯本人曾经录制过定位元音的发音，但即使是他亲授的学生，也认为定位元音"是一项学起来费时费力的技术"。

虽然定位元音其后成为一种描写元音的有效工具，但定位元音理论在语音学界一直是质疑声不断。尤其是当X光技术发展起来之后，人们获得了发音时的真实舌位图，才发现原来以定位元音定位的元音空间，与真实舌位存在很大差异。然而，人们很快又为定位元音所划分的元音空间找到了其他的证据。1948年，美国语言学家马丁·裘斯（Martin Joos）发现，使用声学仪器测量出的声学元音图与定位元音图有奇妙的吻合处。因此，现在语言学家们认为，定位元音图所反映的元音空间并非发音时的舌头位置，而是显示了人们在听感上所确定的元音空间。如今的定位元音，可谓是旧瓶换新酒——名称未变，但理论内涵已经完全不同了。

真实的希金斯教授

《卖花女》中的希金斯教授到底是谁？其实除了斯维特之外，还有其他的答案。根据现有的材料，我们可以知道斯维特与萧伯纳过从甚密。在《卖花女》的"前言"中，萧伯纳称斯维特的速记法是最高效的英文速记法。大概他心目中希金斯用的，就是这套"不是正经字"的东西。虽然如

图2-5 文字改革家、戏剧家萧伯纳

教我如何不想她

此,萧伯纳大概也没能从斯维特那里得益多少。他的《卖花女》充分展示了他对当时伦敦各阶层的不同口音及其体现出的社会风尚充满了一知半解的盲目认识。连他自己都认为语音学只是为"由于满口土话而找不到高尚工作的人"提供一个向上流动的机会。

萧伯纳大约也不好意思拉斯维特陪绑,故而,尽管在《卖花女》中,他承认戏中人有斯维特的特点,但在"前言"里他又说:"戏里的希金斯不是照抄斯维特,要是在斯维特那儿,爱莉莎·杜丽特尔(Eliza Doolittle,戏中的女主人公)的历险就得落空。"不过,文献学家赖恩(C. L. Wrenn)在他著名的《亨利·斯维特》一文中就坚定地认为,希金斯完全反映了斯维特的某些性格特征。这篇了解斯维特的必读文献已经被列入维基百科的"亨利·斯维特"条目下,几乎为希金斯的疑案定了性。

然而,在B. 柯林斯(B. Collins)与I. 米斯(I. Mees)两人合著的《真实的希金斯教授》(The Real Professor Higgins)一书中,则对此疑案提出了新的考察。他们指出,在剧本中萧伯纳有一则声明,他说:"我对新一代的语言学家所知甚少,但其中最著名的大约是桂冠诗人(Poet Laureate,当时的桂冠诗人是罗伯特·布里奇曼,Robert Bridgeman),希金斯从他那儿借来了弥尔顿式的同情心,尽管我不承认希金斯有任何原型。"

柯林斯认为这则声明相当怪异。第一,将布里奇曼认为是语音学家,暗示了萧伯纳对当时语音学界的情形一无所知。布里奇曼虽然发明过一套英语正字法,但是他实际上根本不懂语音学。他在语音学史上最有名的事迹,大概就是他跟琼斯为了英语的正字法吵过一架。第二,萧伯纳明明在写一个和语音学有关的剧本,但是却声称自己与这方面的学者毫无接触,这实在不像是萧伯纳的所作所为。第三,柯林斯说,"萧伯纳说了假话,毫无疑问,他事实上和丹尼尔·琼斯很熟。"

1912年萧伯纳创作《卖花女》的时候,琼斯已经是继斯维特之后英国语音学界的代表人物,一时风头无二。而斯维特正受到由于长年生活艰苦而造成的贫血症的折磨,并于同年遽归道山。因此,柯林斯认为,萧伯纳这个漏洞百出的声明,是与当时英国的反诽谤法捉了个迷藏。此时琼斯在英国语音学界如日中天,又正值其将被授予教授(Reader)职位之际,对那些含沙射影、无中生有的污蔑非常敏感。如果向公众宣布古怪暴躁的语音学家希金斯的原型来自于丹尼尔·琼斯，大概琼斯一定会愤怒地将萧伯纳告上法庭。因此，聪明的萧伯纳自然会想到，把希金斯的形象安在九泉之下的斯维特身上相对要安全得多。萧伯纳虽然一口否认任何原型的存在，但剧本中还是露出了与琼斯来往的蛛丝马迹。尽管剧中存在很多夸张的外行话和极富争议的语音学观点，但仍然有一些相当写实的段落。例如希金斯对于元音细微差别的敏感，简直就是琼斯的翻版。

此外，场景中希金斯的实验室，也套用了琼斯在伦敦大学院的语音实验室的布置。那排"小风琴管子"的原形是琼斯的元音合成器，这是1912年巴黎大学送给琼斯的礼物。萧伯纳的描写如果不是来自琼斯本人的描述，那就只能是他去琼斯的实验室拜访琼斯时亲眼所见了。不但如此，《卖花女》的故事确实在琼斯身上发生过。他曾应萧伯纳之请，帮一位美国女演员莫莉·汤普金斯（Molly Tompkins）做过语音矫正。汤普金斯在她与萧伯纳的书信中也提到了这一事件。当然，最终她从琼斯那里顺利毕业了。

而希金斯之得名，也和琼斯颇有瓜葛。萧伯纳曾经告诉他的学生富勒（J. O. Fuller），当他某次在公共汽车上来回踱步，构思《卖花女》中男主人公名字的时候，看见了一家名叫"琼斯与希金斯"（Jones & Higgins）的店，这简直就像一次奇妙的启示，萧伯纳当即决定，将主人公命名为希金斯。

一张指向琼斯的网大致已经编成，琼斯之为希金斯的原型，几乎可以下定论了。可为什么琼斯与萧伯纳会对此三缄其口？相对于口无遮拦的萧伯纳，问题应该还在琼斯身上。思想保守、学院气深重的琼斯无法接受萧伯纳对于语音学家无知而无畏的描写，更没法接受剧中大量的粗话和语音学家爱上年轻女弟子的剧情。或许他们曾经有约定，有生之年决不向公众透露他们曾经的合作吧。

然而琼斯最终还是接受了《卖花女》，或许是因为它在宣传语音学方面的贡献是任何一个语音学家都做不到的。1935年，国际语音学大会在伦敦大学院召开，54岁的琼斯特地安排皇家戏剧学院的学生为与会者演出了一场《卖花女》。而在他学术生涯进入尾声的时候，在一次公众演讲中他再次发表了对于《卖花女》的观点，或许，这也是他对他与萧伯纳的这次神秘合作的一个最终评价：

> 他创作了《卖花女》，让语音学变得妇孺皆知。尽管在剧中他对这门学科做了不少荒唐的描写与武断的评价，他还是成功地以他那萧伯纳式的风格，将语音科学的性质与其可能的发展前景，带入了大众的视野。

教我如何不想她

使徒行传

语音学有两个倾向。较早的英式传统偏重于语言学习与教学，讲究口传心授，因此语音学家们的师承谱系很重要。而后来的美式传统则注重研究和实验，有些语音学家还是自学成才的。例如，著名的美国语音学家哈尔德曼（H. H. Haldeman），尽管琼斯曾经说过一句名言："世界上唯一一门跟语音学不沾边儿的学问就是地理学"，但哈尔德曼原来恰恰就是个地理学家，他通过自学掌握了语音学知识，并最终从事了这门学问的研究，成为美国宾夕法尼亚大学（University of Pennsylvania）的第一位比较语文学教授。

可是，在琼斯手下的学习就完全不一样了。当艾伯克龙比回忆他昔日的课程时，他说："教学中更注重的似乎是发音能力……很少涉及普通语言学理论。学生要学习各种特定语言的发音，而一般的理论问题仅仅在与发音相关的时候才会讨论。所教的语言在音法上差别很大，涉及人类的各种发音能力。我记得，我学过发音的语言有德语、乌尔都语、广东话、僧伽罗语（Singhalese）、塞川纳语（Sechuana）、俄语和丹麦语。我想，应该还有别的语言。当然，还有法语，系里每个人都得学法语。而且学生对所有语言的发音都得达到很高的要求。"当然，除了这些之外，大家还得跟琼斯学他的定位元音。英式的语音学教学就是在这样的操练下完成的。从帕西、斯维特到琼斯，再到艾伯克龙比都是如此。琼斯一生都坚持这样的教学法。他本人在这方面的能力无可挑剔，曾经和他共事过的学者无不在这方面留下了深刻的印象。著名的英国语言学家帕尔默（Harold Palmer）曾经回忆：

一个像亨利·斯维特或是丹尼尔·琼斯那样，有一对通过刻苦练习而获得的令人艳美的敏锐耳朵的语音学家，才是理想的语音学家。

语言学家埃瓦·西佛特森（Eva Sivertsen）也曾说过：

（琼斯）对自己的发音器官有惊人的操纵能力，他敏锐的耳朵能辨出甚为细微的音质与音量的差别。

琼斯的学生，后来接替琼斯位置的语音学家吉姆森（A. C. Gimson）也曾回忆过：

> 我们这些曾经做过他（琼斯）学生或是同事的人，都很感激他的循循善诱和诲人不倦。他敏锐的耳朵与惊人的模仿能力无人能及（直到他生命的最后阶段还是如此），我们从他的示范中受益良多。我们都记得我们和他一起在发音人的帮助下分析语言的那段时间，虽然这类分析对我们的听觉辨别力要求一直都极高，但我们还是获益很多，因此我们对那段时光有着特别的感情。对于那些听力不好，所模仿的发音也还没得到发音人的完全肯定就开始描写一个语言的语音结构的语音学家（琼斯喜欢把他们叫作"那些纸上谈兵的家伙"），琼斯从来不在他们身上多费口舌。

另一位琼斯学派的英国语音学家丹尼斯·弗莱（Dennis Fry）也说：

> 很难说清楚，成为一个语音学家到底需要些什么天分。但对于具体发音的精确而长期的记忆一定是需要的……可以说，琼斯简直可以判断出"绝对音质"，就像莫扎特可以判断"绝对音高"一样，因为琼斯可以把曾经听见的音记住很久，并与其后所听到的音做比较。

然而，英式的语音学在当时也并非没有受到质疑。在20世纪30年代跟从琼斯在伦敦大学学院学习的艾伯克龙比，就描述了当时伦敦大学学院语言学系分为"楼上"与"楼下"两派的情形。"楼上"是琼斯的领地，而"楼下"则是风格迥异的斯蒂文·琼斯（Steven Jones，跟丹尼尔·琼斯不是一家人）与弗斯。"楼上"致力于语言的模仿与听辨，而"楼下"则致力于实验语音学、语音感知的神经理论以及音系学的问题，这都是"楼上"不关注的、语音学中更接近于自然科学的那部分。不过"楼上"与"楼下"的分别并没有持续太久。在琼斯身后，从他的得

教我如何不想她

意弟子艾伯克龙比开始,就试图将"楼上"和"楼下"的语音学融为一体,而他也确实做到了这一点。语音学经历了一个世纪的发展,与各门自然科学的关系越来越近,最终成为了我们现在所见的样子。当然,有了现代技术的支持,琼斯那样的天才耳朵也不是做好语音学的必要条件了。

赖福吉给《窈窕淑女》配音

图2-6 彼得·赖福吉

艾伯克龙比最著名的学生则是后来担任过国际语音协会和美国语言学会主席的彼得·赖福吉(Peter Ladefoged, 1925—2006)。说赖福吉是近半个世纪来贡献最大的语音学家,恐不为过。他在语音学多个领域做过工作,很多是开创性的,其中最为重要的贡献大概有四方面:

1. 发现了很多罕见的音。例如,由于他的工作,我们知道在非洲南部Kalahari沙漠,很多语言中有䎱zhōu音(click)。又如他录到印度的Toda语中有六种用舌尖发出的颤音。

2. 提倡"语言学的语音学"(linguistic phonetics)。语音学在最近30年中变得很大,各行各业大批非语言学家都参与进来,发展出很多很多的分支。大型的言语科学技术会议,与会者上千,90%多跟语言学无关。有鉴于此,赖福吉提出"语言学的语音学"

的概念，以区别于其他语音学。他把跟语言学有关的语音问题作为自己的研究对象，它既是实验语音学的一部分，也是语言学的组成部分。赖福吉把它叫作"语言学的语音学"，是很有必要的，因为它只占大语音学中的一小部分，如果没有这个独特身份，它马上就会被淹没。另一方面，在语言学内赖福吉又努力建立音系学框架（多个特征树）以容纳各种语音，成功地超过理论音系学中各色特征刻画的理论。

3. 在发声态研究的历程中也有一座属于赖福吉的里程碑。

4. 为语音学的推广做出没人能比的贡献。他把语音学从英国带到美国，写出了一本最通行的语音学课本 *A Course in Phonetics*。他还带出了20个博士，包括奥哈拉（John Ohala）、麦迪森（Ian Maddieson）这样的一流语音学家。奥哈拉主张语音学与音韵学的融合，提倡"实验音法学"，他最著名的宣言就是："凡是历史上发生的音变，我们都要让它在实验室里面重现"。这，也是我们前面说到的"语言学的语音学"的大目标之一，也是有史以来人类研究语言最激动人心的目标。

赖福吉1925年生于伦敦附近，第二次世界大战中服过兵役。战后进入苏格兰的爱丁堡大学，本来想学文学，但马上迷上了语音学。他的语音学老师就是艾伯克龙比。赖福吉取得博士学位（1959年）后到尼日利亚工作过，这成就了他后来的成名之作《西非语言的语音研究》（*A phonetic study of west African languages*，1964）。1962年他去了美国，在洛杉矶加州大学教了近30年书，直到退休。其间有段在好莱坞工作的小插曲，那是为电影《窈窕淑女》做语言学顾问——又是《窈窕淑女》。导演让他教男主角哈里森（Rex Harrison）如何表演得像个语音学家（哈里森后来赢得了奥斯卡奖）。哈里森伺候那些仪器倒是像模像样，不过发音可不是一日之功（你只要听听侯宝林的滑稽学方言，再比如赵元任那乱真的学方言就可以明白），结果还得赖福吉亲自操刀，电影里听到的那些元音都是他发的。

赖福吉最感兴趣的是到处去听音记音，这是琼斯以来的语音学传统（咱们中国的语音学从刘半农、赵元任以来延续的也是这个好传统）。他的田野足迹遍及全球。尼日利亚、加纳、博茨瓦纳、乌干达、坦桑尼亚、塞拉利昂、塞内加尔、印度、也门、尼泊尔、泰国、中国、韩国、阿留申群岛、墨西哥、巴西、苏格兰、巴布亚新几内亚、澳大利亚等等，他都到过。很多录音材料至今还是有关语言唯一的音响资料。他大约辨认过900种不同的辅音和200种元音。所有这些研究支撑起了他那本《世界语音》的大书。他的田野兴趣维持到生命的最后一刻。

教我如何不想她

2006年1月，赖福吉在印度做完田野调查，坐飞机回到伦敦，在希思罗机场感到心脏不适，送到医院时心脏病发作而去世。赖福吉的这种田野热情一方面是他的兴趣，另一方面也不排除他的社会责任心。由于全球化浪潮，大部分小语种/方言在加速消亡，赖福吉感到语言学家有责任把它们记录下来。对于语言消亡，赖福吉的态度积极而有益。他认为语言学家的任务就是去把它们记录下来，但不必努力去拯救。人为保护小语种/方言会削弱国家统一，助长地方主义，并消耗本可用于发展的珍贵资源。

语音学一向是门口耳之学，尤其是在结构主义有影响的年代，语音实验被视为异类，很受抵制。但赖福吉不是单用口耳纸笔，他在使用现代技术方面也是个领先者。他最早的"便携式"田野语音实验室是个100磅的大包裹，重是重，但比耳朵管用多了，因为语音学从此可以量化了，而能否量化是从印象式的文科研究向客观的科学研究跨出的关键一步。朱晓农十多年前在澳大利亚国立大学（ANU, Australia National University）完成的博士论文《上海声调实验录》（1995），扉页上引了开尔文勋爵的如下一段话，没承想赖福吉晚年收山之作《语音数据分析》（2003）的题记所引也是同一段话：

> 我常说，如果你能把你所讨论的事物加以测量，并用数字表达，你就对它有所了解了。如果你无法把考察对象量化，那么你对它的知识就很肤浅，实在难以令人满意。

引完这段话，朱晓农是一脸严肃加引了统计学家法兰克（Harry Frank）的进一步说明：

> 当然，即使是开尔文勋爵也不会说科学知识直接来自测量。建立并证实科学假说的关键在于把测量值进行比较。

而赖福吉则是加引了他太太的一撇嘴作为自嘲：

> 数字不过是科学家的防护罩。

口腔的故事

费国华对朱晓农说:"你的i太高了。"

语音学不仅通过赖福吉从英伦三岛走向了新大陆,同时也由琼斯别的学生带到了世界各地。艾伯克龙比还有一个学生叫卡内,后任教于曼彻斯特大学。卡内的学生中,有一位叫费国华(Philips Rose),他是朱晓农的老师。费先生先是在曼彻斯特大学跟从卡内学语音学,后又到剑桥跟从Paul Kratochvil学中国语言学。Kratochvil是汉学大师,40年前写过一本很出名的汉语书《今日汉语》(*The Chinese Language Today*)。"费国华"这个中文名音义分译自他的英文名字Phil Rose:Phil音译为"费",英义对汉姓;Rose(玫瑰)是英国国花,"花"用了古字"华"——结果Phil Rose成了费国华。不过,我们都直呼其名:费尔Phil,如今在澳大利亚国立大学教授语音学与中国语言学。这位费教授虽然是老外,却能讲一口宁波话,还是当代最著名的司法语音学家。朱晓农在澳大利亚读书时,就跟随费老师修读高等语音学"Advanced Phonetics"课程,并在费老师指导下完成博士论文。

那是20年前,朱晓农坐在费老师的高等语音学课堂里,教室空空荡荡,就6个学生。费老师离开讲台,坐在前排的课桌上,脚就搭在课椅上。这好习惯朱晓农后来也顺便学来了。教室里选修的学生不多,还坐在后排,老师就坐到中排的课桌上讲课——我交流方便,你打瞌睡难。

虽说当代的语音学已经不同于琼斯的时代,但口耳相传的英式语音学传统遗风犹在。费国华的语音学课程中,也包括口传心授的各种发音操练。话说这位费老师的第一堂语音学课,就是操练定位元音:i、e、a、o、u……他先问大家,都知道什么是元音吧,什么是定位元音?有两个同学交头接耳。朱晓农想也没想就回答:当然知道。

——那你就发一下1号定位元音。
——行,那还不容易。(Yes, that's easy!)

教我如何不想她

于是，朱晓农就i～,i～,i～地重复发了几次。
费尔转头问其他同学："他发得怎么样？"
有个同学说："好像很高、很紧。"
费尔说："没错，太高了，发得有摩擦了。那是一个很紧的strident。"

这种很紧的i汉语中很常见，但在西方语言和其他语言中不多见。究其原因，除了音法制约关系外，可能还涉及生理因素，我们到后面的"语音与科学"一章里去谈。

日化元音：什么叫"中国特色"？

汉语中不但有少见的"紧i"，还有个元音也很少见，那就是日化元音，或者通俗点，叫"卷舌元音"：花儿、根儿、哥们儿，等等。

有一次朱晓农在新加坡开会，主人邀他给汉语教师们讲一次课，题目是"华语的音系特点"。"华语"就是"汉语普通话"，是新加坡的用法。这个题目着实让朱晓农犯难。什么是汉语的语音特点呢？想来主人的意思大概是普通话和比如英语相比语音上有什么特点。

普通话是以北方话，尤其是北京话作为基础的。南方人说起北方人的方言，大多会说他们"舌头打嘟噜儿"，说的就是北方方言中常见的儿化现象。最喜欢用儿化的大概是北京人，不管是花儿草儿，还是今儿明儿，大多给它个儿化。这也难怪人们都把儿化当成了北京方言的主要特征之一。

儿化不单是北京人的特征，英语国家中，卷着舌头打嘟噜也是美国人的特点之一。在美式英语中，遇到字母 r 的时候都会卷一下舌头。而英国英语则坚决避免这一点。例如常见的词汇 bird、dark 等，英国人就会读成 [bɜːd] 和 [dɑːk]，但美国人则读成卷舌的 [bɝd] 与 [dɑɹk]。在英国人看来，发 r 音是一种粗俗而没有教养的表现，不过美国人并不在乎英国人的想法，他们走到哪儿就把自己的卷舌音给带到哪儿。无论走到什么地方，只要一听卷舌味儿的英语，就知道说话的一定是个美国人。就跟我们听到爱儿化的北方话时，马上联想到北京人一样。

语音学上把这种卷舌头的元音称为"日化元音"，或者简称为"r 音"。在语音学上已经对这种音做了很多研究，也取得了很多成果。既然语音学上已经对日化元音做出了那么多的研究，想必这种现象应该是一种很普遍的语音现象吧？所以，要讲"华语的音系特点"，尤其是相对于英语的特点，日化元音应该不是特点了吧？

这样说又对又不对。说它对，是相对于美国英语来说的，卷舌元音美国英语里也有，所以汉语的卷舌元音就不算特点。但要说它是世界语言中的普遍现象，那就说错了。日化元音在世界语言中其实非常少见。你拿 100 种语言来，除了汉语和英语之外，几乎找不到还有什么语言里有这样的语音现象。就连后面会讲到的古怪的䏧音，其在语言中的分布也比日化元音要广泛得多。日化元音之所以为语音学界所熟悉，是因为存在日化元音的两种语言恰巧是世界上使用最广的两种语言，而英语又是通行于世界的学术语言，因此，语音学家们才对日化元音下了苦功。如果不是按照使用人数，而是按照世界语言的比例，日化元音实在是一个极少见的具有中国特色、也是美国特色，或者说少见的"中美共同特色"的语音特征呢！

所以，我们讲什么什么"特点"、"特色"时，一定要分清楚两种情况。一种是"语言学"的特点，一种是"学语言"的特点。语言学的特点是在全世界语言类型中的绝对特点；学语言的特点则是两种语言之间相互比较的结果，是相对的特点。

教我如何不想她

从五音到三十六字母

很早以前我们的祖先就开始研究语音了。要知道，我们传统的学问一向是"目治之学"，就是说只需要拿眼睛去阅读，看书背书就行。语音学不一样，它被认为是"口耳之学"。这个"口耳之学"有两层意思，一层是说老师传授学问时要靠当面口耳相传，另一层意思是学生要训练耳朵怎么听音，嘴巴怎么发音。所以，传统的语音学，那时叫"等韵学"、"今音学"、"古音学"、"音韵学"、"声韵之学"，和其他学问有点不一样。

古希腊、古印度的语音学都发展得很早。相比之下，中国的语音学要稍迟一些，汉代时有些萌芽，比如已经认识到可以用反切来分解字音。南北朝时期著名的学者颜之推在他的著作《颜氏家训》里提道："孙叔然创《尔雅音义》，是汉末人独知反语。"所谓反语，就是后世所谓的反切。具体来说，就是使用两个字为一个字注音的方法。举一个例子，相，息亮切，也就是说"相"这个字拥有"息"字的声母以及"亮"字的韵母与声调，将它们拼合起来，就可以得到"相"字的读音。

汉代反语的出现，说明中国人在那个时候就已经掌握了把一个字的音节分析成为声母和韵母的能力。而从这种注音方法的广泛应用，也能够看出当时人们对字音分析的重视。事实上，中国人对字音的分析，来自于梵文的启发。佛教在汉代开始传入中国，同时中国的学者也开始接触到梵文的佛经，为了阅读和翻译的需要，中国的学者开始学习梵文。虽然从今天来说，承载古典印度文化的梵文显得那么古老和神秘，但从语言学的角度来说，梵文和我们平时所学的英语来自同一个祖先。因此，梵文的学习也和英语一样是从认识字母与拼音开始的。梵文所用的文字属于婆罗米拼音文字系统。初学者利用字母表来学习字母和发音，这个字母表就称作"悉昙"（siddam），它区分元音与辅音，并用辅音字母与元音字母轮流相拼来学习读音规则。中国的学者大概就是从这里得到了启发，从而开始区分汉语音节中的元音与辅音。学者们不但区分了元音与辅音，还将辅音按照发音的大致部位归为五个不同类别，唇音、舌音、齿音、喉音、牙音。这五类也被统称作"五音"。在我们现在能见到的早期音韵学出土文献《归三十字母例》中,就已经记载了五音。此外,由于汉唐时期谶纬术数等神秘主义宇宙论盛行,五音又跟阴阳五行等一套术语扯在了一起。唇舌齿喉牙五个部位又分别被配以宫商角徵羽的五声音阶,东南西北中的五个方位,以及金木水火土五行,这就已经超出了语音学的范围。

图2-7 梵文字母

唐朝的时候分析声母,还提出与"五音"相交的另一条标准,即按不同的发声方法另分"清浊全次"四类。"清"即今天的"清声","浊"是今天的"弛声","全清"是不送气清声,"次清"是送气清声,"全浊"是"弛声阻音","次浊"是"弛声响音"。

到了宋代,声母数量从三十个增加到三十六个。这三十六个字母在韵图中就按"五音"和"清浊"分派,这成了声母分类法的标准,统治中国语音学达一千年之久。下边的表格中就是三十六字母,以及它们所归属的"五音"和"清浊",还有语音学家对它们的构拟。

说明:影ø是个零声母。"全浊"一栏里过去都认为跟英语法语的"浊音"一样,用的都是带声符号来表示,如 b、d、g 等,但实际上汉语从古到今(这个"古"比较有把握的是大约汉末魏晋以来),所谓"浊音",并不是像英语法语里的"浊音"b、d、g 那样。欧洲语言,还有阿尔泰语言(土耳其语、蒙古语、满语、裕固语、日语等)的"浊音"是"常态带声"辅音,也就是说发辅音声母时,声带常态地振动。古汉语,今汉语南方方言(江浙、江西、湖南方言,四川"老湖广话",桂北土话等),还有周边的苗瑶语,云南的佤语(属南亚语系)等等,数百上千的亚洲南部的语言/方言,它们的"浊音",不是常态带声,而是弛声,也就是发声母辅音时不一定振动声带,而在接下来发韵母元音时,声带振动的同时还漏缝,带有一种"赫赫赫赫"的漏气声。这样的弛声"浊音",可以用加两点的方法表示,如:并p̈ 定ẗ 等。"次浊"m、n、l 也是弛声,只不过没有对立,两点就省略了。弛声是气声的一种,我们在后文"语音与科学"的"热带之声:气声"一节中,将配上声带照片详细讲解。

教我如何不想她

表 2－1

发音部位		全清	次清	全浊	次浊
唇音	重唇音	帮 p	滂 p^h	并 b̥	明 m
	轻唇音	非 pf	敷 pf^h	奉 b̥f	微 ɱ
舌音	舌头音	端 t	透 t^h	定 d̥	泥 n
	舌上音	知 ʈ	彻 $ʈ^h$	澄 ɖ̥	娘 ɳ
齿音	齿头音	精 ts	清 ts^h	从 d̥z	
		心 s		邪 z̥	
	正齿音	照 tɕ	穿 $tɕ^h$	床 d̥ʑ	
		审 ɕ		禅 ʑ̥	
牙音		见 k	溪 k^h	群 ɡ̊	疑 ŋ
喉音		影 ʔ			喻 j
		晓 x		匣 ɣ̊	
半舌音					来 l
半齿音					日 nj

堵塞和爆发、塞音和塞擦音

既然我们对元音的界定是在整个声道中气流没有受到任何阻碍发出的音,那辅音就可以定义为气流在声道中受到阻碍发出的音。这种阻碍可以是完全的阻塞,也可以是仅存在一点儿摩擦。我们从阻塞最大的音,也就是塞音说起。

口腔的故事

塞音，顾名思义就是在声道内存在完全阻塞的音，气流的活动被完全阻止。因此塞音也叫作"阻音"，在英语中就是stop（阻止）。塞音主要包括两类，一类是爆发音（plosives），另一类是塞擦音（affricates）。

每个人在小时候大概都试过吹破气球，其实发爆发音与吹破气球是差不多的。当我们发爆发音的时候，就会先关闭声道中的某个部位，于是从肺部出来的气流就会不断增加，就像是气球越吹越大，而随着压强增大，就像气球的表面张力不断增加那样，在声道关闭处的压力就会越来越大，最终导致关闭处打开，强气流冲出发音——整个过程很短，只不过是一瞬间的事情。当然，由于能量有限，爆发的声音非常微弱，但是如果用仪器观察，就会发现声波在这个位置会出现一个高峰。在全世界的语言中，比较常见的爆发音一般出现在双唇位置，舌尖与上齿龈位置，以及舌面与软腭位置。例如汉语拼音中的b、d、g就分别是这三个部位的爆发音，将它们转写为国际音标则是［p］［t］［k］。这三个爆发音被称为"清爆发音"，因为它们在发音的时候，声门没有其他动作。

如果在爆发结束之后仍然有气流流出，那么所发出的爆发音就是送气的。例如汉语拼音中的p、t、k，将它们转写为国际音标则是［p^h］［t^h］［k^h］，称为"送气清爆音"。右上角的上标h表示送气。

如果在爆发前声带已经开始振动，那么发出的就是"带声爆发音"。汉语普通话里没有带声爆发音。英语中则存在，英语b、d、g就是带声爆发音，转写为国际音标则是［b］［d］［g］。因此，常见的爆发音可以分成清声、清送气、带声三类。还有一些特殊情况我们后面会提到。

在语音学中通常会用一个量来作为判断爆发音的标准，那就是声带起振始时（VOT），简单地说，就是以爆发发生的时间为基准，然后看声带开始振动的时间。如果一爆发声带就开始振动，那么VOT＝0，属于清爆音；如果爆发之后还要有一个送气段，那么声带的振动时间就晚于爆发时间，则VOT＞0，属于送气清爆音；如果声带在爆发之前就开始振动，则声带振动时间早于爆发时间，VOT＜0，属于带声爆音。我们可以将这三种情况表示如下：

	清爆音	送气清爆音	带声爆音
VOT	＝0	＞0	＜0

教我如何不想她

如果爆发的速度较慢、持续过程较长，以致在听感上能够听到一些摩擦声，则爆发音就成了塞擦音。可不能望文生义地认为塞擦音是塞音加上一个擦音的组合，它是一个整体。但是在记录的时候，我们用两个音标来记录它。例如汉语拼音中的 z、c、zh、ch、j、q，用国际音标转写就是［ts、tsʰ、tʂ、tʂʰ、tɕ、tɕʰ］。在普通话中存在比较少见的舌尖—齿龈、舌面—龈腭、卷舌三类塞擦音的对立，欧洲语言中只有波兰语和汉语普通话一样，存在这样的对立。英语中存在舌叶—龈后清塞擦音 tʃ，和舌叶—龈后带声塞擦音 dʒ。

上面所说的是爆发音和塞擦音的情况，下面来说一说鼻音。爆发音与塞擦音在听感上是瞬间的，而鼻音是持续的。由于在口腔成阻的时候，气流从肺部到鼻腔的通道始终畅通，所以鼻音是可以持续的。常见的鼻音与常见塞音的调音位置相同，都是双唇位置、上齿龈位置和软腭位置。在汉语拼音中，双唇鼻音和齿龈鼻音可以出现在声母位置，记作 m、n；而软腭鼻音只能出现在韵母的末尾，如汉语拼音 ang、ing、eng 中的 ng。在国际音标中，一般将这三个鼻音分别记作［m、n、ŋ］。

发鼻音的时候一般都会伴随着声带的振动。也就是说，鼻音一般都是带声的，但是有时候也能见到清鼻音。我国的西南少数民族语言，如苗语、水语、彝语、阿昌语中都存在清鼻音。国际音标中记录清鼻音的方法是在原有的鼻音下面加一个空心小圈，记作［m̥、n̥、ŋ̊］。

湍流与交通阻塞

说完了阻碍最大的塞音，下面要说一说的就是阻碍略小一些的擦音了。如果把阻塞的部位放开一小点儿，让气流能够摩擦漏出，那就成了擦音。例如把食指竖在嘴唇的前面，让人保持安静的"嘘"声，就是一个典型的擦音。蛇吐信子的"咝咝"声，水开了的时候从壶盖或壶嘴里冲出来的"呼呼"声，性质都跟擦音相似。

擦音的第一个关键在于阻塞部位所打开的程度，如果打开太大，则气流可以很顺畅地通过，就无法形成擦音。因此，擦音的形成，在于气流通过存在阻碍的部位时不能太顺畅。如果我们用一个物理学上的词儿来说，那就是，形成擦音，需要气流产生"湍流"。

什么是湍流呢？从物理学上说，当流体（例如气流，或是水流）处于一种快速、不规则流动的状态的时候，就会产生湍流。湍流的产生，正如我们前面的例子中所说的，需要有快速运动的流体。当流速很小时，流体分层流动，互不混合，称为层流；当流体的速度增加时，流体的流线开始出现波浪状的摆动；当流速增加到很大时，流体内部就会出现许多小旋涡，湍流就产生了。我们可以类比一下高速公路上的车流。当所有车道都已经划定的时候，汽车并行不悖，各按车道行驶。在层流中，流体的运动就是这样。而当汽车开得越来越快，达到一定的速度之后，有些车会忽然超车，不再按照原来的车道行驶。而后面的车猝不及防，只能被迫换道或是刹车——结果大家就乒乒乓乓都撞一块儿去了，公路上也就乱成了一团糨糊。这种情况不是造成整个公路交通的紊乱，就是导致交通堵塞——这个时候湍流就产生了。处于湍流状态的气流内部互相之间会产生摩擦，就像是公路上的汽车都撞在了一块儿一样。于是，我们就可以在发擦音的时候，听见"咝咝"的摩擦声。

湍流只在很高的流速下才会产生，这是擦音产生的第二个关键。当大量的流体通过一个狭小的出口时，速度就会变得很快，从而产生湍流。因此，我们在调音的时候，常常利用口腔器官所构造的狭缝——在语音学中我们把它叫作收缩点——来发擦音。在辅音中，擦音的分布很广，从双唇一直到声门，声道的每个部位都可以构造收缩点产生擦音。擦音也可以按照声带的振动与否分为清声和带声两类。在汉语拼音中出现的擦音有唇齿清擦音 [f]，齿龈清擦音 [s]，龈腭清擦音 [ɕ]，卷舌清擦音 [ʂ]，以及软腭清擦音 [x]。在英语中，可以发现齿间清擦音 [θ] 和齿间带声擦音 [ð]，龈后清擦音 [ʃ]，龈后带声擦音 [ʒ]，还有喉擦音 [h]。在日语中，我们能找到双唇擦音 [ɸ]。

教我如何不想她

咝音与虎跳峡

虽然人的上声道很长,但是可以产生有区别的语音的部位并不是很多。人的调音器官由两部分构成:从双唇到上齿到上齿龈后面的硬腭、软腭,以及后面的咽腔壁,因为不能大范围移动,所以都被称为"被动调音器官"。而我们的整条舌头,从前面的舌尖,到后面的舌面、舌根,由于可以灵活移动,因此被称作"主动调音器官"。发音的时候,主动调音器官向被动调音器官靠拢,两者紧密配合构成阻碍。我们一般就是用发某个辅音所需的主动—被动调音器官来定义这个辅音。

人的舌头虽然很灵活,但是灵活的部位主要在舌头的前端。人的舌尖可以轻而易举地与口腔中的很多部位发生接触,但要移动舌面后部和舌根,则不是那么容易的事儿了。舌面后部可以做简单的上下运动,靠拢软腭、小舌,但是无论在运动上还是在感觉上都比较迟钝,无法与口腔中其余部位进行接触。读者可以自己试一下。因此,区别语音的重任就主要落在了舌冠上(包括舌尖、下舌尖、舌叶)。虽然舌冠部分只有那么一点儿领地,但却能调制出很多有精细差别的语音。当舌尖放在上下齿之间时,就可以发出齿间音;放在上齿龈后面时,就可以发出齿龈音;而当舌尖上卷时,又可以发出卷舌音。不仅如此,舌尖后面的那一小片又可以和被动调音器官有各种组合,发出汉语中常见的 j [tɕ]、q [tɕʰ]、x [ɕ],以及英语中常见的 [tʃ] 来。所以,虽说舌冠只占整个舌头的那么一小点儿,但它的调音功能是最大的。

上一节我们讲到过擦音。擦音其实可以分成两类,这两类就是按照其主动和被动调音器官的部位来分的。在舌冠与齿背到龈后接触的那块范围中的擦音,从齿龈音 [s] 开始一直到舌面龈腭擦音 [ʃ] [ʒ],都叫作咝音;而剩下的那些个擦音,包括位于咝音之前的唇齿擦音 [f],齿间清擦音 [θ],以及位于咝音位置之后的舌根软腭清擦音 [x],都叫作呼音。从听感上来说,咝音比较高,比较尖锐,摩擦也强;呼音比较低,比较圆润,摩擦比较弱。当然,发咝音的时候也比较用力一些。

为什么只有在齿—龈区域内的音才会具有咝音特征呢？我们先带大家去参观一下云南丽江的一处名胜——虎跳峡。在虎跳峡上，两山夹峙，中间立着青黑色的虎跳石。金沙江从两侧越过断崖，凌空跌落，以雷霆万钧之力冲向崖底，又弹跳而上，形成万朵雪白晶莹的浪

图2-8 虎跳峡中虎跳石

花。断崖之下，波涛回旋翻滚。有一位清代诗人曾经这样描写虎跳峡："劈开善城斧无痕，流出犁牛向丽奔。一线中分天作堑，两山夹斗石为门。"这首诗实际上已经揭示了虎跳峡的壮丽景象形成的原因。由于两边都是绝壁，峡口很窄，因此，水流到了这里就以很快的速度冲出，而高速前行的水流却又被江中的虎跳石所阻挡，水石相激，就发出了巨大的轰鸣，形成了壮丽的景象。

事实上，咝音的原理跟虎跳峡一样，是口腔的生理构造导致的结果。从齿龈处向外冲出的高速气流，一下子就被上齿挡住了。气流与上齿的冲撞，撞出了强烈的空气湍流，表现在听觉上就是强烈的摩擦。而呼音则不存在一个气流高速冲出之后的阻碍，因此听上去平稳柔和多了。可见，语音的变化是与物理规律相吻合的。

图2-9 虎跳峡（【左】俯瞰虎跳石，【右】浊浪排空）

教我如何不想她

搭拍音和闪音的区别

辅音中有两类音常常放在一起说，一个叫作搭拍音（简称"拍音"），一个叫作闪音。在国际音标表里面也是并为一格的，合称为拍音和闪音（tap and flap）。主要还是因为这两个音很像，不细听都分不出来。这两个在发音上，至少有三点是相似的：第一，典型的拍音和闪音都属于某种r音的变体，也就是说，在某个语言内可以和r相替换，所以它们所使用的音标符号也都和r有点儿像；第二，它们的主动发音部位都是舌尖，而被动发音部位则都是上齿龈；第三，它们的发音方法都是用舌尖和上齿龈短暂接触。因此这两个音无论是在发音者的感觉上还是在听者的感觉上都很相似。那么，我们怎么来区别它们呢？

其实，区别它们的方法也很简单。这两个音的区别，主要是在舌尖和龈腭处

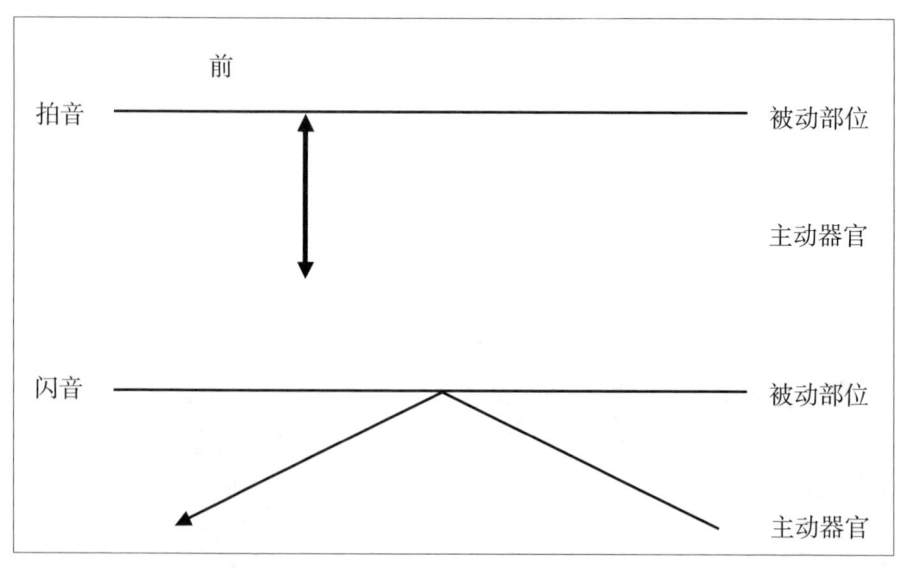

图2-10 调音动作空间动态比较示意图（横轴不表示时间流程，而表示口腔内空间部位的移动；左向表示口腔前部，右向表示口腔后部）

齿龈到接触部位的不一样。我们发拍音 ɾ 的时候，用的是舌头的最尖端部分，让它垂直向上运动，迅速与上齿龈发生接触，然后离开。而我们发闪音 ɽ 的时候，先将舌头向后卷起，然后往前弹出，用舌头尖端的下沿刮过龈腭处，形成一个水平运动。这就是搭拍音与闪音之间在发音上的最根本区别。

根据语言学家麦迪森的统计，在全世界的 300 多种语言里，存在拍音的只有五六种，常见的语言中只有西班牙语有；而存在闪音的语言就很多了，占全世界语言的 10% 左右。日语里面的 r 就是一个闪音。闪音和同部位的塞音 d 很相似，因此也常常互相替换。例如英语中的 "ladder" [lædɚ] 一词，在读快了的时候就会变成 [lærɚ]。

啁啁呼鸡与啧啧称奇

养过鸡的都知道，人们会使用一种类似于咂嘴的声音"啁啁啁（zhōu）"呼唤小鸡过来吃食。而在对事物表示惊奇的时候，我们也会用类似的声音"啧啧啧"。读者可以自己体会一下，在发这种声音的时候，我们的发音器官里面，有哪些部分发生了运动呢？

很容易可以感觉到，在发这类音的时候，我们的嘴唇和舌头在运动，而声门则没有任何动作。也就是说，当我们发这种声音的时候，我们不需要使用肺部的气流；当然，也不用像发内爆音的方式。发这样的音时，气流的变化仅仅局限于口腔的内部，软腭之前。我们要在口腔前后形成两个阻碍点，后面那个是舌面后部和软腭接触形成阻塞，隔断喉部与口腔的连接；前面那个是舌尖和齿—龈—腭

教我如何不想她

接触形成阻碍。然后，降低舌面在口腔内形成一个空腔。最后突然打开前面的阻塞点，空气涌入，发出碰击的声音。前面的阻碍也可用双唇形成，那样发出的就是一个"啵"音，像是小孩在老奶奶脸颊上"啵"一个时发出的音。

这样的音叫"舜音"。舜音一般认为是爆发音，但实际上不同的舜音，其属性是不一样的。舌尖—齿龈舜音和舌尖—上腭舜音一般表现为爆发音，因为它们的接触点小，而且由于舌尖很灵活，在很短的时间内就可以打开全部阻塞，因此听起来就像个爆发音。而其余部位的舜音，如双唇舜音，或是舌尖—上齿舜音以及边舜音等，由于阻塞打开的时候没有那么灵活，所以听起来还有些擦音的成分，更像是个塞擦音。

我们可能会觉得，这样的音大概仅限于用来和动物说话，在人类的语言里大概没什么用场。事实上，这样的音在人类语言中的分布不但不少，还非常广泛，在许多南非语言中都可以找到它们的踪迹。例如在一种叫作!Xóõ的南非语言里，有70%的词都是以舜音起头的。这样的音虽然单个发起来很简单，就算是小孩儿也是一学就会，但要是将其与元音，甚至辅音组合在一起，就不是那么容易了。在南非语言中，舜音能够跟数十种不同的辅音或是发声态相结合，构成几十种不同的区别。例如在!Xóõ语里面，具有区别作用的舜音组合达到69种之多！而语音学家们所分出来的带有不同音色的舜音也有20种。很难想象当地人是怎么可以用这几种简单的舜音变出那么多的花样来的，更不可思议的则是当地人居然可以纯熟地使用与分辨那么多不同的舜音！当然，语言学家所困惑的还有另外一点，那就是这种每个人都会发的简单的舜音，为什么只在南非语言的音系中出现？

由于在汉语的常态音系中不存在这类音，因此当这类音被译介进汉语的时候，怎么称呼它还颇费了一番周折。有译成"吸气音"的，有译成"咔嗒音"的，有译成"搭嘴音"的，也有译成"碰击音"的。最后在一部1400年前的古老韵书里找到了一个"舜"字，读音像"州"，意思就是叫鸡来吃食的声音。这大概是这类音最古老的描述了。

口腔的故事

伯努利效应与颤音

在辅音中还有一类音，我们把它叫作颤音，像是一连串打嘟噜的声音。常见的颤音有三种，一种是双唇颤音，一种是舌尖颤音，还有一种则是小舌颤音。双唇颤音的振动体是上唇和下唇，在小孩子闹着玩吐口水的时候常常会发出这样的音来。舌尖颤音（也叫作大舌颤音）和小舌颤音在欧洲的语言里很多，例如法语中著名的小舌音，被认为是一种优雅的发音。在西班牙语和意大利语中则存在舌尖颤音，我们在听歌剧的时候会听到演员们使用这个音，它已经成为了歌剧的一个特色。而德语里面的r则既可以使用舌尖颤音也可以使用小舌颤音。在现代德语里面，舌尖颤音已经不多见，除非是方言或是歌剧演唱，一般的德国人在发这个音的时候都会使用小舌颤音。双唇颤音比较简单。

舌颤音的原理，就是我们前面所说的伯努利效应。在双唇、舌尖或是小舌的部位形成一个窄缝，然后气流高速冲出，由于气流冲出的地方气压降低，于是外界大气压又使其恢复原状，然后又被冲开，如此周而复始，就形成了颤音。由于气压差实际上并不大，所以发舌颤音的时候，舌头要保持在一个松弛而有弹性的状态，就需要一点技巧。这就是为什么有一部分人不会发舌颤音，尤其是舌尖颤音的缘故。双唇颤音比较简单。

其实舌颤音并非特别常见，在欧洲语言之外的其他语言里，几乎很少见到存在小舌颤音的。只不过因为欧洲语言在经济文化上比较强势，因此可以接触到的机会比较多罢了。但即使是在欧洲，也不是所有人都能发这个音的。就算某个语言中有舌颤音，使用这个语言的人也有可能不会发，从而使用另一个音代替。一般来说，舌颤音和我们前面讲到的日音、搭拍音和闪音属于同一个系列。这一点在欧洲语言的拼写中就可以看出来，不管是日音、舌颤音、搭拍音，还是闪音，在欧洲语言中都会写作r，它们之间存在着某种相似之处。绝大部分存在颤音的语言中，其颤音都有不止一个变体。在瑞典语中，可能只有一半的使用者把r真的发成一个颤音；而西班牙语中则更少，十个人里面最多只有三个真的能颤得起

教我如何不想她

来。从语音学上来说,舌颤音和搭拍音比较接近,区别在于拍音只接触一下,而颤音会连续接触多下。因此,这两个音之间发生替换很常见。而舌颤音和日音(像普通话"日")之间的替换也很普遍,研究者一般认为这是因为两者之间存在某种声学上的相似,况且,它们的调音部位又是那么的接近。

喉头的故事

琼斯对艾伯克龙比说:"请发内爆音。"——琼斯叫威尔斯读浊送气音——假声只能用来唱京戏吗?——周杰伦的音色和沈星有什么相同点?——平平仄仄作诗难——沈约与乌镇——什么是四声?四声是什么样的?——从轻重到平仄,长短律还是高低律?——声调探索的传承:从利玛窦到赵元任——"赵是从来不犯错误的!"——国语罗马字和汉语拼音——刘半农:中国语音学的开山鼻祖——教我如何不想她——"我辈数人,定则定矣!"——喉头研究的意义:再谈"中国特色"

教我如何不想她

琼斯对艾伯克龙比说:"请发内爆音。"

说起艾伯克龙比在琼斯手下学艺的故事,也颇有趣味。当时艾伯克龙比的父亲是利兹大学(Leeds University)的英国文学教授,与琼斯同是BBC英语口语顾问委员会成员。艾伯克龙比的父亲告知琼斯,自己有个儿子正在利兹大学修读英语硕士课程,并对语音学非常热衷。于是琼斯就要求艾伯克龙比到他家里去谈一谈。当艾伯克龙比怀着忐忑的心情叩开琼斯办公室的门,揣想着一位语音学家将会如何为一名新手规划他的毕生事业的时候,琼斯在屋里出声了——三句话:"进来","坐下","请发一个双唇内爆音"。

"请发内爆音"确实是个独特的寒暄方式。对于当时的欧洲语音学界来说,内爆音是种罕见的音。就是现在来看,内爆音依然是种少见而难学的音。内爆音主要分布在亚洲南部、非洲中部,还有美洲一些地方。尽管分布的区域不算大,但出现的频率不算太低,世界上大约有10%到15%的语言中存在内爆音。内爆音在撒哈拉以南的非洲语言中很常见,亚洲南部语言中也很普通,亚马逊盆地有些语言中也有。其他地方就很少见了,在北美的印第安语中偶尔一见,而欧洲语言和澳洲土著语中就未见报道了。据国外语言类型学的统计,汉语中不存在内爆音,但那是根据汉语普通话得出的结论。实际上,在从上海郊区到浙江南部的吴语(江浙话)、海南岛,雷州半岛,潮汕、漳泉很多地区的闽语(福建话),靠近广西的西部粤语(广东话),北部赣语(江西话),桂北土话等很多汉语方言中广泛存在内爆音,据我们的调查统计,已经发现不少于100个点的汉语方言中有内爆音。除了汉语方言,在云贵两广地区的许多少数民族语言中也都存在内爆音。

内爆音的发音机制不同于常见的肺部气流机制(Pulmonic)发音。一般我们的发音都是从里往外出气儿,然后气流振动声带或是通过口腔,发出声音来。但是内爆音可不一样,它是由外往里进气儿的。在发内爆音的时候,我们首先得在口腔里面有一处阻塞,形成一个与外界隔绝的空腔,然后将喉门闭紧,喉头下沉,扩大那个已经做成的空腔的体积,空腔的体积变大之后,里面的空气就变得稀薄了。空气一稀薄,气压就会降低,空腔内的气压就会和外界的大气压之间有一个气压差。等到这个气压差大到一定程度的时候，口腔中所形成的那个阻塞就会被冲开，于是就发出了一个内爆音。

虽然内爆音的气流流向与一般爆发音相反，但是形成阻塞的位置却是一一对应的，从双唇到小舌，凡是可以形成一般爆发音的地方，都能形成内爆音。另一方面，由于喉头下沉的时候，喉上空间增大，气压减小，减到一定程度之后，喉上气压就会小于喉下气压，而声带则会开始振动。所以，我们一般发现的内爆音都是带声的。而由于喉头下降时会闭紧喉门，声带被拉得很紧，所以内爆音虽然带声，但是对应的声调却可以是高调。在汉语中出现的内爆音，一般都是与古代的清声母而不是浊声母相对应，这是由它的发音机理所决定的。

过去我们对内爆音的性质认识得不够，因此在命名的时候存在一定的混乱，例如"吸气音"、"缩气音"、"紧喉音"、"先喉塞浊塞音"等等。如今我们已经了解了它的性质，应该摒除以前的错误命名。"命名即认知"，这句话在科学上是不错的。

琼斯叫威尔斯读浊送气音

丹尼尔·琼斯在语音学上的天分是常人难以比肩的。但另一方面，琼斯对语音学的热情也是一般人所不能企及的。他的工作热情和研究融入了他的生活方式，甚至是寒暄方式。前面已经提到，艾伯克龙比在第一次见到琼斯的时候就因为他特别的寒暄方式而吃了一惊。其实，不只是艾伯克龙比，另一位后辈威尔斯也曾经得到过和艾伯克龙比一样的"待遇"。在琼斯退休之后，威尔斯在伦敦大

教我如何不想她

学院担任语音学教授。有一次他前去拜访琼斯，琼斯仍旧是那三句最经典的寒暄："请进"，"坐下"，"请你把这张纸上的音标读一下"。说着琼斯递过来一张纸，上面写着一段印地语，里面就有印地语中著名的浊送气塞音。

上一节中介绍的内爆音是一种比较特别的发声活动。常见的发声活动指的是由肺部气流机制所造成的各种发声态（phonation types）。发声态也就是我们平常说的"嗓音"。我们的发音器官可以类比成一把吉他，那么我们的整个上声道，包括咽、喉、口腔、鼻腔都可以看作是吉他的琴箱，也就是共鸣箱，而发声的声源则是琴弦。肺气流激发声带产生声波，和拨动琴弦产生声波是一个道理。如果我们调节琴弦的长短松紧，就会改变产生的音高，这就是我们通常控制声调的方法。此外，改变琴弦的粗细质地，不但可以改变音高，同时也会改变音色。而发声态的调节，就和琴弦粗细的改变，有异曲同工的作用。

我们的声带就像是两根琴弦，一头固定在我们的喉结（解剖学上叫甲状软骨）上，而另一头则与可以活动的两块勺状软骨相连。声带由左右两片软组织构成，里面有声带肌，声带肌活动可以调节声带的松紧，甲状软骨的升降则改变声带的长度，勺状软骨可以滑动与转动，负责调节声带的开合。在发声的时候，声带起始是闭合的，肺部气流将其冲开，然后由于伯努利效应和声带的弹性作用，声带再次闭合，这样周而复始，就产生了振动。而在我们呼吸的时候，声带则是打开的，中间会露出很大的缝隙，以便于气流顺利通过。这两种状态就是声带开合的两个极端状态。那么，如果声带不完全打开，既可以被肺气流冲击振动，又可以在打开的部分漏气，就形成气声了。气声包括强中弱三类：强的叫浊送气，中的叫弛声，弱的叫弱弛。

常见的浊送气音一般都是塞音，全世界只有很少一些语言有这样的音。常见的例子就是在印地语中出现

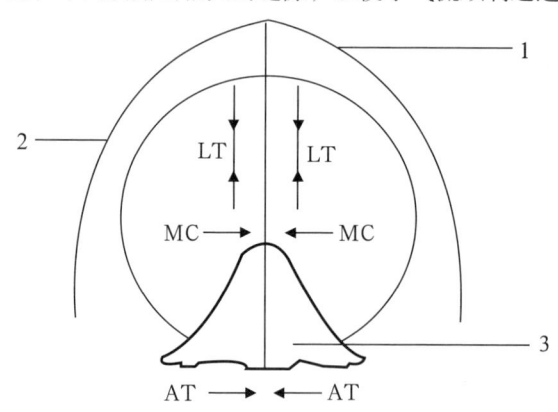

图3-1 三种喉部紧张：LT 纵向紧张；MC 中央收缩；AT 内收紧张。1. 甲状软骨；2. 环状软骨；3. 勺状软骨

的浊送气塞音。由于它继承了它的祖先，著名的佛教语言——梵语中的浊送气音，因此它的浊送气音也就跟着出名起来。非洲也有一些语言中存在浊送气的塞音，例如伊格博语 Igbo 以及我们前面提到的存在咤音的哧豪语 !Xóõ 中都有浊送气塞音。曾经一度有学者认为，在汉语中也存在浊送气的塞音，但是根据我们的调查，至少到现在为止还都没确证过有这类音出现，有的是和浊送气同属一类的"气声"类中较弱的小类：弛声。弛声在吴语、湘语、赣语、桂北土话中都有。这类音声带振动时，关闭不是很严实，还漏气，例见下图。下图左图中是普通元音 a，声带振动时，一开一闭。右图中是个气化的弛声元音，关闭时还有小缝没关严实，所以听上去很"浊"，也就是带有气化。

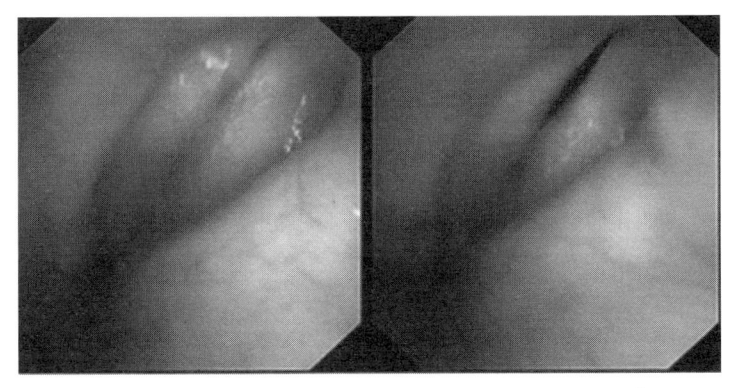

图 3-2　上海话发音（【左】普通元音 a "矮"，【右】气化元音 $a̤$ "鞋"）

教我如何不想她

假声只能用来唱京戏吗？

中国的传统戏曲对发声有很多讲究，不同的角色会使用不同的发声。例如在京剧和昆剧中，老生、花脸和丑角是使用所谓"大嗓"的，而旦角和小生则是使用"小嗓"的。流行于广东的粤剧中，也有所谓"平喉"与"子喉"的区别。"平喉"是男性角色的唱法，类似于"大嗓"，而"子喉"则是女性角色的唱法，类似于"小嗓"。一般在演唱的时候，两者的音域相差八度，演唱时高低相间，相得益彰。例如著名的京剧《四郎探母》与粤剧《帝女花》中，都有脍炙人口的经典大小嗓对唱，给人以美的享受。

在语音学上，大小嗓的区别，就是真假声的不同。我们平时说话，振动声带，所发出的声音就叫作真声。那么假声呢？在我们的声带上方，有一对软组织构成的皱褶，叫作假声带——但是请注意，假声可不是假声带发出的。所谓假声带，是指假的声带，而不是发假声用的声带。假声还是我们的真声带产生的。但是在发假声的时候，假声带常常会在声门上方收紧，因此过去有些学者就误以为假声是产生自假声带的。但是，从喉纤维镜的图上我们可以清晰地分辨出，假声带是很厚的皱褶，无法振动。真正在发假声时振动充当声源的，还是真声带。

如果回到我们前面那个吉他的比喻，那么发假声的时候所使用的，大概就是吉他上最细的那根弦了。假声最显著的听感特征就是高。人用真声说话的时候，一般男子的频率在50～200Hz间，女子的频率在150～400Hz间。但是如果用假声，音高可以一下跳到很高，男的三四百赫兹，女的五六百赫兹，而训练有素的歌手甚至可以用假声唱到1000Hz以上的音高。例如著名的俄罗斯神秘男高音歌手维塔斯（Vitas），他的高音区就是使用假声发声的，可以高到一千五六百赫兹。

在发假声的时候，声带肌绷得很紧，两片声带抻拉得又长又宽又薄，声带间微留出一些空隙，肺部气流通过的时候，薄而窄的声带就会发生振动。由于振动的部分又薄又细，可以获得很高的频率，就像很细的吉他弦可以弹出很高的音一样。

我们一般说话的时候，是不用假声的。长久以来，假声都被认为是某种不具辨义功能、仅仅表示某种语音情感的边缘语音特征；或是根本就被当成是一种戏曲演唱中使用的表演技巧。这对于西方的语音学家来说，或许是个可信的结论。但是在使用音高——声调区别意义的东亚语言中，这个结论就不正确了。就以汉语为例，假声常常伴随高调出现，带有假声的高调利用假声的特殊发声态与其余声调相区别。例如，在湖南岳阳方言中，阴去、次阴去和阴入三调就都带有假声；浙江温州方言中，阴上、阳上两个声调也都有假声特征。在某些地方方言的小称调里面也有假声的存在。例如在广东北部的信宜的小称调就是个假声调，一个声调上域为200多赫兹的发音人，在小称调的时候可以达到400Hz，见下图3－3。

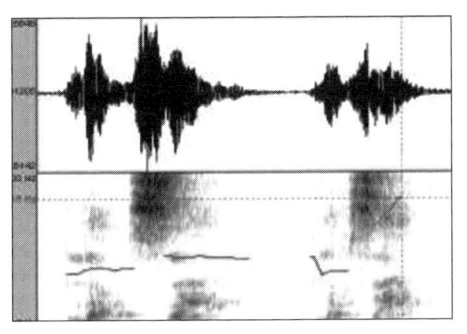

图3－3 信宜男发音人"笠衫"，
左原型［44 55］，右小称［44 ↗］，带假声

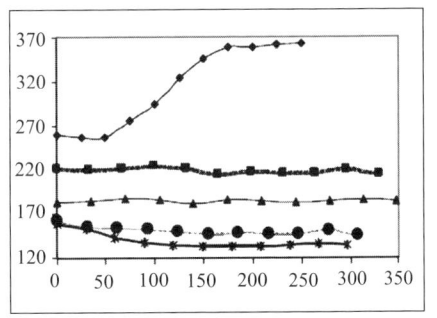

图3－4 高坝侗语一位男发音人五个平调的基频曲线，最高的那个声调带假声

不但是在汉语方言里面有假声，在一些少数民族语言里面，假声也作为区分声调的一个重要因素。例如，在贵州锦屏县的高坝侗语中存在五个平调，有四个属于常态发声，而最高的那个高平调则使用假声与其余的四个平调相区别（图3－4）。可见，假声绝不是只能用来唱京戏的边缘语音特征，而是具有语言学意义的一种发声态：它能作为声调的区别特征，还能作为一个语素。

教我如何不想她

周杰伦的音色和沈星有什么相同点？

周杰伦是流行歌曲的歌手，沈星是凤凰卫视的主持人，要说他们的音色有什么不同，可以举出很多很多。比如一个男声，一个女声；一个唱歌，一个说话；一个咿咿呀呀唱得谁也听不明白，一个叽叽喳喳说得再快也字字清晰。可要找出他们之间有什么相同点，那得费点工夫。

先来看周杰伦，他是流行歌曲的天王，很受年轻人追捧，尤其女粉丝一大批，甚至还有不少"阿姨级"的粉丝。要问他的特点是什么？大家几乎是众口一词，说他唱歌咬字不清、吐字含混，还有他的歌词写得特华丽。没错，周杰伦唱歌的确让人听不清楚他唱些什么，这是他的特点，但是不是他吸引人尤其吸引女粉丝的特点呢？大概不会是。要不你也支支吾吾唱一曲听听。至于他那个歌词华丽的特点，恐怕更不起作用。你想，他既然咬字不清，那还有谁听得清、听得出那些华丽辞章呢？看来，周杰伦的吸引人之处不在于此。

我们前面说了，发音像弹琴，声带像琴弦。亚洲南部的语言和很多非洲中部的语言就像是六弦琴，而且每根弦的质地都不一样。有一种弦很粗糙，发出的音调很低，相当于发声中的嘎裂声。嘎裂声在汉语南方和北方很多方言中用来作为声调的区别特征，同样两个凹调或降调，如果一个发普通的声调，一个在中间或结尾处伴随嘎裂声，那就变成了两个不同的声调。图3—5就是这么一对例字。其实，还有很多语言或方言，嘎裂声即使不起区别作用，也起到一个标记"低调"的作用，就比如北京话中的第三声"子"，很多人会发成嘎裂声 zi…i，中间低陷下去，像是断了一样，有时就是完全断了，见图3—6。

周杰伦的歌声中即时时带有这种嘎裂声，他唱的曲调不高，有时更低到带出了嘎裂声。比如他唱的《青花瓷》：

素胚勾勒出青花笔锋浓转淡
瓶身描绘的牡丹一如你初妆
冉冉檀香透过窗心事我了然
宣纸上走笔至此搁一半

喉头的故事

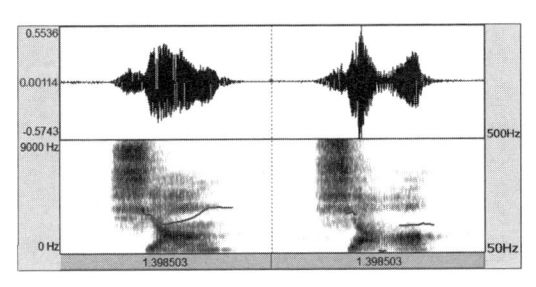

图3-5 中原官话江苏铜山话的一对凹调例字："想"ɕiaŋ324（左）和"乡"ɕiaŋ303（右）。语图下面的曲线是声调基频曲线。曲线起头在差不多相同的高度，区别在于声带振动方式不同：前者是常态发声；后者是嘎裂声，结果曲线中间折断了

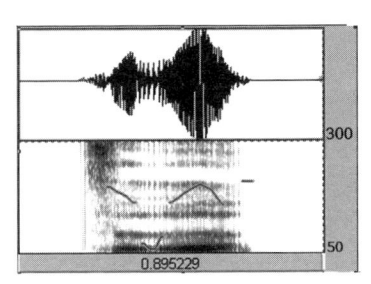

图3-6 北京话第三声"子"，带有嘎裂声，基频曲线在中间折断了

　　第一句唱到"花"时音调低了下去，喉头里"嘎"了一下。第二句"描绘"的"绘"字处也是那么一"嘎"。那种从喉咙深处含混哼出、低而嘎的唱腔正好跟他那朦胧暧昧的唱词相配，再加上他那表情：斜着脑袋，长发半遮面，最关键的是还眯缝着那细细的双眼，弥漫着撩人的目光——整个儿一个欲睡还醒的模样。那种表演的综合效果，不是单单说他辞藻华丽（还听不清华丽在何处）、吐字含混（这只是烘托综合效果的手段之一）就够的。周杰伦这个阳光大男孩，长得性感英俊，唱得让人觉得欲睡还醒，连阿姨们的母性都给激发出来了，怪不得女粉丝多。

　　再来看沈星，那个凤凰卫视的当红女主持，长得水灵灵的，口齿清脆伶俐。她有个专栏节目《美女私房菜》，讲怎么做家常菜，炖个冬瓜汤，做个南瓜盅，很多家庭妇女爱看。可奇怪的是，还有不少大老爷们儿，还是常常自称很忙很忙的，自觉很重要的VIP，也在电视机前凑热闹，看得个不亦乐乎！你说他们在看啥呀？"美女"还是"私房菜"？私房菜大概谈不上，这帮老爷们儿从不下厨房不说，谁会关心菜是经过多少道步骤做出来的。美女嘛，倒是有可能，沈星的确是个大美女，可电视里大美女有的是，追捧某个大美女总是有点她特定的原因吧？关键在于，沈星在这档节目里，比起她主持的另一档节目《娱乐大风暴》来，说话速度要慢多了。她一边准备食材进行烹饪，一边讲解，像是自说自话，低语浅唱，还时时带上个嘎裂声！这个美女像是在你耳边私语呢喃，硬是把那么多从不做菜的大男人吸引到她厨房里。

55

教我如何不想她

平平仄仄作诗难

  诗可以说是人类最早的文学。人类早期的历史无不是与诗歌相伴的，不管东西方都是如此。中国最早的文学作品是《诗经》，西方最早的文学作品是《荷马史诗》，文学的发展与文明的发展几乎是同步的。不同的文学体裁担负着不同的任务。当人们需要客观地记录某件事情或是说明某种事物的时候，往往会选用散文体，例如本书就是用散文体写成的（《荷马史诗》倒是记的史，不过那是口头文学的记录）。而当人们需要抒发自己内心感情的时候，散文似乎就不合适了，总让人觉得不够味儿。这时候，诗歌就登场了。在中国最早的历史典籍《尚书》中就对诗歌的作用做了说明："诗言志，歌永（咏）言。"诗歌就是用来表达我们内心丰富的情感的。写诗者的情感可以通过诗歌得以宣泄，而我们读诗的时候，也能很快把握住作者所要表达的感情。

  从小到大，我们大家一定读过很多诗，如果要大家举例，想必也能举出不少来。但是，如果要我们给诗下个定义，想仔细深究一下，问问诗到底如何成为诗的，为什么在我们的语言中有些句子组合在一起就能成为诗，而有些句子放在一起就不算诗？为什么小时候家里教我们背的"举头望明月"、"一去二三里"，长大之后读到的"白日放歌须纵酒"、"小楼一夜听春雨"这些古诗，或是"独自彷徨在悠长/悠长又寂寥的雨巷"（戴望舒）、"自从鹅黄到古铜色的菊花/记着我的粮食是一壶苦茶"（闻一多）、"黑夜给了我黑色的眼睛/我却用它来寻找光明"（顾城）这样的新诗，我们都觉得它们是诗呢？

  这是因为它们都是押韵的，这是诗歌的第一个要求。而网络上流行的"梨花体"，例如那首饱受争议的《一个人来到田纳西》："毫无疑问/我做的馅饼/是全天下/最好吃的"（赵丽华），就不被网友们承认是诗，说它只是分行的散文，还掀起了一轮戏仿和恶搞的热潮。如果问诗和其他文体的最主要区别在什么地方，以及在上面举的这些例子之间，又存在着什么样的诗的共性，则确实是一个让人很犯难的问题。南宋大诗人陆游曾有过一个意会式的回答："汝果欲学诗，功夫在诗外。"想要知道什么是诗,单纯从诗歌本身的角度去考察,是没法得到结论的,还是得从诗歌之外的学科中寻找这个问题的答案。那么,到底是哪个学科才能告诉我们什么是诗呢?答案其实早在意料之中,文学家们想要知道什么是诗,还是得找语言学家,尤其是语音学家帮忙。只有使用语音学的手段去分析,我们才能知道文学家和评论家从直观上去把握的诗歌,究竟有什么样客观的特有性质来。

要提到语言学对诗歌的分析,不得不说到一位叫罗曼·雅各布森（Roman Jacobson）的语言学家,他是20世纪最著名的语音学家/音位学家之一（他的语音学贡献及其哲学意义咱们到"语音与科学"一章里去谈）,同时也是一位诗学家和哲学家。他认为,诗学和语言学的关系密不可分,诗学在语言学研究中应该占据首要地位。诗歌作品是作为一种独特的语言现象存在的。而诗之所以成为诗而不是其他文学形式,是有独特的形式要求的,而这形式要求几乎就等同于语音要求。

诗歌对语音的要求,照我们的看法主要是三点。第一,音节数;第二,押韵,主要是句末的押韵;第三,句中超音段的搭配。还有一些次要的要求。超音段指的是音高和音长。所以所谓格律,就是在规定的音节数中,韵脚的位置以及更为微妙也更为重要的超音段的搭配规则。押韵是各国诗歌都必备的基本要求。押韵可以使读者、听众产生一种定时的延绵回环感,那是节律或韵律的一种表现。音节数也体现了一种节律,但这是各种语言各不相同的,具体数目要求与第三条超音段要求相制约。由于音节数和韵脚都一耳了然,所以,掌握格律就是掌握微妙却又至关重要的超音段配置的奥秘。印欧语（印度—欧洲）的诗歌中有长短律和抑扬（或扬抑）格,就是对音长或重音的配置要求。

中国诗歌的格律也无非这三项主要约束。押韵从古到今是不变的规则,音节数则是不断增多:《诗经》以四言为主,后来有五言、六言、七言,再后来则有长短句,就像柳词、昆曲和邓丽君歌词。至于超音段配置,就有点说不清道不明、妙手偶得之、高手雕琢之。盛唐律绝是诗歌史上最为严格的格律诗,它对超音段的规定,就是1000多年来耳熟可意会的"平仄律"。

平仄律是汉语这样的声调语言的诗歌专利。将平仄分配落实到每个或某些字上,把诗歌语音构成的责任分派到每一个音节单位,使每一个字在刻意安排的组合、对比中发挥出节律的美感效应来:起伏、关照、对比、回环等等。这种以声

教我如何不想她

调的音高变化为基础的平仄配置，为中国诗歌增添了很强的音乐性。但是，要掌握好这种平仄律却不是件容易事，甚至在盛唐时代也是如此。至于宋明而后的格律诗，由于语音已起变化而无人能识，只有强背韵书循平仄虚名而效颦，却无实际语音的音高变化对比之美。

沈约与乌镇

使用汉语的汉族人，并非一开始就知道汉语中存在着四声平仄。在《诗经》和《楚辞》的年代，四声未起，人们当然没有平仄这样的认识。两汉魏晋的诗人在写诗的时候也不知道平仄是什么东西。因此，那时候的诗赋除了押韵和音节数要求之外，并没有严格的超音段格律。四声的产生是在魏晋到南北朝初期，当时生活于宋齐梁之间的文学家沈约意识到四声的存在，认为它们在诗歌创作中具有压倒性的重要性，于是他提出了系统的声律理论，成为后世诗歌格律理论之滥觞。

图3-7 沈约

沈约是吴兴武康（今浙江省湖州市德清县武康镇）人，出生于宋元帝元嘉十八年（公元441年）。沈家世代以诗文著称。沈约幼年时，父亲被朝廷处死，葬于与武康相邻的乌镇（原属湖州，现归嘉兴），于是举家流落到乌镇定居。虽然少时孤贫，但沈约读书非常勤奋，昼夜不息。他的母亲心疼他，怕他积劳成疾，常常悄悄地把他油灯里面的油倒掉一部分，好让他早些熄灯睡觉。

沈约历经宋齐梁三朝，到了梁朝的时候，他已经60多岁，是当时最著名的学者，并且在朝中担任重要职位。梁武帝非常赏识他，让他做自己儿子的老师。沈约所教的皇子，就是以《昭明文选》而著名的昭明太子萧统。梁天监二年（公元503年）的时候，沈约回乌镇扫墓并小住，而萧统则跟着沈约一起去了乌镇。据清乾隆年间修著的《乌青镇志》记载，梁天监二年，萧统随老师沈约来乌镇读书，并建有书馆一座。后来，书馆塌毁，遗迹"昭明太子读书处"今尚残存。清代学者顾炎武曾经考证过，在梁朝天监年间之前，南朝的文章是去入二声同用的，而其后则绝不相通。可见，四声的形成正是在南北朝期间。而四声的发现、体系化并成为音韵学上的范畴，正是在天监年间由沈约完成的，因此，乌镇在中国语音学和音韵学史上，还是个"里程镇"呢。

沈约不但是著名的学者，长得也很帅，特别以其身材好出名。后人说到男子细腰，都以沈约来打比方。如南唐李煜在词中写"沈腰潘鬓消磨"，明代的汤显祖在《牡丹亭》中也写道："打叠腰肢斗沈郎"，所用都是沈约三角身材的典故。

沈约发明的四声成为了中国古代分析声调的权威理论。后来的韵书字典，无不按照沈约提出的平上去入四声来编排。就连现代的语音学分析，也采纳了四声作为声调的分类。因此，也可以说，沈约是中国最早的一位研究声调的语音学家。本书作者之一朱晓农也是乌镇人，青少年时代曾在乌镇生活多年，与沈约做

图3-8 乌镇（【左】廊街与廊桥；【右】桨声中传来的四声）

教我如何不想她

了一个小同乡。更有趣的是，朱晓农在30年前初次接触语言学，此后便迅速与声调结缘，并把青春都献给了声调。30年后，朱晓农和焦磊写了《声调四维度》的论文，把声调描写框架完整化系统化了。可以说是乌镇人发明了四声，而又是乌镇人来解读声调——真是解铃还需系铃人。这也算是语音学中的一段巧合吧。

什么是四声？四声是什么样的？

上面提到了平平仄仄诗歌格律，但没具体讲到底这格律是什么样的。这是因为我们首先要知道什么是四声，南北朝时的四声、盛唐以后的四声、现代的声调又是什么样的。只有了解了这些预备知识，才能对我们自诩的"文学之邦"、"诗歌王国"有个实质性的认识，而不是老以"性情中人"自居，只会对感性印象进行巧言令语或豪言壮语式的铺陈。

四声这个概念是沈约，或稍早的周颙提出来的，指的是平上去入四种声调类。我们今天所有汉语方言的声调类别基本上都来自古四声。四声的命名根据的是听感印象，所谓"平声者哀而安，上声者厉而举，去声者清而远，入声者直而促"。根据我们近年来的发现（有兴趣的读者可参看《证早期上声带假声》、《声调起因于发声》等论文），南北朝时有平上去入四个辨义的声调，各按声母清浊分为两个小类（这是后世阴平、阳平等的来源），清高而浊低，但调体平行。因此语音学上是八调，但相应的清浊调之间无音位区别，是声母的条件变体。图3—9是早期四声八调的格局，表达在三域六度的声调框架中。声域按发声分为假声、清声、浊声三档。清声母声调在中域中，浊声母声调在低域中，带有假声的清上、浊上在高域中。时长格局似与顾炎武的推测相仿,"平音最长,上去次之,入则诎然而止"(《音论·卷中·古人四声一贯》)。根据现代方言的测量资料,情况大体上是:入声短调100毫秒上下,降调和带假声的升调200毫秒稍多,平调、凹调和普通升调300毫秒或以上。

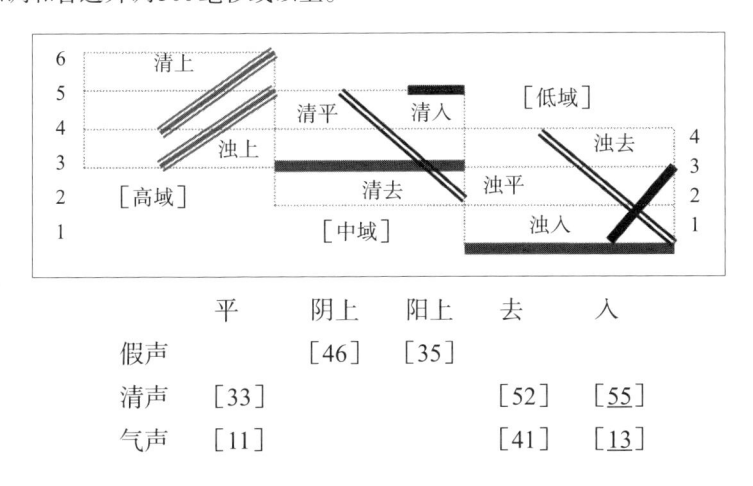

```
6    清上                              [低域]
5
4        浊上     清平    清入                   浊去   4
3                                                    3
2    [高域]        清去      浊平                      2
1                    [中域]       浊入              1
```

	平	阴上	阳上	去	入
假声		[46]	[35]		
清声	[33]			[52]	[55]
气声	[11]			[41]	[13]

图3-9　南北朝时四声八调的三域六度格局

然后到了盛唐中唐以后,阴平、阳平、阴上、阳上等八个声调类正式确立,假声消失,时长对比只剩下两类:舒声和入声。于是有了下面标准书音的声调格局。

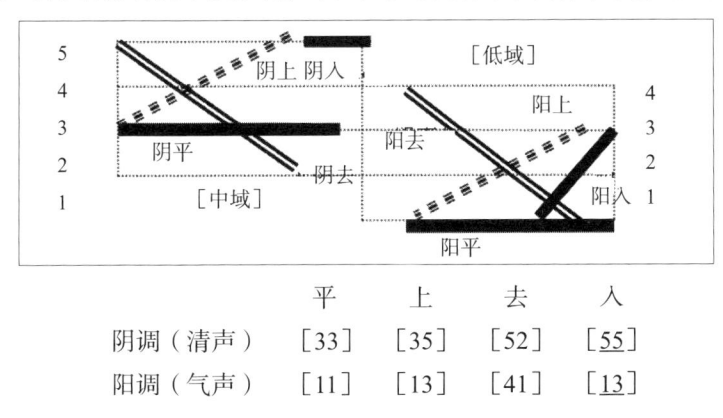

```
5                            [低域]
4       阴上 阴入                  阳上         4
3                                               3
2    阴平         阴去                           2
1       [中域]                       阳入       1
                          阳平
```

	平	上	去	入
阴调(清声)	[33]	[35]	[52]	[55]
阳调(气声)	[11]	[13]	[41]	[13]

图3-10　中唐时八声的两域五度格局

教我如何不想她

到了今天，南方方言如湖州话、广州话还有八个声调（甚至更多），保留着唐代的声调类，但北方话的声调系统就变得非常简单了，大多只有四个，甚至三个两个声调类；低域也消失了。比如北京话四个声调，都在中域里，是典型的"高—低—升—降"，最大限度的区别分布。很多北方话的声调格局都那样。

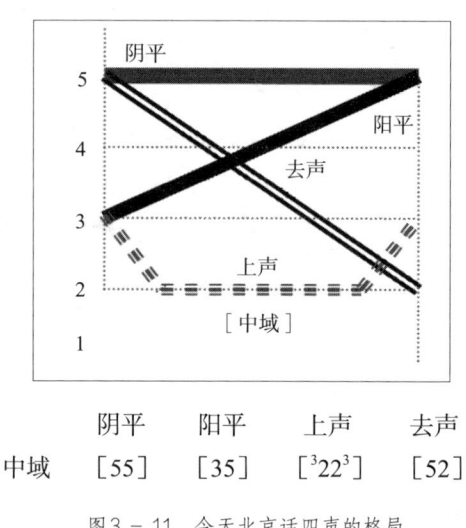

	阴平	阳平	上声	去声
中域	[55]	[35]	[$^322^3$]	[52]

图3-11 今天北京话四声的格局

从轻重到平仄，长短律还是高低律？

沈约发现四声区别的时候，用了两句著名的话来描述谢灵运诗歌的韵律之妙，那就是"一简之内，音韵尽殊；两句之中，轻重悉异"。意思是：一句诗里，最好不要有声韵母相同的字；两句相对的诗里，轻重的位置要不一样。这前一句话好理解，但后一句中的"轻重"到底是什么意思呢？是不是就是"平仄"呢？

我们一是已经知道沈约的南北朝时期、杜甫的中唐时期，以及现代北京话的声调格局，二是又明白了所谓格律，无非是高低长短的搭配。高低是音高，在英语中指的轻重音，汉语中指的声调。那么，上面的问题就不成问题了。重音型语言的诗歌格律一定不同于声调型语言，而声调型语言中，如果声调曲线的分布格局不同，那么，诗歌格律也一定不同。所以，沈约、谢灵运时代的轻重律，一定不同于杜甫、王维时代的平仄律，当然也不同于现代诗歌的格律，或者说现代诗歌的无格律。顺便说一下，现代人学作七律五绝，平仄都合律，也只是名义上的格律诗，实质上已满不是那么回事儿了，除非你能用杜甫的声调口音来读诗。现代仿律诗，尽管也可按照《切韵》或《平水韵》凑成平仄合律，但现在普通话的四声：阴平（包括古阴平、部分古阴入）、阳平（古阳平、古阳入）、上声（包括古全阴上、古次阴上、少数古阴入）、去声（包括古阴去、古阳去、古阳上、部分古阴入），都跟中古四声参差不齐，更遑论调形调值。

我们先来看杜甫生活的唐代，最严格的格律是怎么回事。那时的格律叫平仄律。"平"就是平调，也就是阴平声和阳平声，是可以"啊～啊～啊"地延长的。"仄"就是不平，上、去、入都算不平，也无法延长。上声升到顶就完了，去声降到底也完了。入声就更不能延长了，它本身就是短调。那个阴入我们画的是很短的平调，实际上大多数情况下由于受到声母或韵尾的影响，曲线有升降，但由于小于五六十毫秒的短调听不出太大的升降，就像是to?的一声脉冲，无法延长。唐代平仄对立构成格律，其超音段的语音实质是：（1）音高上平调对不平调；（2）时长上可延长对不可延长。前者是主要的语音对立，后者是辅助的、伴随性的语音对立。作诗时在标明用平声处，音调就显得平缓（音高）而悠远（音长，可以拖长），仄声字处则音高抑扬而音长（只能）较短。

往上两三百年，即早期到中期的南北朝，周颙、谢灵运、沈约那时候，诗歌格律的"轻重律"刚刚萌芽，很可能是受到梵诗的影响。事实上，这个"轻重"可不是中国的土产，而是舶来的新词。它最早所指的可不是汉语中的韵律，而是梵文诗歌中的韵律格式。学者梅维恒（Victor H. Mair）和梅祖麟就曾经考证过，在梵文中，元音有长短之分，而当长短的分别被用在诗歌格律中的时候，则被分别称为"重"（梵文guru）和"轻"（laghu）。沈约正是借用了梵文诗律中的"轻重"

教我如何不想她

来指汉语的声调长短。而且"轻重"这个词儿并非只有沈约使用，在日本密宗大师空海所著的《文镜秘府论》中，引到中国唐朝诗人王昌龄的《论文意》，也用"轻清"、"重浊"来指平仄。不但如此，沈约还将印度诗歌中的各种韵律禁忌也引入了中国，将其称为"八病"。印度的韵律之所以能成为汉语诗歌的"八病"，正是因为其中都存在着长短轻重的对应。这在梵语的汉语翻译中也能看出来。初唐时候的梵汉译音一般情况下不区别梵文长短元音，但是当声韵方面的其他条件都一样，只有长短音的分别，而又有区别的必要时，就用声调来区别它们。如玄应《一切经音义》译梵文七对长短元音，用上声字"祠坞理"、入声字"壹"对译梵文短音，用平声字"阿伊乌鳌"表示长音。唐代僧人义净《南海寄归内法传》也用上声"枳矩"、去声"计告"、入声"脚"表示短音，用平声"迦鸡俱孤"代表长音。这些都是汉语平仄与梵文长短相对应的证明。

还有其他一些历史文献可以证明轻重即短长。唐初诗僧王梵志留下391首以白话写就的诗，有8首韵例不明，64首只用入声押韵。剩下的319首舒声韵中，215首只用平声押韵，还有103首是上声和去声混同押韵，只有1首是平上去三声混用的。这种"平/上去/入"三分的押韵体例很难从平仄调形上去理解。上声和去声一升一降，调形截然不同。相比之下，各自更接近平调：即升调与平调的调形区别，比升调与降调的调形区别要小；降调亦然。所以，"轻重"不是以调形平与不平来做格律标准，当然更不是"高音～低音"的格律（那是西方诗歌的重音律），所以剩下来的因素只能是按时长分押了。这种时长三分的押韵体例反映了早期声调的时长格局，与顾炎武的推测相仿："平音最长，上去次之，入则诎然而止。"今天方言中还有类似的情况，如温州话平调长而升降调短的时长格局，正可作为早期平声和上去声对立的现代写照。

声调探索的传承：从利玛窦到赵元任

沈约的声调理论统治了音韵学界差不多1500年，学者们说到声调，无不是平上去入。当时的学者不懂声学，也不懂生理学，没法对声调进行客观描写。直到欧洲传教士来到中国，为了传教要学中文，这才意识到对声调进行客观描写的必要性。最初描写声调的是明代末年到中国来的传教士利玛窦、庞迪我、郭居静、金尼阁等人。当时的传教士都是学者，他们掌握着西方自文艺复兴以来发展起来的各种科学技术知识。当他们来到中国传教时，为了使在传统儒家教育影响下的中国人能够接受西方的神学观念，他们也改换儒服，与中国士大夫相交往，谈论孔孟老庄，并与自己的基督教神学相附会。同时，他们也积极向中国介绍西方的先进科学技术知识，展示西方文化在技术上的优越性，以期吸引中国的知识分子对基督教产生兴趣，从而入教。他们的工作非常有成效，许多中国高级官员如徐光启、瞿式耜等都加入了基督教。这里特别值得一说的是明末的徐光启。他是上海人，官至内阁大学士，相当于宰相的职位。他"文理"俱佳，"文"不用说了，他是进士出身，"理"呢，他又是《农政全书》的作者。但自从结识了利玛窦，徐光启竟然迷上了科学。他学了西方的数学、天文学，和利玛窦一起翻译了欧几里得的《几何原本》。他死后安葬在上海徐家汇南丹路上的阁老坟山，徐家汇就是因徐光启而得名的，而徐光启则是把几何、演绎逻辑引进中国的理性主义先驱人物。

朱晓农当年就在阁老坟山边上的徐汇中学就读。记得那是初二，来了位二级教师翁老师讲几何。第一堂课他病病快快地走进教室，两眼半望着天花板，慢条斯理地讲"geometry"一词的希腊语源。他讲述了古希腊理性主义文化、欧几里得公理，演示了令人心悦诚服的演绎推理、逻辑证明。朱晓农日后终于明白国学造诣深厚、性情通达如徐光启，其实就是折服在这不可抗拒的讲道理的方式和程序上的。这种靠逻辑的讲理方式是有理不在声高，讲理不用排比句，不像孟夫子以来的辩论之术，以"气"鼓动，以"情"煽动，最后以"势"镇住对手，更像忽悠而不像讲理。

教我如何不想她

传教士出于传教的需要，得学习中国的语言。他们利用自己掌握的科学知识对中国的语言进行了研究。他们不但将汉语第一次用拼音文字表达了出来，而且也注意到了汉语特有的声调变化。当时还没有实验语音学的仪器，精通音乐的传教士就将汉语的声调记录了下来，例如利玛窦就用附加符号表示，当时通行的官话有五个声调，比今天的普通话多了一个入声（利玛窦的故事后文还要讲）。这些都是我们研究音法演化的珍贵资料。

然而，传教士在清代被驱逐之后，对于汉语声调的研究也就停滞了。这样又过了两百年，中国的语言学经历了乾嘉学派，达到了古典声韵研究的高峰。直到民国时期，西方的科学知识引入中国，汉语的声调研究才进入了一个新的时代。而其中不能不提的是两位学者，一位是刘半农，一位是赵元任。刘半农是第一个发现声调的物理属性的，他的故事下面再讲。赵元任则首创声调五度制，从此声调变得可以描写、可以掌握、可以讨论了。

赵元任是中国近代科学、学术、艺术史上一位天才型的人物。他中学毕业后参加全国性的庚款留美选拔考试，考了第二名。著名学者胡适那次是考了第五十五名。他去美国之后进入了康奈尔大学（Cornell University），主修数学，曾经在数学上获得两个100分，一个99分，同时还在天文学上拿了一个100分，这个成绩很多年都是该大学最优异的学生成绩。大学毕业后，他却从数学转到哲学，在康奈尔大学完成哲学的硕士课程之后，转入哈佛大学，以论文《连续：方法论之研究》获得哲学博士学位。（顺便说一下，赵元任由"理"入"文"首先注意到的就是"方法论"问题。最近朱晓农出版了《方法：语言学的灵魂》，把方法在科学研究中的重要性提高到了首位。）但赵元任的学术兴趣并不限于此，留学期间，他还选修了物理、音乐、心理学、科学史等课程。博士毕业后，他回到母校康奈尔大学任教，这回教的不是数学，而

图3-12 作曲家、哲学家、翻译家、语言学家赵元任

喉头的故事

是物理学。1920年赵元任回国，清华大学又请他讲授自己的老本行数学，还加上一门英语。后来，教务长又要他改教中国史和哲学，最后还教了心理学和物理……那么多不同的学科，即使专精一门都不是件容易的事儿，可赵元任却都能应付裕如，单从这一点，我们就能领教赵元任究竟有多博学了。

除了科学和学术，他对文学和音乐也有极大贡献。他翻译的《爱丽丝漫游奇境记》是翻译文学上的一个里程碑。著名小说家老舍留英期间，曾对自己的创作前途迷惘无望，是赵元任建议老舍学他全用北京口语写书，从此老舍脱胎而换骨。赵元任还有极

图3-13 清华国学院四导师
（梁启超、王国维、赵元任、陈寅恪）

强的音乐天赋。据说有一次在杭州，大家看见一个卖木鱼的摊子，赵元任上前在每个木鱼上敲敲打打，一会儿就挑出了一排木鱼，居然可以演奏出旋律来。在他调查方言的时候，就利用这一天赋，将声调用音高写下来，正像当年传教士所做的那样。

说到赵元任改行研究语言学，还有个故事。1920年冬天，数学家兼哲学家罗素（Bertrand Russell）来中国做访问演讲，赵元任为其担任翻译。罗素一行经杭州、南京、长沙，然后去往北京，一路上热闹非常。在为罗素翻译的过程中，由于各地方言不同，赵元任竟由此发现了自己的语言天赋。罗素在杭州演讲时，赵元任用现学的杭州方言来翻译；在去往长沙的途中，赵元任又跟同船一位湖南人学了几天长沙话，结果，到了长沙后，罗素演讲，赵元任竟能用一口湖南话来翻译了，甚至有一位听讲者错把赵元任当成了本地人，问他是何时回乡的。罗素看到赵元任的语言天分，便建议赵元任改行研究语言学。赵元任于是又远赴美国和欧洲，遍访萨丕尔、布龙菲尔德、保尔·帕西、梅耶等当时一流的语言学大家，

67

教我如何不想她

修习语言学。

  1925 年6月赵元任应聘到清华国学院,成为传奇性的清华国学院四导师(赵元任、梁启超、王国维、陈寅恪)之一。他是四位导师中年纪最轻的(才三十出头),学位最高不去说他(博士头衔固然对这些大师来说不算什么,但现代科学的严格训练却是日后取得世界性成就的一个必要条件),学术背景、学术爱好大概也是最广阔的。赵元任指导的范围为"现代方言学"、"中国音韵学"、"普通语言学"等。著名的语言学家王力就是赵元任那时候的学生。赵元任也是使用现代方法对汉语语音进行研究的先驱之一,并由此奠定了汉语的现代语言学研究基础。

"赵是从来不犯错误的!"

  到第二次世界大战结束后,随着语图仪的民用推广——语图仪在二战中是军用技术,实验语音学登堂入室了,那时正是结构音位学的黄金年代。20世纪的前半期是结构主义语言学的时代,那时候的大语言学家个个都是听音、记音的好手,都是语音学家啊!如萨丕尔(Sapir)、布龙菲尔德(Bloomfield)、特鲁别茨高伊(Trubitskoy)、雅各布森(Jacobson)、布洛克(Bloch)、霍克特(Hocket)、哈特门(Hartman)、马丁·裘斯(Martin Joos),当然还有赵元任。可他们对于仪器的看法各不相同。有的很着迷,如马丁·裘斯,还写了本《声学语音学》的书(*Acoustic Phonetics*,1947),算得上实验语音学的早期实践者。也有的如布洛克,他是布龙菲尔德以后的美国结构派掌门人,主编权威学刊 *Language* 20年,他以开放的心态面对新技术,认为随着实验技术的推进,音位学的基本概念日后会重写。当然还有更多的人不以为然，其中赵元任算是个典型。直到很多年后，他在台湾大学做系列演讲（1959年），还说了以下一段"引导"（现在看来差不多是"方向性误导"）了好几代中国语言学家的话：

> 实验语音学也可以算是比较边缘性的……因为实验语音学从很早起头，一直到最近啊，它能够做的好些事情都比语言学里头所希望做得到的还差得很远。虽然有许多很精密的实验工作，可是研究语言所需要知道的好些方面，是不能够用实验来满足这许多要求，答复这许多问题的。因此有许多语言学家，根本不拿实验语音学认为是语言学的一部分。

马丁·裘斯尽管在对待实验语音学的态度方面与赵元任截然相反，但他对赵元任的学术素养却赞叹有加。他在1957年主编了一本《描写语言学经典读本》，选载了布龙菲尔德以来的结构主义音位学名篇，奠定赵元任世界性声誉的名作《音位标音法的多能性》（1934年发表在中研院的《历史语言研究所集刊》上）也入选书中。裘斯给每篇文章写了编者按，在给赵元任写的编者按中他说：赵是从来不犯错误的。裘斯对赵推崇备至："赵元任和他的论文最令人感兴趣的一点是，他的论文两方的读者都可读。我把这一点看作是他有非凡的天才和没有任何偏见的证明。我也曾听人用一句简单的话来解释这一点：'赵元任什么事情都不会做得不好。'这仿佛是说，他的著作始终能使任何一个读者都感到满意。这一说法就我所知要么是千真万确，要么是接近千真万确。"

后来，在《马丁·裘斯70华诞寿庆文集》（*Festschrift*）里，赵元任写了篇文章：Where Chao went wrong in matters of language，回忆自己在学语言的道路上所犯的错误。例如有一次他去瑞典，在路上学了些瑞典语，买票时他要三张二等座的，结果给了他两张三等座的。

不过，赵元任承认的是"学语言"时犯的错误，不是"语言学"上的错误。的确，在赵元任漫长的60年语言学的学术生涯中，很少犯语言学的技术性错误，能够发现的不过寥寥几处（上面引的他那段瞧不起实验语音学的话算是"路线错误"）。这也是他在世界语言学界获得那么高的声望的原因。我们都听说过华人科学家得诺贝尔奖的，如李政道、杨振宁、高锟等，还有当上理工行业协会会长

教我如何不想她

的，如吴健雄当选过美国物理学会会长，上海第六人民医院的陈中伟当过世界外科医生协会的会长等等，但除了赵元任，没有谁能在美国当社会科学尤其是人文学科的领头人的。怪不得赵元任自己都得意非凡。赵一生获誉甚多，回忆录里最自得的一事就是1946年当选美国语言学会的会长，他客观地自诩："做到了一个中国人能达到的最高成就。"——这话没错，任谁来说都是这么句话，除非你认为不用演绎法的国学高于用演绎法的科学和学术，或者有朝一日咱们的科学、学术领先于他人。

国语罗马字和汉语拼音

赵元任是一个精力充沛的天才人物。在语言学研究上，他除了把最多的精力投放在口语研究上，同时还非常关注中国的文字改革问题，他是当时国语罗马字运动的主要发起人之一。

中国各地的方言各不相同，来自不同地区的人在一起对话，互相之间甚至无法听明白。因此，统一文字和推广通语，是使中国各地的人们得以交流、国家和民族的凝聚力得以加强的重要手段。在古代，主要是靠统一的文字系统来互相交流。"通语"也存在，但没有一个官方颁布的语音标准。音标都没有，怎么会有语音标准呢？这样的"通语"又叫"雅言"、"官话"，都是通过教育获得的，也就是读书音。因此在方言区只有少部分人能掌握这种话，绝大多数人都没有机会学会。中国文字的字形繁复，书写困难，而且还有多种书体，一个人要接受多年的教育才能书写和辨认各种不同的字形。因此，新文化运动的一个重要目标，就是汉字改革。

汉字改革运动是陈独秀和钱玄同首先在《新青年》上提出的，很快就得到了广泛响应。1923年，《国语月刊》出版了特刊《汉字改革号》，发表了钱玄同的《汉字革命》、赵元任的《国语罗马字的研究》、黎锦熙的《汉字革命军前进的一条大路》等论文，开始了国语罗马字运动。而赵元任的长文《国语罗马字的研究》无疑是其中最富专业性也是最具说服力的一篇。

在这篇文章中，赵元任对十条反对国语罗马字的意见一一反驳，并提出了自己的国语罗马字方案。这个方案的特点是，限用26个拉丁字母，声调用字母拼法上的变化来表示，不造新字母，不附加任何符号。

这套方案后来被当时的国民政府所接受，并组织了"国语统一筹备会"，下属"国语罗马字拼音研究委员会"，专门研究国语罗马字方案。后来，其中的六名在京会员：刘半农、林语堂、赵元任、汪怡、钱玄同、黎锦熙组成了一个叫"数人会"的组织——数人会的故事，我们后面再说——进行罗马字方案的研讨。数人会总共开了22次会，改了9次稿，最终颁布了《国语罗马字拼音法式》。这套拼音法主要是赵元任草拟的，因此也被称作"赵元任式国语罗马字"。

但是，国语罗马字并不是现在使用的汉语拼音的来源。当时除了赵元任等学者以外，还有另外一群学者也在研究中国文字的改革问题。为与赵元任等的运动相区别，他们的运动被称为"汉字拉丁化运动"，这个运动是受到当时苏联的"拉丁化运动"影响产生的。其主要的倡导者是中国共产党内的一些学者，如瞿秋白、吴玉章等。他们1931年在海参崴召开了中国文字拉丁化第一次代表大会，制定了《中国汉字拉丁化的原则和规则》，同时，瞿秋白也制定了《中国拉丁化字母方案》，这一方案后来经过不断修订，主要通行于解放区。1949年新中国成立之后，政府沿用了这套在解放区行之有效的方案，后经过学者们修订，于1958年以"汉语拼音方案"为名正式公布。这也就是我们今天所使用的汉语拼音，其拼法受到斯拉夫字母（更专业点，叫西里尔字母Cyrillic）的影响。例如"朱晓农"的"朱"拼成 Zhu，学的是"朱可夫"Zhukov元帅的俄语拼法。赵元任的罗马字方案现在仍在台湾使用，被称为"国语注音符号第二式"。说来有趣的是，这两套方案的主要制定者：赵元任和瞿秋白，竟然是邻居，都曾住在常州城里的青果巷。这条小巷子里还出了位文字改革大专家——百岁老人周有光。

教我如何不想她

在国语罗马字的基础上，赵元任进一步拟定了《通字方案》，所谓《通字方案》就是用来记写所有中国方言的拼音方案。这是赵元任积毕生音韵学研究和方言调查的经验所编制的，具有很强的科学性与很高的学术价值。他还希望用通字编写各种工具书与教科书，并使用通字记录方言调查的例字。但是这些想法最后随着拼音风潮的退潮而被逐渐淡忘了。

赵元任在20世纪40年代后期移居美国教书，教了好多美国学生，其中最著名的也许就是美国汉学家罗杰瑞（Jerry Norman）了。赵元任晚年是在加州的伯克利度过的，在加州大学伯克利分校（UC Berkeley），至今还有一个叫"赵元任讲座教授"的头衔。在那里，赵元任给美国人写了一本学中国话的语法书，*A Grammar of Spoken Chinese*，内地有个吕叔湘的译本《汉语口语语法》，海外有个丁邦新的译本《中国话的文法》。在这本书里，赵元任告别了他早年赖以成名的音位这个概念，对汉语的语音做了传统的声韵调描写。赵元任始终知道他该在什么时候什么场合如何去做一件事儿。他做的事情，总是那么合适。

刘半农：中国语音学的开山鼻祖

赵元任被称为"中国语言学之父"。稍前于他的还有马建忠和高本汉，不过前者更像个高级业余爱好者，而后者是个外来者。从赵元任开始，有组织、有目标、有系统的语言学科建立起来了。不过，尽管语音学是赵元任的强项，但接受正规训练在先的却是刘半农，他拿的是法国的语音学博士学位。

赵元任和刘半农是好朋友，两人同为语音学家，还是音乐上默契的拍档。刘

喉头的故事

半农出生在一个充满音乐气氛的家庭。他的二弟刘天华与三弟刘北茂,都是中国近代的著名音乐家,著名的二胡曲《空山鸟语》就是刘天华的杰作。

刘半农少年时期在常州中学读书,同学中有后来在史学方面坐享大名的钱穆等人,不过,当时班里国文常获第一名的却是刘半农。毕业之后,刘半农独自去上海谋生,开始了其文学翻译与创作的道路。后来陈独秀、胡适等人鼓吹白话文运动,刘半农积极响应,于1917年被聘为北京大学预科国文教员。然而,刘半农是文人作风,比较感性,嬉笑怒骂皆成文章,这与胡适一向主张的理性讨论不合。更有甚者,刘半农以中学毕业的学历执教北大,虽然他的课程反响很好,但在胡适等一班"海龟"心目中,总觉得"土鳖"刘半农太肤浅。刘半农在北大待得不舒心,因此愤而留学法国。

刘半农刚出国的时候,所去的并不是法国,而是英国,也就是我们前面讲到的伦敦大学院,在丹尼尔·琼斯的指导下进行语音学研究。虽说刘半农是公派留学,拿的是教育部的经费,但当时政局不稳定,英镑对银元的汇率一升再升,刘半农带着他的妻子与三个孩子,靠一个人的奖学金养活一家五口,生活非常窘迫。当时他们穷得连摇篮都买不起,只好把从国内带去的柳条包拆成两截,做成两个简易的摇篮。有时候一天不过吃一块面包、喝些自来水度日。他的妻子人生地不熟,又害起了病,一家的生活重担都落在大女儿小蕙身上。因此,刘半农在求学之余,还得给国内报刊写稿子以维持生计。故而,琼斯觉得刘半农的学习不够用功,刘半农也觉得在英国的学习过于紧张。听朋友说法国国家图书馆藏书丰富,生活费用也比英国便宜,于是1921年6月刘半农全家迁居法国,转入巴黎大学学习。

刘半农到法国之后,决心攻读实验语音学。当时的语音学还处于口传心授的阶段,使用实验方法进行语音学研究的还是少数。那时法国实验语音学的先驱是让·鲁斯洛(Jean Rousselot)神甫,他认为"语音学研究不能基

图3-14 工程师、田野工作者、语音学家、诗人刘半农

教我如何不想她

于死文献,而是要基于活生生的语言",并将实验方法、精确测量引入了语音学研究。这两点对刘半农产生了终生的影响。1922年初,刘半农为了学习实验语音学的技术,又举家迁到了德国柏林,在那里学习了几个月。回法国之后,他写出了第一部使用实验语音学方法研究声调的著作《四声实验录》。

　　对当时的语音学来说,汉语还是个陌生领域,而其中最新奇的部分则要数欧洲没有的声调系统,刘半农决定在这个方面好好做些研究。然而,对声调的研究还没有先例,所有的实验设备与器材都得自己设计发明并制造出来。刘半农一边上语音学的课程,一边还要旁听理工科院系的课程。还好他自幼动手能力就很强,又喜欢摄影,因此对各类技术也都有一定的了解。由于条件所限,他不能回国进行田野调查,便在法国寻找来自中国不同地区的发音人。经过不懈研究,他首次发现了汉语的所谓声调,其实就是语音基频的变化。为了测量声调的基频,他还自己发明了测量仪器"音高推断尺"。在《四声实验录》中,刘半农测量了北京、南京、武昌、长沙、成都、福州、广州、潮州、江阴、江山、旌德、腾越等12个地区的方音声调,并将这些声调用音高曲线图表示出来。在书中他总结道:四声与音的强弱无关,与音的质值也无关,与音的长短有一部分有关(入声有特别短促的),而与音的高低有关。这种高低音的普通情形,(一)是复合的,(二)是滑的不是跳的。

　　　　平声的音,最为平实,因为他的曲折最少。
　　　　上声的音最高,因为大多数的上声的全部或一部,都高出于中线之上,只有南京和北京的上,广州和福州的下上是例外。
　　　　去声的音最曲折,因为除潮州上去和广州上下两去之外,其余都是曲折较多的线。
　　　　入声的音最短,不短的只是武昌长沙(和北京)。

　　这是中国语音学自沈约以来1500年间最大的发现,正如刘半农的学生白涤洲所总结的:"汉字中声调的本质是他给确定的。历来研究中国声韵学的,对于所谓四声的见解,都是模糊影响。从前的什么'哀而安'、'厉而举'的诠释法且不必提,就是国语运动兴起以后大家为声调问题争论时,声调的本质到底怎么样也还不曾解释得清楚。一直到刘先生的《四声实验录》出来,用实验方法测定了12

处的声调,才说明了声调的真相,才把中国声韵学上1500年来一向琢磨不清的四声问题解决了。"

声调就是基频变化,并辅以时长变化——刘半农这个见解持续了四分之三个世纪,直到1995年朱晓农在澳大利亚国立大学完成了题为《上海声调试验录》的博士论文,才发现另有一个"发声态/声域"的因素在起作用。十多年后,朱晓农、焦磊等又发表了《声调四维度》的总结性文章,为进一步认识声调的性质提供了一个全面的理论框架。这都是后话了,话说当年——

1925年3月17日,刘半农在巴黎大学参加国家博士口试。主考教授有历史语言学家梅耶,汉学家伯希和、马伯乐,语言学家贝尔诺、弗里欧与格拉内,赵元任夫妇也作为嘉宾参加了口试。刘半农以《汉语字声实验录提要》与《国语运动略史提要》两篇论文申请博士学位。他带去的还有自己设计的"音高推断尺"和"刘氏音鼓甲种"。当时的实验条件还非常落后,实验非常耗时,每个字的音高测量要做两个到两个半小时。刘半农这篇论文的实验,前后耗时近30个月,其中仅胡适一段《清道夫》的文章,255个字,72秒钟,就耗费了12个半星期的时间来测量。

刘半农的论文最终得以通过,并获得了"光荣的评语",后来又获得康士坦丁·伏尔内语言学专奖,还被列为巴黎大学语音学院丛书之一。后来翻译修订后用中文在国内出版,书名叫《四声实验录》,开启了中国现代语音学,并对一个世纪来的中国现代语音学研究影响至深。后来朱晓农在澳大利亚做的博士论文也是用实验语音学来探讨声调的性质,也花费了大量的时间、精力做测量、计算,最后的题目也仿造了刘半农的题目,叫作《上海声调实验录》。

前面我们说赵元任是一位天才型的人物,刘半农同样是。天才的定义很简单,你能在多个不相干的领域中都出彩。刘半农先是诗人、文学家、人文学者,然后是语音学家、科学家,还是工程师——凡人真难以想象! 1925年,刘半农戴着博士帽重返北大,而当年瞧他不起的胡适尽管已是资深教授,却还未正式得到博士学位——那是两年后他重返哥伦比亚大学时才得到的。刘半农回国后任北大国文系教授,北大研究所国学门导师,兼任中法大学讲师,并筹建北大语音乐律实验室。实验语音学的种子在中国的土壤上开始生长起来。不幸的是,刘半农回来后才九年,就于1934年去内蒙古进行田野调查时染上了回归热(一说疟疾),回京之后由于诊治不及时而病逝。真是天妒英才!

教我如何不想她

教我如何不想她

上面说赵元任和刘半农是好朋友，意气相投，但他们也有不同之处。赵元任是兴趣所致，"投理从语"，而刘半农却是有点逼上梁山，"投文从理"，这从他《我的求学经过以及将来工作》一文中对出外求学打算的回顾可见一斑：

> 我在出国的时候，是想研究文学与言语学的。不料一到国外，就立刻觉得二者不可得兼；于是连忙把文学舍去，专重语言学。但要说到混通的语言学，不久可又发现了预备的困难，因为若要在几种重要的活语死语上都用上相当的功夫，至少也得十年八年，于是更退了一步，从言语学中侧重语音学。这样总以为无须更退了，但不久又发现了我的天才不够，换句话说，就是我的嘴与耳朵，都不十分灵敏，于是只得更退一步，从普通语音学退到实验语音学，要借着科学上的死方法，来研究不易凭空断定的事。

从这段话也可以看出，赵元任与刘半农的区别。赵是一个广博的、凭天分做学问的学者；而刘则极欣赏"扎硬寨，打死仗"的功夫。但这两位学者在学术上的趣味却是相同的。1924年赵元任去法国，拜访正在巴黎求学的刘半农，两人一见如故。然而，他们最有名的合作却并非在学术上，而是共同完成了一首著名的歌曲《教我如何不想她》。这首歌的歌词是刘半农在1920年的时候所写，是想推广白话文中新创造的女性第三人称代词"她"。在此之前，作家们都惯用南方话中的"伊"，或是径称"那个女人"。刘半农的诗出来之后，赵元任给他谱了曲，这首歌很快传唱开来，而歌中的"她"字也很快被大众接受。这首歌文字优美，意味悠远，是中国近代音乐史上脍炙人口的杰作。1999年评选20世纪百首中国名曲，《教我如何不想她》排在榜首。

喉头的故事

天上飘着些微云，
地上吹着些微风。
啊！微风吹动了我头发，
教我如何不想她？

月光恋爱着海洋，
海洋恋爱着月光。
啊！这般蜜也似的银夜，
教我如何不想她？

水面落花慢慢流，
水底鱼儿慢慢游。
啊！燕子你说些什么话？
教我如何不想她？

枯树在冷风里摇，
野火在暮色中烧。
啊！西天还有些儿残霞，
教我如何不想她？

《教我如何不想她》流行之下，常常有知识青年粉丝追踪刘半农和赵元任。有一回，有个年轻粉丝去拜访赵元任，并问赵如何才能见到刘半农。赵元任说：等一会儿吧，他马上就会来了。那位年轻男粉丝听了激动万分。不一会儿，有人敲门，粉丝很兴奋，抢着去开门。只见门口走进个小老头。赵元任夫妇给他介绍：这就是刘半农啊。粉丝大惊失色，意外之余按捺不住失望，说：就这么个糟老头啊——他心底里已经无数次地把刘半农想象成一个风流倜傥的小生。赵元任听了不觉乐了。而刘半农回家后又写了另一首《教我如何不想她》，那是一首更出名的"不想她"——

教我如何不想她

> 教我如何不想她，请进门来喝碗茶。
> 原来如此一老叟，教我如何再想他！

可惜的是，刘半农和赵元任的经典合作没能恒久维持——10年吧！而我们是多么盼望他们能一词一曲50年啊！英才薄命，如前所说，刘半农在20世纪30年代初进行田野调查时感染了回归热，不久就撒手人寰。赵元任闻讯，不禁大悲，从心底深处为他的学术同好、艺术拍档写下了一副无敌挽联——

> 十载凑双簧，无词今后难成曲；
> 数人弱一个，教我如何不想他。

上联回忆两人在艺术上的合作，让人想起伯牙、子期的经典故事——没有知音了，还弹什么琴，没有歌词了，还谱什么曲！下联则是回忆两人，不，是"数人"的学术合作，引述的是一个音韵学上的典故——"我辈数人，定则定矣！"

"我辈数人，定则定矣！"

话说大隋初年（仁寿元年，公元601年），中国传统音韵学史上发生了一件影响深远的大事。有个罢官回家教书的先生写了部名为《切韵》的韵书。这个教书先生名不见经传，更确切地说是正史里没为他专门立传，只是在他父亲的传和野史《苏氏演义》里提到了几句。但是，那部《切韵》却使作者在音韵学史上留名千古。

喉头的故事

教书先生姓陆，名词，字法言，后世熟悉的是他的字，法言。从血统上来说，他不是汉人，但从文化、心理上来说，陆家已经汉化了。

陆法言生于哪年，死于何时，我们已经不知道了。如果不是因为他为自己建造了一座音韵学丰碑的话，他就会像3000年历史上所有未在政治、军事、文学、史学、伦理上面刻下痕迹的臣民一样，被历史长河冲刷得影踪全无。

两晋南北朝时期，是中华民族大融合、中国文化大吸收的重要阶段。鲜卑族是此刻舞台上的重要角色。他们在北方先后建立了几个政权。其中北魏最成功，于公元439年统一了北方。5世纪末，魏孝文帝迁都洛阳（493年），一切以汉族文化为学习模仿对象，他甚至下令不许在朝廷上说鲜卑语，若有违背，革除官职（495年）。在这种自觉措施下，鲜卑族大大加快了汉化过程。他们把自己的鲜卑姓名改换成汉姓汉名，皇室拓跋氏改姓元。陆法言祖上是鲜卑族步六孤氏，当时步六孤氏改姓陆。

陆法言的父亲陆爽出生的时候（东魏兴和元年，539年），北魏已经分裂成东魏和西魏两部分。不久，东魏被北齐取代（550年），西魏为北周取代（557年）。北周灭北齐（577年）重新统一北方后没几年，隋文帝受禅（581年），举手摘下这半个中国的大果子。正值盛年的陆爽（43岁）以前朝旧臣的名义顺势进入隋朝当了个辅助太子的官。《隋书》卷五十八上有《陆爽传》，说他从小聪明，九岁上学，每天背诵两千多言，诵读的当然是汉文经史典籍。别人瞧了大吃一惊，说陆家出能人了。陆爽17岁时当主簿，后升到中书侍郎。北齐灭亡后，周武帝听说了他的大名，召他和阳休之等人入关。别人进京运的都是行李，只有陆爽载了几千卷书到长安去。真是一个汗牛充栋的饱学之儒。隋承周祚后，陆爽当了太子洗马，并参与编写《东宫典记》七十卷。由于他博学有口才，常被派去接待南朝陈朝的使者。隋开皇十一年（591年），陆爽53岁时死于任上。陆法言从小读书刻苦努力，很有家风。他曾做过承奉郎小官，后受牵连被免了官。关于他的生活事迹，我们实在知道得不多。

《切韵》虽是陆法言一手写成，但在《广韵》（它是《切韵》集大成的增补本）卷首还有"仪同三司刘臻、外史颜之推、著作郎魏渊、武阳太守卢思道、散骑常侍李若、国子博士萧该、蜀王咨议参议辛德源、吏部侍郎薛道衡，已上八人同撰集"字样。这些合作者，也许还应该加上陆法言的父亲陆爽，他参与了《切韵》

教我如何不想她

编写提纲的讨论。

这件事,在陆法言写的《切韵·序》里讲得很详细。隋开皇初期(开皇元年是581年)的某天傍晚,刘臻、颜之推等八人来到陆家喝酒聊天。他们都是前朝北齐、北周过来的旧臣,是老同事、老朋友,席间无所不谈。他们又都是博学睿识之士,自然对诗赋学问特有兴趣。喝到半夜,该聊的聊得差不多了,该喝的也喝得差不多了,这帮文人学士开始讨论起审音分韵一类音韵学问题来。他们谈到古今语音有别,以前各家韵书注音分类又不一致。南方话听上去"清浅",燕北话说起来"重浊"。西北话把去声发成入声,西南话的平声又像去声。此外,还有支脂合韵,鱼虞相混,先仙、尤侯都不分的现象。这些都不合标准。当然,为了拓广"文路",方便作诗押韵,自然可以"清浊"相通而无须苛责;但如果想"赏知音",严格辨音析韵,那就必须把"轻重"的细微差别严加区分。南北朝时出了许多韵书,比如吕静的《韵集》、夏侯咏的《韵略》、阳休之的《韵略》、李季节的《音谱》、杜台卿的《韵略》等等,各有错漏,互相矛盾。南方作者的审音分韵,又跟北方不同。于是他们一个韵一个韵地讨论,南音北韵,谁是谁非,古语今言,谁通谁塞。他们想重新挑选精密切正的注音,删除疏误近似的反语。讨论的问题,大多由外史颜之推和国子博士萧该来下定论。

颜之推的见解,可以从《颜氏家训·音辞篇》中了解得更充分。他认为反切起于汉末,到了曹魏已很风行。从那以后,分类编排反切的韵书蜂拥而出,可毛病就出在它们都带方言土腔,还互不服气,彼此攻击。南音"清浅"是出于水土柔和,用语太土;北语"重浊"是出于山川深厚,用语古雅。不过,若论读书音,南方士人君子的言语修养要高于北方士大夫;至于小老百姓,则是北方的口语要比南方的土话强。在南方,受没受过教育,话一出口就能辨别;可北方话,你要隔墙去听,就是听一整天,也不知道是当官的在说话呢,还是平民百姓在说话。不过,南方话受吴音楚语影响,声母从邪不分,船禅相混;北方话又夹杂夷虏之言,韵母支脂不分,鱼虞相混,洽狎合韵。这类大错特错的例子,南北都有,也不必一一细说。自颜之推从南方的金陵来到北方的邺下以后,只发现少数几个人发音还算标准。李季节写的韵书,时有错失;而阳休之写的韵书,又太粗疏,不登大雅之堂。如此等等。

这番见解,在开皇初的那天晚上是否和盘托出,恐怕要有点想象了。不过,我们确实知道，颜之推的许多意见都被刘臻等人所接受，并体现在后来陆法言写的《切韵》里。还回到当时的场景，谈着谈着，著作郎魏渊显然激动起来，他扭过身去对陆法言说："以前一直论辩驳难的疑问之处，如今全都廓清解决。你为什么不一边听一边记？我辈数人，定则定矣！"

于是陆法言凑到烛光下，提笔挥毫，大致记下纲纪要点。

20世纪20年代，学界出现了一个除旧布新的浪潮。前面已经提过，"五四"时期的语言学家赵元任、刘半农等组织了一个"数人会"，知道来历的都能体会到这个平凡名称下透出的豪迈傲然之气。"向来论难，疑处悉尽。何为不随口记之？我辈数人，定则定矣！"——这就是当年颜之推、刘臻等人讨论《切韵》纲纪时，魏渊对陆法言所说的原话。时间过去了1400年，前贤"定则定矣"的自信明断重又体现在当代大师身上。《切韵》纲纪讨论会在中国语音学史上是值得大书一笔的重要事件。

喉头研究的意义：再谈"中国特色"

上面我们讲了很多关于喉头研究的故事，这喉头活动是语音学里的盲点。传统上研究语音学的，只关心口腔里的活动，元音啊、辅音啊，却很少关心喉头活动、声带振动的情况。世界上的语言学家几乎从来没有意识到唱戏的假声也可以用到语言里来，像元音辅音一样表达语言意义。还有气声啊、嘎裂声啊，那么普遍地用于亚洲南部的汉藏语、苗瑶语、侗台语、南亚语中。这就引出了一个非常严重的学科基础理论的问题。

教我如何不想她

中国的学术界有一种习惯性思维，凡有跟西方研究不同的地方，马上宣布中国有特色、中国很特殊。这种强烈的自我保护意识，其实反映了内心深处的自卑感。要是自信满满加本领大大，所谓"艺高胆大"，那就发展出一个更普遍的理论，把西方的情况包括进来，让"欧美很特殊"，不就结了吗？干吗躲到角落里拒绝共性而自我宣布特殊呢？再说了，有很多研究者还没分清到底有什么样的"特色"，就先叫成一片"特殊"，总让人怀疑到底是少见多怪呢，还是真有些什么深层含义或学术以外的考虑在里面。

"特殊性/特点"可以从相对和绝对两方面来理解。相对的特殊，也就是我们一贯认为的特殊，是把汉语跟比如英语、日语比，说这不同那不同，这特殊那特殊。反过来，英语、日语在你特殊的地方它也特殊。举例来说，汉语的名词没有"数"的语法变形，而英语则有单数、复数的区别。可以对学汉语的英国人说：一个人是rén，两个人还是rén；但对学英语的中国人要说的是：一个人是man，两个人是men——不一样的。所以啊，寻找这种相对特殊对于"学语言"来说是有用的，但是呢，强调这种相对特殊对于"语言学"来说是有害的。一旦放到人类语言的共性背景中，绝大多数的"相对特殊"就失去了它的特殊性。世界上还有一些语言不但有单数、复数，还有双数，也就是说，一个人、两个人、很多人，那个"人"都不一样。更有甚者，朱晓农还调查过太平洋岛上的一种莫杜那语，不但有单数、双数、复数，复数里面还分出少数和多数——您瞧瞧，哪一种语言算特殊啊？是没有"数范畴"区别的特殊呢，还是有"单复"区别的特殊，还是有"单双复"区别的特殊，还是有"单双少多"区别的特殊？相互之间，都算特殊。但在统一的参数共性下，各自都不特殊，不过是同一个"数"参数中的取值不同罢了。

还有一点很重要，历来讲共性或特色的，都会犯同一个错误，只是后者犯得更经常些、更严重些。那就是在说普遍共性或中国特色时，心里装的仅仅是东方和西方。西方也就是欧美；而东方呢，就只有中国了；而中国呢，就只有汉族了——讲中国特色的不知考虑过中国的55个少数民族没有？其实在这世界上，除了100多种印欧语，除了汉语（加上藏缅语也不过100多种），还有7000种其他语言呢。它们的使用人数固然没汉语、英语多，但在语言学意义上，它们和汉语、英语是平等的，就像联合国里，大国小国都是一票一样。上面说的100多种印欧语，其实我们心里想的不过是英法德俄那么几种罢了，不会去想阿尔巴尼亚语，不会去想巴斯克语（Basque），不会去想在伊朗、印度的几十种印欧语，更不会去想在中国新疆发现的已经死亡的印欧语：两种吐火罗语——那是已故季羡林老先生的专业。有人捧季羡林为"国学大师"，不知道根据是什么；也有人说他是"印度学大师"，也不知道是什么标准。季羡林读博士时学习钻研的专业是吐火罗语，请还我们的吐火罗语专家一个清白之身。他只是晚年多说了几句"中国特色"和"21世纪是中国世纪"那样的老年话，竟赢得了"国学大师"的盛名。

任何科学都是以寻求"共性/规律"为基本目标的。人类语言中不是不存在变异，不是不允许特殊，但语言学要确定的是"绝对特殊"。也就是说，在人类语言中只有汉语有的特点，或只有少数语言有的特点，那才是"语言学"所要研究的，而不是"学语言"时所要牢记的。从这个意义上来说，没特点才是汉语最大的特点。如果哪天发现了汉语中哪个现象真是绝对特殊，那就是我们中国语言学家的节日了，因为我们为探索语言共性及其极限，为语言学做出了自己的贡献。

语音的演化

格林童话和格林定律——国学崇山的巅峰：顾炎武的故事——古无轻唇音：钱大昕的故事——没有音标符号之前：戴震的故事——"支脂之"古代同音吗：段玉裁的故事——新范式制定者：高本汉的故事——三大天才之一：陆志韦的故事——多产的耕耘者：王力的故事——文学家与语音学：林语堂和陈独秀——乌弋山离和元音大递换——孔夫子是怎么读诗经的？——语音是怎么变的：词汇扩散论

教我如何不想她

格林童话和格林定律

不学语言学的人可能不知道格林定律，但一定都知道格林童话。格林童话从1812年第一版到现在，已经有两百年的历史了。在这两百年里，格林童话成了多少孩子的枕边书，全世界有多少儿童都是在格林童话的陪伴中长大的。灰姑娘、白雪公主、小红帽，都成了家喻户晓的童话人物，顺带着大家也就知道了格林童话的作者格林兄弟。可是格林兄弟是干什么的呢？那就未必所有人都知道了。实际上，格林兄弟可不是像安徒生那样专门写童话的作家，而是研究德国古典语言和传统文学的学者和大教授。格林童话也不是他们特意写给小孩子看的故事，而是他们在研究德国传统文学的过程中所搜集的德国民间故事。格林兄弟最大的学术贡献并不在德国民间故事的搜集上，而是出版了巨著《日耳曼语史》和《德语字典》。正是这两部著作，才使他们成为了世界著名的大学问家。

图4-1 格林兄弟

格林兄弟出生于德国哈瑙（Hanau）市，哥哥雅各布（Jacob）出生于1785年，弟弟威廉（Wilhelm）出生于1786年，他们在家里五兄弟中排行老大老二。格林兄弟在1790年时移居施泰瑙（Steinau）。他们的父亲，弗雷德里克·格林（Friedich Grimm）在当地担任市政官的职务。老格林是一个非常重视读书的人，因此在格林兄弟很小的时候，他们的父亲就给他们请了家教，让他们学习地理学、历史学和植物学。等他们略大一点时，又让他们参加法语和拉丁语的私人课程。在停止了私人课程之后，老格林就在家亲自教两个儿子学习拉丁文。老格林在教授语言方面颇有些天分,他能把枯燥无味的拉丁文语法变得很有吸引力。在他的教学之下,格林兄弟的拉丁文有了很大长进。同时,老格林也教授他们法律,期待他们将来可以成为法官。

然而好景不长,在格林兄弟十一二岁的时候,父亲去世了。由于失去了主要的经济支柱,格林一家陷入困境之中。幸而他们的母亲多萝西(Dorothea)同样是一位重视教育的女性,她尽其所能让自己的孩子能够接受更好的教育。因此在1798年的时候,格林兄弟被送到卡塞尔(Kassel)的姨妈那里去,在当地的公立中学就读。在中学里,他们学习了地理、历史、自然与物理科学、人类学、伦理学、逻辑学、哲学、拉丁语、法语和希腊语。中学的老师非常严格,课业也很繁重,因此格林兄弟的学习非常辛苦。

格林兄弟从中学毕业之后,进入马堡(Marburg)大学学习法律专业。当时,德国大学的奖学金只授予出身于上等社会的学生,因此格林兄弟本来是拿不到奖学金的。为此他们的母亲向校方提出了书面要求,希望能够破例授予他们奖学金,而校方也竟然出人意料地同意了。在大学中,格林兄弟遇见了影响他们一生的老师弗雷德里克·卡尔·冯·萨维尼(Friedrich Carl von Savigny)教授。这是一位富有远见卓识的教师,在他的激发下,格林兄弟的兴趣不仅仅停留在法律本身,还努力透过法律去追溯旧日的语言、习俗与传统。威廉最欣赏这位老师的一点就是,这位老师在课上能纵横各个不同学科,并拈出各学科主题之间的奇妙联系,特别是诗学与文学方面的。有时候这位老师还会大段背诵歌德的诗歌,他富有激情的诵读征服了所有学生的心灵。

当雅各布20岁的时候,萨维尼老师邀请他担任巴黎大学的文学助教。雅各布欣然就任。雅各布在法国与威廉保持了长期的通信,并开始着手搜集一些中世纪的法语文献。雅各布1806年时又回到了德国。当时的德国正在全盘向法国学习,不但德国法律界越来越倾向于使用法国的法律条文,而且整个社会风尚也以模仿法国为荣。威廉发现,法语的使用已经不仅仅局限于市政厅中,就连卡塞尔的街道上或是市场里也随处可以听见法语对话。直到有一天,当威廉从自家的窗口看见全副武装的法国士兵带走德国市民的时候,他被深深地触动了。尽管格林兄弟精通并热爱着法国文化,但他们感受到了自己的祖国文化将会被法国文化取代的危机。自从中世纪以来,德国民间文化就受到了知识阶层的忽视。格林兄弟决定,要投身到恢复德国民间文化的工作中去。

尽管在工作上两人有共同的志向,但是格林兄弟的气质与个性互不相同。雅各布是一个理性而沉静的人,对待工作耐心、细致;威廉则更具有诗人气质,对工作有着充沛的活力,处理问题时更多地依靠灵感与直觉。他们的工作后来得到了普鲁士皇帝的赏识,因此被邀请到柏林居住和工作。这时候,格林兄弟的民间故事集已经出版,并获得了来自各界的广泛好评。继这部著名的民间故事集之后,他们的主要工作就是哥哥雅各布的《日耳曼语史》和兄弟俩一起编纂的《德语字典》了。雅各布是一个视野开阔的语言学家,他虽然专精德语,但是在研究德语的时候,很留心德语和其他欧洲语言之间的比较。也正因此,才有了他在历史比较语言学这一学科中里程碑式的发现——描写音变的格林定律。

格林定律是雅各布在研究从原始印欧语到原始日耳曼语的演变时发现的。这条定律描述了原始印欧语的三套爆发音是如何向原始日耳曼语的爆音演化的。这条定律建立在原始日耳曼语的爆音和擦音与原始印欧语塞音之间的一系列规则对应之上,而这些对应反映了以下的链式变化:

1. 原始印欧语的清爆音变成原始日耳曼语的清擦音;
2. 原始印欧语的浊爆音变成原始日耳曼语的清爆音;
3. 原始印欧语的浊送气爆音变成原始日耳曼语的浊擦音,而在绝大多数日耳曼语中,这套浊擦音又变成了浊爆音。

如果用符号表示,格林定律可以写成以下的形式:

$$b^h \rightarrow b \rightarrow p \rightarrow f$$
$$d^h \rightarrow d \rightarrow t \rightarrow \theta$$
$$g \rightarrow k \rightarrow x$$

这条定律又被称为拉斯克—格林定律。这是由于雅各布·格林是在丹麦语言学家拉斯克所建立的原始印欧语理论基础上,进一步开展他的研究的。格林定律可以说是奠定历史比较语言学基础的标志性发现,而现代语言学则是从两百年前的历史比较语言学中发展而来的,所以,雅各布·格林是语言学的第一位明星人物。

雅各布不但把比较法应用于印欧语言,也应用在了印欧神话学和民俗学上。

格林兄弟的研究给他们带来了世界性的荣誉。法国外交部给雅各布颁发了十字勋章，普鲁士政府也任命雅各布为和平大使。但是格林兄弟并未被这些虚荣迷住眼睛，仍然几十年如一日地进行他们的研究，编纂德语字典。哥哥雅各布从语言学的角度考察每一词条的语源，而弟弟威廉则利用自己对中古文献的熟稔，给每一词条提供书证材料。

1854年，格林兄弟出版了《德语字典》的第一卷，然而这只是全书的很小一部分，只包括了字母A～B的部分。五年之后，弟弟威廉由于心肺病去世，而他们的工作刚刚完成到字母D的部分。这时候雅各布也已经是75岁高龄的老人了，他强忍失去弟弟的悲痛，焚膏继晷，奋笔疾书，独力继续字典的编纂。在弟弟逝世一年之后，他写信给他的出版商，告诉他们，为了完成余下的篇幅，他大约有2万页左右的手稿需要整理——他估计他已经没法完成这个任务了。雅各布去世于1863年，在弟弟去世后的几年里，他又完成了另外两卷。雅各布临终之际，已经无法伏案写作了，于是坐在床上，背后垫一个枕头，继续他的工作。当他去世时，这部皇皇巨著正进行到词条"fruit（水果）"，这也可以说象征了格林兄弟在学术上取得的累累硕果吧。

国学崇山的巅峰：顾炎武的故事

最近几年，国学重新发热。很多很多人，从知识界到一般群众，更多的是以此为生的，都对"国粹"重新燃起了热情。很多人对什么是"国粹"看法好像差不多，中医、道家、儒家、四书五经，大概都属于这一摊的；星相学、炼丹术大

教我如何不想她

图4-2 反清志士、田野工作者、古音学范式的开创者顾炎武

概不在此列；命相、风水则有点模棱两可。

其实，国学中最伟大的一门就是传统的语音学——由清初顾炎武奠定的"古音学"，一门研究孔夫子是怎么发音的学问。跟所有其他国粹学问不一样的是：（1）学问不是越古越好，中医至今要学《伤寒论》，命相必读《易经》，古音学却是递相增补。（2）即使读同样的书，国粹学也是"自成一家言"。同样读《易经》，解释各式各样；同样遵《伤寒》，医方各开各的。但是，同样读《诗经》，从顾炎武开始，到后来的段玉裁、王念孙、江有诰等等，对《诗经》用韵的看法却越来越一致。这就很像现代科学的样子了。所谓"前修未密，后出转精"，后人踩在前人肩上，一步一步、踏踏实实地攀登科学高峰，没有那么多在其他国学中所见到的无谓的矫情。所以啊，百家争鸣是必要的，科学和国学都一样。但科学有后继，是要达成一致再前进，去进行新天地中的百家争鸣；而国学却是老问题上老百家争鸣，老自成一家言，互相踩脸而非踩肩，有时倒是达成一致了，可靠的是行政的力量、威权的逼迫，而不是理性的自我检验、自我纠错能力。

顾炎武所做的开创性工作正是传统国学中最艰深、最难学的"绝学"，他和后继者写的著作被称为"天书"，所以很难在这儿把细节说清楚。简单而专业的说法是：离析《唐韵》，为古韵分部。也就是不受隋唐韵书的束缚，把《诗经》的上古读音分为十个韵部，相当于把现代北京话分成唱曲时的十三道辙儿。

他是个开创者，所以很多工作在后世看来还很粗糙。但他之所以能成为传统国学中最伟大的人物有两方面的理由。第一，见解高明，他从明末陈第处继承来"时有古今、音有转移"的观点，这在当时是个革命性的想法；又加上离析唐韵的方法，使得古韵分部的工作有了可操作性。第二，也是最大的贡献：建立常规科学般的研究范式，使得后学有继承性和发展性，这使得古音学在所有国学门类中鹤立鸡群。

顾炎武是江苏昆山人，生于明清易代之时，他是当地反清战斗的领袖之一，

语音的演化

这也使得他在清代建立之后不得不背井离乡，流浪北方——可别把他这个流浪想得太悲惨，顾炎武可没到"犀利哥"那地步。据说他在北方曾经挖到过古人埋藏的大笔银两，因此成了巨富。于是顾炎武就在西北买了大量田地，以田租供给自己周游四方。他出门是为了将来起兵反清而去考察天下地理形势。出门的时候，他就骑一头毛驴，再用另一头毛驴驮一大堆书，他坐在驴背上时时翻看。正是在驴背上，顾炎武发现了国学中千百年无人发现的大秘密——古音分部。

当时并不是所有人都能接受顾炎武的学问。例如萧山的大学者毛奇龄就不同意顾炎武的学说。这个毛奇龄是个怪人，他自己不太擅长朴学，可处处都爱跟同时代的那些研究语言训诂的朴学家较劲儿。例如当时还有一位学者阎若璩写过一本《古文尚书疏证》，其中发现了从古代传下来的典籍《尚书》里面有很多篇幅都是后人伪造的。为此毛奇龄就特意写了一本《古文尚书冤词》，非说阎若璩是冤枉了《尚书》。当然，学者之间也就限于打打笔仗，阎若璩也不能真拿毛奇龄怎么样。大概也正因为如此，毛奇龄也有恃无恐，到处跟人抬杠。不过，这回在顾炎武的古音学上，毛奇龄可吃了个大亏。

当时有一个学者叫李因笃，他对古音学的见解和顾炎武差不多，于是毛奇龄就常常跟李因笃抬杠。李因笃这个人学问不错，顾炎武也非常赞赏他。但是这人有个弱点，就是口才不够好，说话不够利索。结果跟毛奇龄说不了几句就接不上了。毛奇龄洋洋得意，继续跟他辩论。这下子李因笃急眼了，二话不说，拔剑就砍，吓得毛奇龄仓皇逃窜。这在清代学术史上是个快意笑话。

当然，不接受顾炎武学说的，只是清初部分学者而已。大约从江永起，顾炎武的研究范式开始一统音韵学天下，成了古音学的主流。这个范式统辖了有清一代两百年，直到一个外国人——高本汉1912年来到中国，才给这门学科带来了新的范式，也带来了新的生机。

顾炎武创造了西学东渐以前中国数千年历史上寥寥无几的经验科学中最精彩的一门。如果说陈第是古音学史上的伽利略、拉马克，那么顾炎武便是古音学中的牛顿、达尔文。国学大师王国维对顾炎武的评价是"前无古人，后无来者"。这样的情况也同样曾经出现在18世纪末的物理学界："整个牛顿物理学除了一两朵乌云外，已是完美无缺了，今后的物理学只需要在测量和计算方面增加小数点后面的位数就行了"（开尔文勋爵）。

教我如何不想她

如果单就原有范式而言，18世纪末的古音学和物理学真可谓"前无古人，后无来者"。但正是那两朵乌云促发了古典物理学中一场翻天覆地的大革命，产生了爱因斯坦的相对论和量子物理学。而古音学中的一朵乌云（实际音值问题），也必然迫使"五四"时代已接触到西方语言学的新一代中国学者引进历史比较语言学。因此，即使没有高本汉，也一定会产生范式转移的音韵学革命。

古无轻唇音：钱大昕的故事

钱大昕，字晓征，上海嘉定人，清代著名学者，在当时就已经被称为"学究天人，博综群籍"的"一代儒宗"。钱大昕的学术研究，涉及传统古典学术的各个方面，在历史、天文、地理、语言学等学科都取得了杰出的成就。这里要谈的就是他在语言学上著名的创见，即所谓的"古无轻唇音"。

这篇名为《古无轻唇音》的文章收在钱大昕的学术笔记《十驾斋养新录》第五卷，在这篇文章里他提出了自己在上古音研究中的一个发现，那就是，中国古代只有p、pʰ、m这样的双唇音，古代叫作"重唇音"，而没有f、v这样的齿唇音，古代称为"轻唇音"。这篇文章写得很有气势，堪比宋代文豪欧阳修的名文《醉翁亭记》。《醉翁亭记》开头第一句"环滁皆山也"，提挈全文，后面的描写无不围绕作为题眼的第一句展开。钱大昕这篇文章也一样，开头第一句"凡轻唇之音，古读皆为重唇"，开门见山地推出了自己的立论。然后围绕这一观点，从各种不同的古籍中征引了很多条例证，从谐声偏旁、文字通假、方音以及域外对音等各个方面加以比较。由于他学问精博，例证赡富，因此很快被当时的学界所接受，学者一时相从，这个观点也就成为了音韵学史上的定论。

然而，从今天来看，钱大昕的这个结论虽然依旧为现代学者所认可，但是其“论证”的方法就不见得是那么牢固，那么符合现代科学的演绎逻辑论证方式了。事实上钱大昕也并未对这个问题进行论证。他的写法就像是写游记散文——“环滁皆山也”，一开始摆出个总纲，然后提出上百条例子。可是他的例子无非是要证明，在传世文献中，可以发现重唇字与轻唇字读音相通，这一点早为其前辈学者惠栋所指出。但相通并不能说明古无轻唇音，根据这样的证据，逻辑上可以有以下几种可能：（1）古无轻唇音，两者当时都读为重唇；（2）古无重唇音，两者都读为轻唇；（3）甚至还可以古无唇音，两者相通，并都读为某一类不同于唇音的音。钱大昕无非是在这三种逻辑可能中蒙了一种，当然，他很幸运地蒙对了。然而他所谓的“对了”，只是基于他的语感，而非科学严密的逻辑论证。这样的“对”并不具有可传递性，也就是说，别人用他的材料和方法，并不保证能得到相同的结论。

事实上，钱大昕的这个结论是和我们前面说到格林兄弟在日耳曼语演变研究中所发现的格林定律异曲同工的。古无轻唇音，换句话说，即今天的轻唇音来自古代的重唇音，也就是p→f，双唇塞音变成了唇齿擦音。然而，虽然两者结论相同，但是由于方法论上的差异，格林兄弟得到的是一条通则，不但放之日耳曼语而皆准，也适用于描述其他语言的演变；而钱大昕得到的，则是印象式的结论，不但在其他语言中没有适用性，即使在汉语中，也并非不能受到质疑。借用一句形容另一位清代古音学家江永的话来说，那就是“考古之功多，而审音之功浅”。由此可见，只有方法才是评判一项科学研究的根本标准。正像朱晓农的一本书的书名所说的，方法，才是语言学的灵魂。

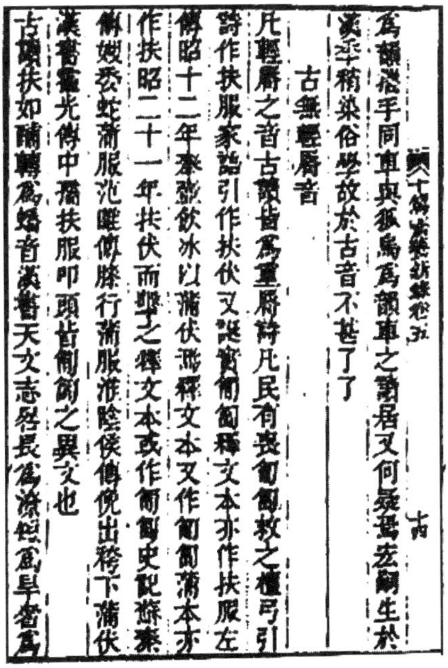
十駕齋養新錄卷五
爲韻從手同車與孤烏爲韻車之讀居又何疑焉玄孫生於
漢季稍染俗學故於古音不甚了了
古無輕脣音
凡輕脣之音古讀皆爲重脣詩凡民有喪匍匐救之檀弓引
詩作扶服家語引作扶伏又誕實匍匐釋文本亦作扶服左
傳昭十二年奉壺飲冰以蒲伏焉釋文本又作匍匐蒲本亦
作扶昭二十一年扶伏而擊之釋文本或作匍匐史記蘇秦
傳嫂委蛇蒲服范睢傳膝行蒲服淮陰侯傳俛出袴下蒲伏
漢書霍光傳中孺扶服叩頭皆匍匐之異文也
古讀扶如酺轉爲蟠音漢書天文志晷長爲潦晷短爲旱奢爲

图4－3 《古无轻唇音》的书影

教我如何不想她

没有音标符号之前：戴震的故事

我们讲元音，首先要有一套表示元音的符号：a、o、e、i、u 等等。这些元音符号现在看起来理所当然，但是能够发展出来并不是一件容易的事情。

先看咱们中国历史上的语音研究。中文是方块字，不是字母文字，也就是说汉字基本上是不表音的。所以咱们历史上研究语音的就特别别扭，不知道该用个什么东西来表示元音（还有辅音）。早在隋唐宋时期，我们就开始了语音研究，那时还没有元音的概念，有的是"韵"和"摄"的概念。"韵"也就是后来的"韵母"，"摄"也就是后来曲艺里的"辙儿"。表示一个韵母，比如 [iaŋ] 韵，就从该韵中选取一个代表字"阳"字来表示；又如 [u] 韵，就用"模"字来表示。

这种方法发展到清代中叶达到了顶点，当时的乾嘉学派主要研究2000多年前《诗经》里的韵母。主要有两大派，一派叫"考古派"，下一节讲；另一派叫"审音派"，学术带头人叫戴震。他研究的结果怎么表达呢？也就是《诗经》里的韵母都该怎么念呢？戴震选用了一些零声母字来表示，如：

	1	2	3	4	5	6	7	8	9
阳	阿	膺	翁	央	婴	殷	安	音	醃
阴	乌	噫	讴	夭	娃	衣	霭		
入	垩	亿	屋	约	戹	乙	遏	邑	䪥

传统上使用代表字的好处是这些字大多是常用字，谁都能念。念出来以后，大多靠悟性能猜出个大概其。戴震是安徽休宁人，按他的这种办法，大约是用他那儿的读书音来表示孔子时代的读书音的韵母。"乌"大约表示 u，"阿"大概是 a。

但是使用这种办法的缺点更是严重。首先，各地的读音不同，各念各的。比如"阳央"，现在的方言固然大部分都还保留着隋唐时的读音 [iaŋ]；就像北京话、上海话等；但是广州话就有些变异了，它发成 [iœŋ]；最离谱的是温州话，竟然发成[i]："太阳"就是[tʰai]了。

其次，各种音之间的细微差别，或者无差别，都说不清楚。比如戴震心目中的"噫"和"衣"是不是都是[i]，还是稍有区别？

也许在戴震心里，他感觉到应该怎么说，但就是没法讲清楚。比如阴声阳声，他说阴声"如气之阴，如物之雌，如衣之里"，"犹击石成声也"，而阳声"如气之阳，如物之雄，如衣之表"，"犹击金成声也"。现在我们知道，阳声就是有鼻音尾的韵母，阴声就是元音尾的韵母。这么简单的情况，但戴震就是说不清楚，还越说越糊涂，到最后不得不又回到阴阳五行的老套子。

当然，最大的问题是，古代有而现代无的音那就更难表示了。唐代的译经和尚们曾经想了些办法，比如用加偏旁创新字的办法，或下加小字的办法等。

但是这个问题始终没有得到解决。有的音韵学家一生勤勉，在传统语言文字学方面大有建树，可是偏偏就在标音这个小小的技术问题上面搁了浅，例如我们下面要讲到的清代大学者段玉裁，就是在这技术、工具或方法方面给难倒了。

"支脂之"古代同音吗：段玉裁的故事

段玉裁是戴震的学生，却是"考古派"的领军人物。他是清代最著名的音韵学家之一，当然他还有一位名气比他还大的外孙，那就是清代著名的诗人，写过"我劝天公重抖擞，不拘一格降人才"的思想家龚自珍。龚自珍不但诗文写得好，学问也很不错，而他的学问根底，在很大程度上得益于外祖父的家学渊源。

段玉裁是江苏金坛人，早年中举后去了京城，在那里结识了当时最著名的学

教我如何不想她

者，也就是我们前面提过的戴震。当时段玉裁的学问已经颇有根底，但是他执意要拜戴震为师，由于两人年纪相差不大，学问也差不多，所以戴震一直推辞，终生和段玉裁保持着亦师亦友的关系。段玉裁后来在贵州玉屏和四川富顺做过知县，政绩相当不错，深得百姓爱戴。别人去做知县都是想办法在当地大肆搜刮，最后离任的时候带着民脂民膏一走了之，可是段玉裁却不大一样。别的官员每天下班就到处寻欢作乐，段玉裁则是勤勤恳恳读书做学问。他住在一个叫"西湖楼"的地方，每天在灯下为中国古代最早的字典《说文解字》做注释，乐此不疲。县里的人晚上出门，看见西湖楼亮着灯，都知道是县太爷又在

图4-4 大官、大地主、大古音学家段玉裁

做学问了。段玉裁离任的时候，只有几十箱书稿随身。而他数十年如一日写成的《说文解字注》，也成了后来研究《说文解字》最重要的著作。

在音韵学方面，段玉裁也是成绩斐然，他师承大学者戴震，对上古音的分部问题有很深入的研究。他在《六书音均表》中提出的"同声必同部"的观点，成为后来研究谐声字音值关系最重要的一条原则。正是利用这条原则，段玉裁在上古音中分出了支、脂、之三个不同的韵部。可是，这三个韵部到底在当时的读音里面有什么区别呢？面对这个问题，段玉裁发了愁。由于没有一套能够准确表示实际音值的音标系统，这三个韵部的读音实在没有办法形象地区别开来。

在段玉裁的晚年，这个问题一直困扰着他。当时有一位青年学者叫江有诰，其音韵学造诣独步学林，受到王念孙等诸多名家的赞赏。段玉裁也非常欣赏这位后学晚辈，他把解决这个问题的希望寄托在了江有诰的身上。段玉裁在晚年给江有诰的信中写道："足下能知其所以分为三乎？仆老耄，倘得闻而死，岂非大幸！"可是，尽管江有诰在音韵学上取得了很大的成就，并写成了《音学十书》这样的巨作，却也没能解决段玉裁心中的疑惑。原因很简单，因为江有诰同样不会用符号来标音，所以对这种看似小小、实为科学本质的方法工具问题，无论如何也是没法解决的。

语音的演化

直到民国的时候，这个问题才有了解决的契机，当时的学者受到了西方语音学的启发，开始用音标拟音来讨论古代的音韵学问题。1923年，汪荣宝在北京大学《国学季刊》上发表了一篇论文《歌戈鱼虞模古读考》，论证歌戈韵在唐代以前的读音是[a]，鱼虞模韵在汉魏以前的读音也是[a]，改正了陈第、顾炎武以下古音学家的看法，这个看法后来又有些小修订，为大部分音韵学者所接受（见后"乌弋山离和元音大递换"一节）。这篇文章引发了音韵学界一场大辩论，开启了现代音韵学的大门。接着，高本汉的学说被引进，他的《中国音韵学研究》由赵元任、罗常培、李方桂翻译成汉语，以《广韵》为代表的汉语中古音的声韵母系统被构拟出来。在他的另一部著作《中上古汉语音韵纲要》里，以《诗经》音和汉字谐声系统为依据的汉语上古音的声韵母系统也被构拟出来。从此，汉语音韵学只研究音类的传统时代结束了，既研究音类，也构拟音值的新阶段开始了。而"支脂之"上古的读音问题也解决了。"脂"还是读[i]，"之"发成类似[ə]那样的音，而"支"则是读[e]，直到东汉还是如此。比如佛经里有个akhemukhe（阿企目企），用"企"对译khe，"企"的韵母和"支"是一样的。

到了21世纪，朱晓农开始在国内倡导"演化音法学"，使用实验语音学的方法，最大范围地实地调查活语言，科学地重建人类语言的语音演化原理和过程，得出了很多以往想象不到的结论。例如，汉语以及临近的苗瑶语、侗台语、南亚语里，我们的"清浊"，从古代到现在，都和英语、法语里的"清音"、"浊音"（如 p ~ b, t ~ d）是不一样的。他们的"浊音"是声带振动的辅音声母，而我们的"浊音"，指后面的元音韵母是漏气的发音，前面的辅音声母反而声带一般是不振动的（也可能振动）。这种漏气的发音叫"气声"或者"弛声"（较弱的气声），就是有了这种气声，还有假声，才使得汉语从上古孔子时代的无声调语言，发展成魏晋南北朝沈约时代的声调语言，而且在这演化的过程中，还受到苗瑶语、侗台语的影响。换句话说，过去我们以为，苗瑶语、侗台语有声调是受汉语的影响，其实反过来才是历史的真相。我们研究历史，很反感"欧洲中心说"，可自己很容易来个"华夏中心论"，以后做学问发议论可要小心——要跟着演绎逻辑（也就是"理性"）走、不要跟着情绪走，该什么就说是什么！

教我如何不想她

新范式制定者：高本汉的故事

高本汉——姓高，本来就是汉人嘛——那是他的自我介绍。我们都知道高本汉（Bernard Karlgren）来自北欧，与其说他为中国的音韵学研究树立了一座里程碑，不如说他建立了一套历史语言学的范式，引导了几乎整个20世纪的音韵学。

我们前面提到，伟大的乾嘉学派中的佼佼者段玉裁，晚年陷入了深深的困惑，那就是"支脂之"这三个古代不同音的字，各自到底该怎么念呢？他解决不了这个问题的原因，并不是他学问做得不好，而是这个问题在清代古音学的范式中本身就没法解决，于是这个问题就成了古音学史上的一桩悬案——直到高本

图4-5 创立20世纪中国音韵学范式的瑞典人高本汉

汉来到中国，开始着手用历史比较语言学的范式研究中国的音韵学，才解决了这个中国学者们都解决不了的大难题。而高本汉引入的印欧历史比较语言学范式，也改变了此后中国音韵学研究的大方向，开辟了20世纪以来音韵学研究的新路。仅此一点，高本汉就足以在汉学研究的历史上留下不朽的一笔。

但高本汉的汉学成就不止于此，他对中国的先秦典籍非常熟悉，而且都做过详细的注解和考证。此外，高本汉也是中国青铜器研究的专家，堪称海外汉学家中少有的多面手。高本汉不仅学术研究上成绩斐然，他的学术经历也很传奇。下面，我们就来看看他是如何走上与中国音韵学结缘的道路的吧。

高本汉是瑞典人，1889年出生于一个知识分子家庭。他的父亲是高中教师，在学校教授瑞典文、希腊文和拉丁文。而他的母亲则是一个聪明而又能干的家庭妇女，精通四种语言。在家庭的熏陶下，高本汉从小就对语言有十分浓厚的兴

语音的演化

趣,他十几岁的时候就对古典拉丁文和希腊文产生了浓厚的兴趣,还将使用这些古典语言的诗歌翻译成瑞典文。早在中学时期,他就能在诗歌中运用各种古典的格律。不但如此,高本汉还是一个极富音乐天赋的人。他不仅会弹钢琴,还会拉小提琴。正如赵元任一样,高本汉的音乐天赋以及敏锐的音感,在他以后的语音学生涯中给他带来了极大的帮助。为了避免误会,以为做语音学研究一定要好耳朵,这里必须插一段。早期语音学还在"口耳之学"时,耳朵好坏的确有决定性作用。但60年前有了语图仪以后,理论上聋子都能做语音学研究,当代的录音技术、语音分析技术就更不用说了。这就像古代天文学一定要有好视力,但有了望远镜后,视力已不是大问题,有了射电望远镜,视力更无关紧要了。朱晓农小学时有过一门课成绩不及格,就是音乐课,中学还是3分。可现在,他在他的新浪博客中写道:五十而立,五十四不惑,五十五知天籁,五十六"耳背"!可见现在做语音学研究跟耳朵好坏没大关系。

高本汉的时代正是瑞典方言运动如火如荼的时代,学者们对各地的方言产生了很大兴趣,纷纷对自己的方言进行调查记录。高本汉也参加到这场运动中。他在14岁的时候调查了离他家不远的地方的几种方言,并在16岁时利用其调查的材料发表了他生平第一篇学术论文,论文的内容是关于达拉纳省的方言。

1907年时高本汉高中毕业,就读于瑞典的乌普萨拉(Uppsala)大学,成为研究比较音韵学的斯拉夫语教授伦德尔(J. A. Lundell)的学生,主修北欧语言、斯拉夫语和希腊文,并立志将比较历史音韵学的方法应用于当时还没有人以此方法进行研究的中文上。由于瑞典并没有人教授中文,高本汉就前往圣彼得堡,跟著名的汉学家伊凤阁(A.I. Ivanoff)教授学习汉语,但时间很短,只学了不到两个月的时间。次年,高本汉坐船前往上海,到中国进行方言调查。在船上,高本汉靠一本英国传教士写的汉语课本,自学了汉语。到达上海之后,高本汉北上前往山西太原,在山西省立大学教授德语和法语。课余时间,高本汉四处调查各地方言。在掌握了大量中国方言材料的基础上,高本汉将汉语分为24种方言的语音体系。

从1910年到1912年,高本汉在中国生活了三年,为他的博士论文准备了充分的材料。1912年1月,高本汉返回欧洲。在回到乌普萨拉之前,他来到巴黎,在当时最著名的汉学家伯希和(Pelliot)和沙畹(Chavannes)的指导下,进修了两年中文,同时对其调查所得的方言材料进行整理。高本汉1915年回到乌普

教我如何不想她

萨拉撰写博士论文,并通过了博士论文答辩。这篇论文是以法语写成的,题目是 *Études sur la phonologie chinoise*,这就是后来被赵元任、李方桂和罗常培三位大语言学家合力翻成中文,并影响了整个20世纪中国音韵学研究方向的巨著《中国音韵学研究》。一直到最近,这本书还由商务印书馆重印发行。

获得博士学位之后,高本汉留在了乌普萨拉大学担任副教授。到了1918年,高本汉被任命为哥德堡(Gothenburg)大学的东亚语教授。高本汉以前从没学过日语,但是他凭借自己过人的语言才能,在一年内就学会了日语,并开始教授日文课。1939年,高本汉接替考古学家安特生成为瑞典远东博物馆的馆长,至1959年退休。同时,高本汉继安特生之后担任博物馆馆刊编辑的工作,一直到20世纪70年代。自从担任馆刊编辑之后,高本汉的大部头重要著作就都登载在了馆刊上,同时也以书籍的形式出版博物馆的专题论文系列。

高本汉的研究成果并不仅限于语言学这一学科,他在汉学的其他门类中也取得了丰硕的成果。1926年高本汉发表的《〈左传〉真伪考及其他》一书,基于其导师沙畹对《史记》的研究成果,考察了《史记》对《左传》的引用。同时他也发挥语言学家之长,对《左传》的语法现象和语法特征进行了系统的考察。他后来指出,《左传》独特的语法是非常不容易模仿的,因此也反驳了所谓的《左传》为刘歆伪作的说法。另一方面,高本汉对中国古代青铜器也有深入的研究,从铭文、形制、纹饰风格各方面综合地区别铜器,并提出了自己的分区域断代标准,在西方有很大的影响。

虽然高本汉在研究上成绩斐然,但是终其一生,这位汉学家都过着拮据的生活。前面说到,他的著作都发表在期刊上,后来又被盗版出书,他根本拿不到任何稿费来补偿他所付出的心血。为了谋生,他到处去做关于中国语言、文学、历史和政治的演讲,还曾经用笔名发表了三部长篇小说。这时候他的语言学家本色又体现了出来,小说中的主人公总是一位成功的语言学家,然后就会有美丽的姑娘爱上他。小说很畅销,曾被翻译为荷兰文、丹麦文和芬兰文,但高本汉也并未从中获利多少。当然,也从来没有美丽的姑娘被小说打动,爱上这位貌似古板的汉学大家。

语音的演化

三大天才之一：陆志韦的故事

科学和学术界里时不时会出现一些天才人物，他们可以在很多领域，甚至毫不相关的领域内同时出彩，前面提到的赵元任、刘半农如此，这一节要讲到的陆志韦也是如此。当然，知道赵元任、刘半农的人很多，但是现在知道陆志韦的人却已经很少了，哪怕是在语言学界，陆志韦的名头也远远不如前面提到的两位来得那么响亮。其实不光是在今天，陆志韦的名声不够响亮，即使是在赵元任、刘半农和陆志韦都在世的时候，陆志韦的名声也远远不如赵和刘。但是，如果论语言学上的成就和对社会的贡献，那陆志韦不但不输给赵元任和刘半农，甚至在某些方面，还有后两者所不及的地方。在学术上，陆志韦可谓是全才，兼通中西，博综文理；在语言学中，他是心理学博士出身，转攻语言学，却在音韵学、语法学诸方面做出最高水平的研究；在社会贡献上，陆志韦长期担任燕京大学校长，为中国培养了大批的人才。在"五四"时期他还是个新诗人。

陆志韦原名保琦，是浙江湖州吴兴南浔人。他出生于一个没落的书香之家，父亲陆熊祥是一名贡生，但是由于家贫，只好靠给当铺做账房为生。陆志韦从小聪明好学，但父母早逝。他在父亲昔日的东家刘锦藻一家的资助下，从苏州教会学校东吴大学附属中学肄业，因成绩优异，获学校奖学金攻读心理学，并于1915年赴美留学。当时，陆志韦所学的专业并不是语言学，而是心理学。

五年之后，陆志韦顺风满帆地拿到了芝加哥大学心理学博士的学位。回国后先在南京高等师范（即现南京大学）、东南大学教授心理学，极力将西方的科学方法引入中国。他在南京先

图4-6 诗人、心理学家、语言学家、教育家、行政官陆志韦

教我如何不想她

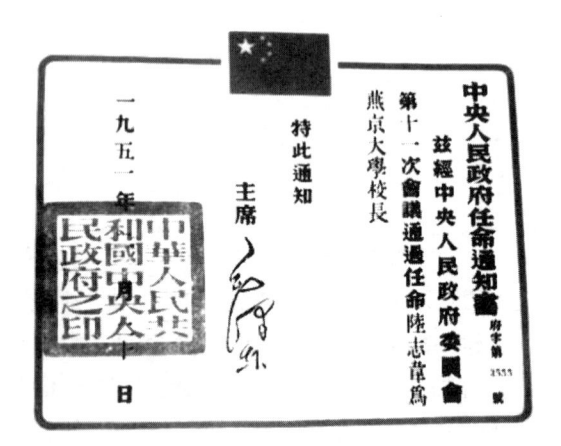

图4-7 由毛泽东签署的陆志韦燕大校长委任书

后开设实验心理学、生理心理学、系统心理学、心理学史等课程，并首次将苏联生理学家巴甫洛夫的条件反射学说和美国心理学家艾宾浩斯的记忆学说引入国内。在中国心理学这一学科的草创时期，陆志韦筚路蓝缕，功不可没。

1927年，陆志韦应燕京大学校长司徒雷登的邀请，到北平燕京大学担任心理学系教授，后来兼任系主任，最终担任了燕京大学校长一职。据燕大的学生回忆，陆志韦的课讲得特别好。他上课并不是照本宣科，而是娓娓道来，在亲切中妙趣横生，使学生如沐春风。他在燕京大学教心理学，开头第一讲就对学生说：心理系房子不多，有两个实验室，一个在阁楼上，一个在地下室，可称"上穷碧落下黄泉，两处茫茫皆不见"。有时陆志韦也会打一些生动的比方。比如向学生说明什么是科学的时候，陆志韦说，一般人弄掉一根针往往随意找找，而科学家则要在地上画一百个格子，一格找完再找另一格，直到找到为止。

1937年日寇侵华，北平沦陷，当时大批教授都已南迁，陆志韦却留守北平，维持燕京大学的运作。此时陆志韦的生活可谓十分艰难，一方面，他要巧妙地周旋于日本侵略者与伪政府之间，以保全燕京大学；另一方面，他还得安抚群情激愤的全校师生，以保护所有人的人身安全。1941年，陆志韦甚至被捕入狱，受尽折磨。出狱后只能靠变卖家产度日。

当时局势混乱，燕京大学已无条件再进行实验心理学的研究。于是陆志韦就向同校的语言学家王静如学音韵学。这一转行，中国就多了一位语言学大师。他的代表作为《证广韵五十一声类》、《三四等及所谓"喻化"》、《说文广韵中间声类转变的大势》等论文，这些论文后来结集为《陆志韦语言学论文集》出版。

在语言学的研究中，陆志韦引入了实验心理学的科学方法，将传统的汉语音韵学向前推进了一大步。在《证广韵五十一声类》一文中，他首次使用现代数理语言学的方法，根据统计学上的概率关系对所搜集的材料进行分析研究，对《广韵》声类做了详细的论述和证明。在《说文广韵中间声类转变的大势》一文中，他也采用统计学的方法来对古今音变进行了研究。他指出，这种方法的优点在于，研究的结论是建立在材料所反映的整体趋势而非某一两个个案上，因此不会因为某个版本错误或是某经师的注音错误影响研究的结论。朱晓农30年前的硕士论文《北宋中原韵辙考》，使用数理统计方法研究宋词的押韵，就是因为受到了陆志韦统计方法的启发。

陆志韦在汉语词汇和语法研究方面也取得了卓越的成就。他的《北京话单音词词汇》和《汉语的构词法》两部著作，使用北京话口语语料，为汉语的构词研究提出了很多重要而深入的意见，是汉语构词学的重要著作。

然而，陆志韦的学问可不只心理学和语言学两个方面。在新文化运动时期，陆志韦还是著名的诗人。他刚到北平的时候正值新文化运动的高潮，在时代风气的感召下，陆志韦创作了大量新诗，并结集为《渡河》《茅屋》《渡河后集》《不酉不唱》《不值钱的花果》等诗集。文学家朱自清曾经评价陆志韦的诗"有一种清淡的风味"。但陆志韦又不仅仅是个诗人。据他的学生、语言学家俞敏先生回忆，陆志韦有多方面的业余爱好：欣赏西洋音乐，鉴赏国画，集邮，下围棋，打桥牌，都是属于"精通"的水准。陆志韦在集邮界非常活跃，邮识精湛。在国内外发表的邮学文章有《帆船新版半分直缝漏齿票之发现》《谁是先烈？》《三分暂作一分票之小变体》《新疆帆船木戳加盖航空票之注释》等。除此之外，陆志韦还深谙佛学，对法相宗尤为熟稔——当然，他本来就是宗教心理学的大专家嘛。

1949年后，高等院校院系调整，燕京大学撤销。陆志韦调入中国社会科学院语言研究所任一级研究员，从事语言学研究工作。以后相继担任汉语史研究组组长、中国科学院哲学社会科学部学部委员、中国科学院心理研究所筹备委员会主任、中国心理学会会长、中国文字改革委员会委员等职。1970年11月21日，陆志韦在"文革"中受尽折磨而去世，终年76岁。

教我如何不想她

多产的耕耘者：王力的故事

几十年来，凡在大学上过古代汉语课的，几乎没有不知道王力这个名字的。他主编的《古代汉语》四卷本教材长期以来是最通用的大学教材。其实，王力在语言学的所有方面几乎都"尝过鲜"，古代的、现代的，音韵、文字、训诂、语音、语法、词汇、词典、修辞、诗歌韵律等等。一般认为他对研究古代语音演变的音韵学用力最多。此外，他还是诗人、散文家、评论家、翻译家，用"著作等身"一词可不是对他的恭维，而是合乎其实的客观描述。

王力1900年生于广西。他从小家贫，小学毕业后失学，后在博白高等小学任国文教员。靠顽强的毅力自学多年，1924年到上海读大学，1926年考进清华大学国学研究院。当时的清华正是文科冠天下的黄金时代，至今流传着国学院四大导师的佳话。第一年清华招生严格把关，收了32个学生，王力是班里唯一写语言学方面论文的。次年王力写就毕业论文《中国古文法》。两位指导老师，一位梁启超、一位赵元任。前者是世俗名声亮，批语是"开拓千古、推倒一时"；后者是专业水准精，批了他一句"言有易，言无难"，这句话日后成了王力的座右铭，王力到晚年说他受益了一辈子。为了辨正这句古典学术中的至理名言，朱晓农后来还在《方法：语言学的灵魂》中专门写了一章《说有无》，详细辨析了这句话的适用范围。在科学研究中，对于存在的判断有三种情况，其中一种情况适用"言有易，言无难"，第二种情况是"言有难"，第三种情况是"言无易"。所以，赵元任当年教导王力的那句"言有易，言无难"，是名言没问题，但不

图4-8 散文家、翻译家、语言学家王力

语音的演化

是至理名言,而是有条件的名言。尽管如此,赵元任的这句话适用的场合最多,犯这种错误的可能性最大,所以对于研究的新手来说,赵元任的警句应该刻在写字台上。

1927年,王力赴法国留学,读的竟是实验语音学。他是继刘半农之后中国第二位知名实验语音学家,三年后他写出了10万字的法语论文《博白方音实验录》,获得了巴黎大学文学博士学位。有一则未经证实的趣闻说:当时同在巴黎留学的还有一位和王力在清华国学院同学的姜亮夫,得了个硕士学位回国。人家问他怎么同样是留学,王力就得了博士学位呢?姜亮夫答道,王力做的题目洋人都看得懂,所以得了博士学位,他的论文洋人看不懂,所以只得了硕士学位。

1932年王力回国后回清华教书。那年头"海龟"很吃香,赵元任、刘半农一回来就是大教授,胡适连博士帽还未戴(他的论文需要"大修通过")也先当上了正教授,可王力当了两年讲师还未转"正"。他去问中文系主任朱自清,朱自清只是笑笑,没直接回答。王力思索良久,终于发现了问题。过去两年,他的教学确实不错,也译了、写了不少东西,但终究没有一部像样的学术著作。为什么王力两年间没有学术著作出来?原来王力家境清贫,留学法国的费用还是借来的,留学时就花了大量时间为国内读者翻译法国小说挣稿费。回国两年,在教学之余翻译了《莫里哀全集》,又为商务印书馆《万有文库》写了《希腊文学》、《罗马文学》、《论理学》等文化普及读物。他的专业是语言学,却没有写出一部语言学著作,难怪朱自清不批准他升教授。明白了朱自清笑容背后的含义之后,王力决定收心发力,一年之内便写出了一部《中国音韵学》专著和《中国文法学初探》、《中国文法中的系词》等有分量的论文。因此,1935年王力再申请时,朱自清又笑了。

王力不仅是语言学上的多面手,而且还是一位多产的翻译家、诗人和散文家。他翻译了莫里哀、左拉、小仲马、都德、纪德、波特莱尔等大作家的小说、剧本、诗歌,共20余种。同时王力自己还创作了许多诗歌和散文,分别结集为《王力诗论》、《龙虫并雕斋诗集》、《龙虫并雕斋琐语》等。很多年后他凭着这些译稿和诗歌散文集当上中国作家协会会员,可当年却因为疏于正业,论文不多,而影响了升职。

此后几年内,他发飙一般发表了包括奠定他音韵学名声的《南北朝诗人用

教我如何不想她

韵考》(1936)，《上古韵母系统研究》(1937)，还有震动语法学界的《中国文法中的系词》(1937)。他还写就了一部音韵学界半个多世纪来一直非常有用的参考书《中国音韵学》(1936)，用现代语音学理论来解释传统音韵学的概念，叙述了传统的今音学（中古音系）、古音学（上古音系）和等韵学（共时音系描写）的基本内容。此后50年，王力先生夜以继日，几乎成了写字机器，出版了上千万字的作品。20世纪80年代初，还在上学的朱晓农发表了一篇1500字的小文章，批评王力先生对于"日母"音值描写不准确。那是什么情况，王力先生是学界泰斗，朱晓农不过是个在校学生，只是有股"初学三年，天下去得"的劲儿。所幸王力先生不以为忤，写了篇15000字的长文作答，同意朱晓农的看法——让这愣头青明白了"再学三年，寸步难行"的道理。后来朱晓农到了北京，有幸每隔一两个月就去拜访一次王力先生。王力的太太夏夫人曾对他说：你就不用打电话来预约了，下午四五点来就行，正好让他休息一下。平时他一早坐下，给他泡杯茶放在边上，凉了换，换了凉，谁也不敢去打扰他。你来了他高兴，跟你聊天，还里外上下找书，活动活动好。

王力一生著述宏富，出版量达一千万字；又涉猎广博，仅语言学研究就几乎包罗各分支学科；更兼联想移植能力超群，在这些方面几乎都有创新甚至首创之作。他自己师承"汉语语言学之父"赵元任（晚年赵氏从美国回来访问，王力拜见他时照样恭恭敬敬三鞠躬），可他强调的则是"如果墨守师说，学术就没有发展了"。正是由于王力具有兼容中学西学（不偏倚也不抵触）、平衡师承创新（不墨守也不妄言）的学风，以坚韧之神、勤奋之力，取得了超乎寻常的成就。

文学家与语音学：林语堂和陈独秀

在"五四"运动时期有个有趣的现象，那就是，新文化运动中著名的文学家，一般都是杰出的语音学家和音韵学家。前面我们已经说到诗人、杂文家刘半农，诗人陆志韦，散文家、外国文学翻译家王力，下面我们要讲的，则是另外两位"五四"运动中著名的文学家，他们就是：散文家、小说家、曾经用英文创作小说《京华烟云》的林语堂和"五四"时期的北大文科学长、新文化运动的先锋人物陈独秀。

林语堂，"两脚踏东西文化，一心评宇宙文章"，著作多种多样，有小说《京华烟云》，有传记《苏东坡传》，有散文《生活的艺术》，

图4－9 历史音韵学家、翻译家、作家林语堂

有无法归类的《吾国吾民》，还有厚达1700多页的《当代汉英词典》。在近代文学史上，林语堂是"语丝派"的主将，他的小品文诙谐通达，富有趣味性和知识性，口气也很幽默——说起"幽默"这个词儿，原本来自英语的humour，而把它翻译成中文"幽默"两个字的，正是这位林语堂先生。林语堂在文学史上给人留下的印象，要比在语言学史上给人留下的印象深刻得多。大家几乎要忘了，这位世界笔会的副会长，其实还是语言学科班出身呢！

林语堂是厦门人，父亲是一位牧师，因此他从小就在教会学校受教育，从中学到大学一直如此。林语堂就读的大学，是上海的圣约翰大学，这所教会大学也是当时全国最好的一所用英语教学的大学，因此林语堂从小就打下了坚实的英语功底。在大学中，林语堂首先学的是神学，但后来他发现自己"酷好数学和几何，喜欢科学的分析"，因此他"选语言学为专科，因为语言学最需要科学头脑

教我如何不想她

去做分析工作"。大学毕业之后，林语堂在清华服务三年，拿到了半公费的奖学金之后去了美国哈佛大学主修比较文学专业。不久之后，由于奖学金出了问题，林语堂只好远赴欧洲继续学业，在德国的莱比锡大学攻读语言学博士学位，以《古代中国语音学》为论文题目，通过答辩，获得了博士学位。

林语堂学成回国后，虽然积极投身社会活动，在新文化运动中大出风头，但并没有停止语言学的研究。在北大任教期间，他先后写成了《古有复辅音说》(这是中国人自己最早提倡上古汉语有复辅音的文章)、《前汉方音区域考》、《古音中已遗失的声母》等讨论上古汉语语音的论文。对于段玉裁至死没弄明白的"支脂之"三部的读音问题，林语堂也是兴味盎然，写了《支、脂、之三部古读考》予以考证，这篇文章登在《历史语言研究所集刊》上，运用历史比较语言学的方法，参照厦门方言，对三部的实际读音进行了考证，有很多启发性的结论，是一篇质量相当高的学术论文。

但是，要提到林语堂在中国语音学研究上最著名的一件事，却不是他对"支脂之"三部读音的考证，而是他和国学大师章太炎关于古音的一场大辩论。在1923年的时候，章太炎的学生汪荣宝受到了西方历史语言学的启发，采用域外语言的对音材料来考察上古语音的实际读音，写成了《歌戈鱼虞模古读考》一文。其结论与其师章太炎的古音分部研究相左，因此受到了章太炎的激烈批评。章太炎认为："观彼中学近代英语者发声尚不能谐切，况古代之吴音汉音乎？或据此例证中土唐音，甚谬。"完全否定了采用对音研究古音的方法。与此同时，另外一些学者如钱玄同、唐钺、林语堂等，则站在了汪荣宝一边，不但赞同汪荣宝的方法，还从音理上予以进一步辨析与完善。其中，林语堂写成了《读汪荣宝〈歌戈鱼虞模古读考〉书后》和《再论歌戈鱼虞模古读》两文，以丰厚的语音学理论基础与细致的比较，反驳了章太炎的观点。除了自己的研究之外，林语堂还译介了一些海外汉学家对中国语音学的研究著作，如高本汉的《答马斯贝罗论〈切韵〉之音》与戴密微的《印度支那语言书目》等。

林语堂不但专精于学术性的历史语言学研究，而且也很关注汉字符号的编码。林语堂深感当时的中文检字技术不够发达，对传统的部首检字法很不满意，于是倾家荡产全心研究中文检字法，先后提出了"汉字索引制"、"汉字号码索引法"、"国音新韵检字"、"末笔检字法"、"上下形检字法"等各种汉字编码方案。

在1947年时，林语堂又发明了"明快中文打字机"，这部打字机在1952年时获得了美国专利，历时六年半。另一位语言学家赵元任对这种打字机十分满意，曾经写信给林语堂说："语堂兄，目前在府上得用你的打字机打字，我非常兴奋。只要打两键便看见同类上下形的八个字在窗格出现，再选打所要打的字，这是个了不起的发明。还有个好处是这键盘不用学便可打。我认为这就是我们所需要的打字机了。"然而，由于研制打字机的经济投入太大，林语堂竟因此破产。可惜的是，由于某些原因，这种打字机并没有得到广泛的使用，而数十年后电脑技术飞速发展，打字机也就因此被淘汰。

林语堂晚年旅居海外，编著了著名的《当代汉英词典》，在这部词典中，他仍然使用了自己发明的上下形检字法进行检字，所采用的拼音法也是他当年参与制定的罗马字拼音法简化而成的"简化国语罗马字"。后来林语堂的上下形检字法也曾被编制成一种名为"简易输入法"的电脑汉字输入法。当时宣传这种输入法的广告词是："两个钟头学不会请吃一碗牛肉面。"

另一位语音学家陈独秀，是中国共产党的创建者之一，也是新文化运动的发起人。在新文化运动的时候，陈独秀正应北大校长蔡元培之邀，在北大担任文科学长的职位。陈独秀在担任北大文科学长时候的新思想广为世人所知，但仅仅依靠新思想新观念，是远远不足以在鸿儒云集的北大担任文科学者的首领的。而蔡元培之所以聘请陈独秀担任此职，一方面是觉得陈独秀的到来，能给北大的学风带来新的活力，而另一方面所看重的，正是陈独秀在音韵学和训诂学方面的造诣。学者王森然在为陈独秀作传的时候就曾经说过："先生书无不读，又精通日文、法文。故其学，求无不精；其文，理无不透；雄辩滔滔，长于言才。无论任何问题，研究之，均能深入；解决之，计划周详；苟能专门致力于理论及学术，当代名家，实无其匹。"

陈独秀忙于革命斗争，语音学仅仅是他的副业而已，但就算是副业，陈独秀一样对其有

图4-10 秀才（是真正科举出身的秀才，不是现在比喻性的"秀才"）、语言学家、思想家、革命家陈独秀

教我如何不想她

精深的研究与精彩的论断。陈独秀将精力主要投放在语言学研究上，是在1927年大革命失败，离开了中国共产党的领导岗位之后。这时他将精力集中在研究中国文字的拼音化和音韵学问题上。据另一位共产党元老回忆，当时只要有人去陈独秀家里，陈独秀就会问对方的家乡方言，这几个字怎么读，那几个字怎么读。只用了一年时间，陈独秀就写成了《中国文字拼音草案》一书，可惜的是，由于当时的政治气氛，此书未获机会出版。

1932年陈独秀被国民党逮捕入狱，他把监狱当作研究室，正式开始了系统的学术研究，写成了大量的学术论文。而有关语音学和音韵学方面的论文则有《中国古代有复声母说》、《连语类编》、《古音阴阳入互用例表》、《荀子韵表及考释》、《屈宋韵表及考释》、《晋吕静韵集目》、《广韵东冬钟江中之古韵考》七种。在陈独秀逝世后，这七种论著本拟结集出版，但是由于当时时局变乱，因此也就不了了之。2001年，这七种论著由中华书局合刊为《陈独秀音韵学论文集》，陈独秀在狱中的心血始得以问世。此外，陈独秀还写过《干支为字母说》，认为干支不是汉字，而是域外传入的译音字母，这与当代汉学家蒲立本（E.G. Pulleyblank）的理论不谋而合，而陈独秀提出此理论要远远早于蒲立本。

陈独秀晚年入川之后避居江津，生活非常困苦，他的母亲和姐姐先后离世。他贫病交加之下，还集中精力编写了文字学著作《小学识字教本》。在此书中，陈独秀阐述了汉字的发展规律，形成了一个完整的体系。陈独秀运用传世的古籍文献材料以及文物发掘的实物资料，对每个字的形、音、义关系做了详细而精确的考证。著名学者陈中凡曾经评价这部书说："其以形、声、义一贯解释文字的方法可谓缜密，是为文字学上有价值之著作。"语言学家魏建功也说："赞叹欢喜，以为自古文字资料以来，文字学家趋末弃本、抱残守缺、两无裨补之失，俄然扫空。"

语音的演化

乌弋山离和元音大递换

《汉书》里提到西方的一处地名"乌弋山离",初看之下,一头雾水,但要是告诉你,"乌弋山离"就是"亚历山大",你是明白了呢,还是更糊涂了?

"乌弋山离"就是"亚历山大",对译的是同一个地名 Alexandra。"乌弋山离"在2000年前发音就像"亚历山大",所以才能对译 Alexandra,后来由于语音发生了变化,"乌弋山离"变成了"乌弋山离",所以就另用三个汉字来重新翻译,结果就成了"亚历山大"。

让我们先来看第一个字"乌鸦"的"乌"。它对应于 Alexandra 的第一个字母"A",当然读音也应该差不多是 a、o、e、i 的 a,这也是"乌"字在秦汉时代的读音。也许有人会不相信,"乌"不是读 u 吗?怎么是"啊"呀?

原来语音是会变的,而且是很有规律地变。"乌"从 a 变成 u,是经历了一种叫"元音推链高化递换"和"元音高顶出位"的变化,全世界的语言中有很多都经历过这样的音变,用一组简化的元音图(还记得前面的元音图吗?)来表示,就如下面三幅图。

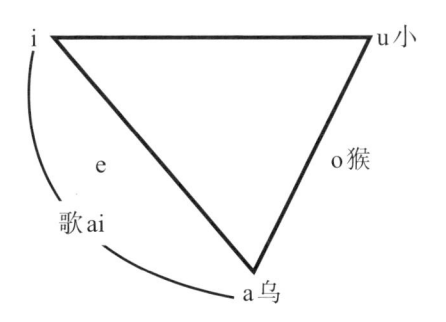

图 4-11 上古时代,"歌乌猴小"四个字的韵母

"乌"最早发成 a,见图 4-11。那是秦汉时代,那时"歌"发成(k)ai。再用"小"和"猴"两个字代表另两个韵母,当时分别发成 u 和 o。后来发生了

教我如何不想她

推链高化和高顶出位两个变化，见图4－12。

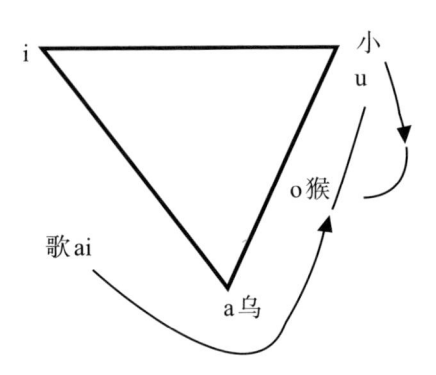

图4－12 元音大递换和高顶出位的方向

图4－12底下那条曲线，从ai开始降到a，然后拐上去到o、u，表示的是推链高化，逆时针的音变：先是ai变成a，推动a往上变成o，然后o往上变成u。右上方从u出发的那条弧线代表高顶出位，u已经在元音图的右上顶点了，再变就出元音图了，所以叫"高顶出位"。这里产生的是裂变，单元音u裂变为复元音ou。

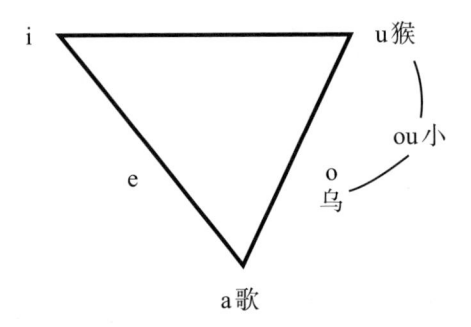

图4－13 首轮元音大递换和高顶出位的结果

到了魏晋南北朝初期，原来读a的"乌"变成了o，见图4－13。在这条链上的其他韵母也相应地递换了位置："歌"原来的韵母是ai，现在占了a的位置。原来"猴"的韵母是o，但现在o被"乌"占住了，"猴"就被往上推，占据了u的位置。结果把"小"（原来它的韵母是（i）u）挤出了元音图，高顶出位了，裂化为（i）ou。

但是，这个链式高化过程并没停下，到了唐朝中期以后，又一轮推链高化和

语音的演化

高顶出位发生了。这次是原来有 -r- 介音的"麻"mra，变成了ma，占据了a的位置。于是，"歌"被推上去变成了圆唇的o或不圆唇的ɤ（拼音字母写成e），例如北京话是ge，而四川话是go。这下"乌"又得搬家了，因为"o巢歌占"了，所以它又往上变成u，也就是今天的普通话发音。那么那个"猴"也得挪窝，从u高顶出位裂变为ou，这又逼着原来的"小"搬出了（i）ou这个巢，进一步裂化/低化为（i）au。

语音就是这样一连串地递相换位，这也是明末最早意识到音变的陈第所说的"音有转移"。当然，今天我们发现的音变内涵要丰富得多，不单单有递相换位，还有旧音消亡、新音创生。更进一步，我们今天还能够探讨这些个音变的原因。

跟音变相应的是语义的演变。"乌"原来的意义是"乌鸦"，不是"黑"。到唐朝的诗里还是"月落乌啼霜满天"，"乌啼"当然不是"黑叫"，而是"鸦叫"。由于"乌"字的书面读音到中古时代已经变成了o，但口语里还是叫"老ya"，所以另造了一个新的形声字"鸦"ya。"乌"呢，好像成了"鸦"的修饰语，于是意思也逐渐变成了"黑"。

还有一个熟悉的例子，可以看到古代的a变成现代的iu，再变成y（汉语拼音写成ü）。下象棋我们知道有"车马炮"。这个"车"不念"车水马龙"那个"车"che，而是念jü。其实这是个很古老的读音（严格地说是个古老的音类，而不是古老的音）。汉代刘熙的《释名》中就提道："古者曰车，声如居，所以居人也。今日车，声近舍。"原来汉代以前"车"的读音和"居"是一样的，但是要注意哦，那时候不是读今天的jü，而是kǎ，韵母是一个短元音a。后来到汉末增生了 -i- 介音，韵母也长化为ia。再后来就进入图4—11中的推链高化递换链，一步一步变成kia＞kio＞jiu＞jü。

为什么我们知道它古代的韵母是a？除了其他证据外，还有一段有趣的故事。春秋时代在今天山东地界上有个莒国，也就是今天的莒县一带。西面是鲁国，北面是齐国。"莒"今天的读音跟"居"一样读jü（暂且不管声调），它们在古代的韵母一样，声母有些区别："居"是不送气清声声母kǎ，"莒"是带声声母gǎ。话说当年齐桓公与管仲关起门来密谋伐莒。谁知还没发兵，已闹得满城都知道了。齐桓公大怒，问管仲说："寡人我和您老关门密谋，怎么外面都知道了？"管仲说："那国家一定有料事如神的圣人了。"齐桓公想了想说："是那么回事。那天咱

教我如何不想她

们商量时,有个佣人东郭邮老往上看我们,想必是他了?"于是叫来东郭邮。齐桓公请他上坐,问他说:"在外面说讨伐莒国的是您吧?"东郭邮说是。齐桓公再问:"寡人我没说伐莒啊,你为什么说要伐莒?"东郭邮答道:"臣听说,君子善谋,而小人会揣度。我不过是揣度而已。"齐桓公问:"你是怎么揣度的?"东郭邮说:"你们那天手脚动作表明是在谈军事行动。而攻打的对象,我看到您二位在台上说话时,'口开而不合',是说'莒'啊。而小国当中不服管教的,也只有莒国,所以我猜想是莒国。"一席话说得齐桓公马上重用了他。您瞧这春秋战国时代的人才观!要不人都说那是中国历史上的黄金岁月。要搁后代,东郭邮不给治个间谍罪,也得给个蛊惑罪或谣言罪或泄密罪。

我们发韵母ü时,嘴唇撅起,嘴巴几乎合上。而东郭邮明明说"莒"是"口开而不合",说明春秋时代,"居车莒"等字的韵母是a,那样发音时嘴巴才会张得大大的。

孔夫子是怎么读诗经的?

既然古代说的话和我们现在说的话在发音上不一样,那么我们不禁要提一个有趣的问题,在春秋时代,孔夫子读《诗经》的时候,用的是什么语言呢?他读《诗经》的腔调,又跟我们现在有些什么不同呢?

这个问题其实已经是个老问题了。从唐朝人开始,就已经发现了古人的书在今天读起来有一点不那么顺溜。有个著名的故事就是唐明皇改《尚书》的故事。据说唐明皇在读《尚书·洪范》的时候读到这样两句:"无偏无颇,遵王之义",他一下就纳闷了,照理说这里应该是押韵的,可是"颇"字和"义"字读起来却押不到一起去（当然我们今天更不行了）。所以他就觉得是书上写错了，于是就自己动手，把书上的"颇"字给改成了"陂"字。这下他觉得对了，当然实际上并不用改。不光是唐明皇，宋代的朱夫子也觉得《诗经》很多该押韵的地方都读不顺溜，于是就提出了他的叶（xié）音说，也就是在需要押韵的地方把字改读成可以押韵的音。当然朱夫子也错了。最后到了我们前面说到的清代学者顾炎武那里，根据《诗经》的韵脚重新整理春秋时代的韵，才有了清代古音学上第一部范式性的著作《唐韵正》。

然而，能够知道《诗经》里面哪些字能放在一起押韵，只不过是第一步的工作，要想知道孔夫子到底是怎么读《诗经》，我们还得知道这些押韵的字具体都是怎么读的。当时清代的古音学者其实也很想知道这个问题，但遗憾的是，他们那时候还没有国际音标，因此自然也就没办法弄出一套《诗经》古读系统来。正因如此，大学者段玉裁才只知道"支脂之"要分成三个不同的韵母类（那是音韵学中的一个伟大发现），却到死都没弄明白，这些个不同的韵母类到底分别怎么读，以至于遗憾得无法合眼。

顾炎武、段玉裁他们的工作后来被外国学者高本汉继续了下去。高本汉把描写语音学和历史比较法带入了中国，采用音标给他构拟的中古音和上古音注音。这才第一次把"支脂之"三分的原因搞清楚——原来是在它们构拟的读音上有差别。大体上说，"支"的韵母是e，"脂"是i，而"之"是ə或一个类似的音。为什么说是"大体上"呢？因为尽管我们有了国际音标，又有了历史比较法，但对于孔夫子到底是怎么读《诗经》的，我们并不是那么肯定。光有历史比较法还是不行，因为历史比较法本身不是拿来读的。著名的语符学家叶尔姆斯列夫（Hjelmslev）说得很清楚，历史比较法的结果只是一个符号，我们构拟一个i，既可以用音标写成i，也可以干脆写个梅花♣，别说梅花，哪怕是黑桃♠都可以。因此，构拟的结果只是表示原始语言和今天语言之间的对应关系，可不能当作真实的语音来看。早期印欧语学者施莱赫尔（A. Schleicher）就曾经用他构拟的原始印欧语写过一个"山羊和马"的故事，当然没人会相信原始印欧人真是那么说话的。对于这种原始音和现代音之间的历时对应，不同的音韵学家会有不同的古音构拟，有时大致相同，有时差别很大。

那么，既然历史比较法五技而短，我们是不是就没有办法知道孔夫子到底是

教我如何不想她

怎么读《诗经》的了呢？其实并非没有可能。最近一二十年来，对语言演化，尤其是语音演化问题的研究取得了实质性的进步。所谓语言演化，体现在两个方面：一方面是语言的起源研究，就像物理学上研究宇宙的产生、地球的产生，生物学上研究生命的产生、人类的产生一样，语言也要研究它的产生。这在一个世纪前是个禁忌课题，语言学界开会甚至不接受讨论这个问题的论文，因为知道都是些瞎想胡猜。但最近这些年来，形势大变。分子生物学、人类学、考古学、语言学的进展使这个问题可以进行科学研究了。另一方面则是语言在产生后的演变研究，这包括语法结构的演变、语义的演变、音法的演变。随着科学技术的不断进步，语言学家开始从生理和物理的角度对语言进行研究，其中又以音法研究发展最为迅速。利用各种仪器，语音学家可以在实验室中模拟人类历史上发生的历时数百年的语音变化。因此，实验音法学家奥哈拉（Ohala）发出了豪言壮语："凡是在历史上发生过的音变，我们都要叫它在实验室里实现！"从此，语言的构拟，也从原来的音位对应时代走入了新的纪元——自然音变时代。所谓自然音变，就是在人类的发音生理与感知心理的双重限制之下，最有可能发生的音变。语音上的对应关系必须要建立在自然音变的基础之上。根据自然音变的规则，语言学家不但可以构拟抽象的音位类，也可以部分或一定程度上恢复古代语言的语音细节。

比如元音大递换是因为什么引起的呢？朱晓农提出了两种可能的原因：一个是由说者启动的"滑向初始态"假设，一个是听者启动的"不足改正"。

说者启动是说大递换是从a开始的。长而低的元音a容易高化的原因在于它难以长时间维持大张口、低压舌状态。当a拖长到一定时候，说者会出于省力（姑且如此假设）和"时间错配"（mis-timing），在最后阶段，其调音器官会自然地回复或滑向最自然、最无标记的混元音这一初始状态。所谓"时间错配"是指发音（发声和调音）器官在协同发音的时间上没配合好。按说应该发声先停止，然后调音器官恢复初始态。但如果发声还没完全停止，调音器官就恢复初始态，那么就会产生一个a↑滑音的过渡状态。"高化"在不经意间发生了。当然这只是个人的、随机的、口语中的变异，一般情况下会被社会规范纠正，或者被听者自动回归译码为a，所以一般不会发生音变。但是在两种情况下有可能导致音变。一种是完全的随机选择发生多了，总有可能某次真的扩散开了，引起了音变；另

语音的演化

一种是在人口流动、混杂的情况下，非本语言社团的听者不会自动回归解码为说者心目中的语言目标a，当他们学说时，有可能真的说成提高了点儿的a↑。按照"滑向初始态"假设，首次元音大转移是由鱼部*a开始的，由于a向初始态滑动而不经意间开始了高化a↑，并推动o高化。与此同时，由于留下一个"纯"a位置，吸引歌部*ai来填补。因而这是推链和拉链交叉进行的链移：先是低元音a启动推链高化，同时拉动复元音来填补。

还有一种可能的解释，那就是听者启动的"不足改正"。这是指可能由链移的一个端点歌部*ai发动。一个语音信号的物理性质和听感并不总是一一对应的，听者听到这样一个信号，归类时可能解读错误。发歌部*ai时，这个i当然不是一个到位的i，而只是表示一种舌位向上向中央滑动的趋向，后半截时向中央（向i的方向）滑动是说者的语言目标，即说者有意为之，但听者有可能把它当作发长a时自然的回归初始态，因为语言中发长a时有发成a↑的自然倾向。这是一种"不到位的改正"（hypo-correction）。这样的音变是由听者发动的，他把说者有意为之的发音ai当成长a的无意的、伴随的a↑，于是他自作主张地错改成长a。

由于我们能够在一定程度上重建古音，恢复孔夫子读《诗经》的语音就不再是遐想或梦想，而成了实实在在的科学研究。

在高本汉以后，当代许多学者都曾经以音变原则为基础对古音进行过构拟。利用这样的古音来念先秦的经典文献，虽然不能够完全恢复孔夫子说话的原貌，但也能说个八九不离十。下面就是当代一位著名的古音学家郑张尚芳所构拟的《诗经·周南·关雎》的第一章，调整了一个元音（ɯ＞ə）。有兴趣的读者可以自己试着念念看，是不是和今天的语音差距很大呢？先秦时代有长短元音的区别，双写的oo、aa、uu等表示长元音，单写的a、u等表示短元音。那时有复辅音如zl-、kr-等，还有比今天广东话还复杂的韵尾-g、-s、-l、-ds等。另外，韵尾-ʔ实际上表示的是带有假声的发音。

关关雎鸠，	kroon kroon sha ku
在河之洲。	zləəs gaal tjə tju
窈窕淑女，	qiiwʔ l'eewʔ filjəwɢ nas
君子好逑。	klun ʔsləʔ qhuus gu

教我如何不想她

求之不得，	gu tjə pə' təəg
寤寐思服。	ŋaas mids snə bəg
悠哉悠哉，	ləw ʔsəə ləw ʔsəə
辗转反侧。	ndensʔ tonʔ panʔ ʔsrəg

语音是怎么变的：词汇扩散论

　　上面我们讲了音变可能的原因（为什么），那么音变是怎么进行的呢（怎么样）？在格林兄弟时代的欧洲，随着一条又一条历史语音演变律不断被发现，历史语言学的基础逐渐稳固了起来。历史语言学家对各种欧洲活语言以及文献中保留的死语言，如梵语、哥特语、吐火罗语、拉丁语等进行比较，对比不同语言中的同一个词汇，推测其早期的语音形式以及其演变成后世不同语言的方式。通过这种方法，历史语言学家不断追溯印欧语系的演变历史，并构拟出了现在所有印欧语言的老祖宗——原始印欧语，也叫PIE（Proto-Indo-European）。因为比较和构拟都是建立在词汇的基础上的，所以构拟出来的原始印欧语也是一个词汇的集合，其中每一个词语都经过了历史语言学家的精心研究。最著名的词汇例子有 *pŏds（脚）、*kernos（角）等。有一位语言学家仅仅研究horn "角" 和wheel "轮子" 两个词，就写了厚厚的一本书。

　　但是，虽然学者们能够找出各种语音演变的路向来解释语言的分化和读音的变迁，但对于语音具体演变的过程，还是束手无策。根据现有的语言资料，最多也只能为原始印欧语和现代语言之间构拟出几个有限的中间静止态。可

语音的演化

是要知道，根据苏联的两位天才语言学家甘克雷里茨和伊万诺夫（Thomas V. Gamkrelidze and V. V. Ivanov）的研究，原始印欧民族距今大约有6000年历史。在这6000年中，各种印欧语言不断变化，这样的动态过程在历史文献中难以直接观察到。因此，语言学家一直很难对语音演变过程的机制问题理出个头绪来。

当然在这方面的努力一直在进行，例如在格林兄弟之后，德国曾经出现过一个著名的"新语法学派"。他们曾经提出过一条著名的理论宣言，叫"音变规律无例外"。也就是说，所有语音条件相同的词语，都会发生同样的音变，不可能出现选择性的音变。既然如此，那么音变必须是在所有的词语里一齐发生。但如果是这样，很难想象某个语言使用者在无意识的情况下，把和某条音变规律相关的词语一夜之间全部改读。还有的学者对新语法学派的观点进行了改进。例如丹麦著名的语法学家叶斯泊森（Otto Jespersen），他是前面讲到的亨利·斯维特的学生，是研究英语的名家。他曾经提出过一个很形象的比喻，认为语音变化就像锯木头，下一代比着上一代的木头锯出新的一段木头，再下一代再比着锯出更新的一段。相邻两段误差很小，所以看不出语音变化，但是一代一代越锯越多，误差不断积累，差异就很明显了。这个比喻解释了为什么我们只能在不同的时代之间观察到语音的变化，而无法在同一时代观察到语音的动态改变。因此，这个解释被很多学者接受，包括后来著名的结构主义语音学家霍凯特（C. F. Hockett）等，都持类似的观点。

从新语法学派到叶斯泊森，把音变看成是渐进连续的，而在词汇上则是整齐划一的，符合相同音变条件的词语会一起发生音变。这样的解释100多年来成了定论。因为音变在共时条件下观察不到，所以对这个观点也就无法反驳。一直到20世纪60年代末，一位美籍华人语言学家在研究汉语方言的时候，才对音变的动态过程提出了新的解释，并在此基础之上提出了著名的"词汇扩散理论"（lexical diffusion theory），丰富了历史语言学的内容。这位华人学者就是著名的美国语言学家王士元（William S-Y. Wang）教授。

王士元是安徽人，少年时生活在上海，后来赴美求学，先后就读于哥伦比亚大学和密歇根大学。他师从著名的语音工程师和语音学家彼得森（Gordon Peterson），研究实验语音学，后来又转向语言演化的研究（近年来则关注语言和大脑的关系）。他对很多学科都有精深的修养，其研究横跨语言学的多个门类，

教我如何不想她

是当代最著名的语言学家之一。

1967年,王士元正在研究汉语方言的声调,他发现在潮州话中存在历史上的低调变为现在的高调,而历史上的高调变为现在的低调的互换现象(flip-flop)。如果假设语音变化是渐变的,那么高调应当逐渐变低,而低调则逐渐变高,两者应当在最终发生融合。因此语音的变化不能是渐变的,必须是突变的。此外,王士元还发现在汉语方言中,常常出现异读情况,也就是一个字在不同的词里面读法不同,或是本来应该同音的字却读成不同的音。通过进一步研究发现,这种异读是由于音变造成的,其中一种读法是未发生音变之前的读音,而另一种读法则是发生音变之后的读音。对不同的说话人,这两类字的比例是不一样的。如果对已发生音变和未发生音变的词进行分析,可以发现,有一部分词是所有人都变了,还有一部分词大家都没变,另外有一些词则是游荡在两者之间,有的人变有的人不变。这些异读词就构成了音变的桥梁,把老的读音和新的读音连接了起来,而音变就通过一个一个异读词从旧读音变到新读音。

王士元据此提出了他的词汇扩散论。这个理论认为,语音的变化是突变的,但并不是所有符合该语音条件的词语都会同步发生音变。音变是渐变的,是在词汇中逐渐扩散的。王士元用医学上的流行病传播模型来描述音变的进行:一开始是少数几个词语发生变化,然后发生变化的词语越来越多,在语言的使用中互相传播感染,导致这种音变不断加速,发生变化的词就越来越多。而等到大部分词都已经发生了音变之后,能够受到感染的对象越来越少,发生音变的速度就开始下降,最后还会常常留下几个比较顽固的词语保留原来的读音。

王士元提出这个理论之后,很快得到了学界的响应,很多学者在汉语以外的语言中也发现了类似的现象,成了历史语言学上描述音变动态的经典模型之一。例如,英语里的不规则动词,如"sleep ~ slept"一类词,就从几百年前逐渐规则化,到今天我们还可观察到这个进程,有的已经完全变为规则动词了,有的还有异读,而有的还未开始:

语音的演化

| 第一阶段：未变 | 第二阶段：在变 | 第三阶段：已变 |

    kept

    left

    slept

                   crept ~ creeped

                   leapt ~ leaped

                                      reaped

                                      seeped

词汇扩散理论是由华裔语言学家从汉语材料出发提出的，最终成为语言演化的普遍理论，这应该是汉语研究为普通语言学所做出的最重要的贡献了。

翻译和拼音

僧祐的故事——鸠摩罗什的故事——《圣经》的方言译本——最早的汉语拼音尝试：利玛窦——系统的汉语拼音方案：金尼阁——早期超一流描写语音学家：艾约瑟——洋泾浜：上海腔英文——three 还是 free：广东腔英文

教我如何不想她

本章讲的是翻译的故事,你得从广义的角度来理解"翻译"。除了我们现在一般意义上的中译英、英译中之外,还可以把古汉语翻译成现代汉语,把死文字翻译成可以读出来的语音。另外,既可以直接译音,如"马克思"译的是 Marx 的音,也可以间接译义,如"借词"一词,译的是"loanword"的义,等等。"德律风"(telephone)是音译词,也是狭义的"借词";"电话"(telephone)是意译词,也是广义的借词。我们上面讲的那个"乌弋山离"和"亚历山大"的故事,就是一个翻译故事。本章就再讲点这方面的故事。

僧祐的故事

从西方翻译到中国的作品,最早既不是诗歌也不是小说,而是佛经。佛教起源于古印度迦毗罗卫国(今尼泊尔境内)。佛陀释迦牟尼在世的时候,佛法的传授都是靠口授的。佛陀的教诲依靠僧侣们的背诵与记忆代代相传。直到佛经第四次结集的时候,僧侣们才想到用文字将佛经记录下来,从而才有了佛经的定本。这些定本都是用梵文写成的。随着佛教向中亚和内陆地区扩散,佛经也被翻译成各种中亚文字流传。中亚有的僧人前往中国,就把佛教带到中国来了。

说起佛经最早的传入,有一个白马驮经的传说。东汉的明帝在梦中见到了西方的一个神人,于是上朝时就问大臣这个神人是谁。大臣就告诉皇帝,这个神人乃是印度的佛陀。于是明帝就派人前往西方求取佛经,最终用一匹白马将佛经驮回了中土。为了纪念佛经的传入,还在东汉首都洛阳建造了一座白马寺。当然,这仅仅是一个传说而已,或者说是望文生义。当代一位大语言学家王士元认为,

翻译和拼音

白马寺的"白马"实际上是梵文padma（莲花）的音译，而莲花正是佛教的重要象征物之一。所以"白马寺"是音译，"莲花寺"才是原来的意思。

佛经传来之后，面对的首要问题就是翻译，翻译的工作在官方和民间同时进行。一方面，官方组织人手对佛经进行批量的翻译；另一方面，来自印度和中亚的僧人也尽个人之力将佛经翻译成汉文，以期能为中国的知识分子所接受。由于当时中国通晓中亚和印度文字的知识分子很少，而西方来的僧人汉语水平又不过关，因此佛经的翻译往往要经历几重转译：首先由某个懂梵文的僧人将其翻译成一种中亚语言，然后由另一个懂这种中亚语言的僧人将其翻为另一种中亚语言，这样辗转传译，最终再由某个既通晓汉文又通晓某种中亚语言的人将佛经译成汉文。这种方法很烦琐，失真度也很大，因此中国的僧人与知识分子很快掀起了学习梵文的热潮。例如晋朝的僧人法显就曾在65岁高龄时亲自前往印度学习佛法。而南朝的很多知识分子，如谢灵运等，本身就是梵文专家。这些知识分子和僧侣合作，在不同地域分别开展各自的翻译行动。大量的佛教经典就这样被翻译过来。

这种各地僧人分头翻译的工作也带来了一些问题。首先是僧侣们之间彼此没有联系，也没有规划，所以翻译的经典难免有重复。更严重的是各家所采取的译名不统一，同一个梵文词语在两本不同的经书中可能翻译为两个完全不同的词。因此当时的佛经系统非常混乱，急需一个学者出来将其整理厘清。而这个艰巨的任务，就落在了僧祐的头上。

僧祐是南朝齐梁时代的律学大师（宋元嘉二十二年至梁天监十七年，公元445—518年），是佛经翻译史上继道安之后又一个重要人物。他俗姓俞，幼年随其父迁居南京。有一次僧祐跟随父母去寺里拜佛。结果一到寺里面，僧祐就欢欣跳跃，不肯回家，仿佛和佛教有夙缘一般。他的父母本身就是虔诚的佛教徒，又见到这桩异事，于是便成全他的意愿，允许他留在寺里，拜僧范和尚为师。但到了他14岁的时候，父母还是希望他能继承家中香火，还悄悄为他筹办婚事。僧祐得知这个消息，便出走逃婚，投奔南京定林寺，从法达法师受学。到了僧祐20岁时，便受具足戒。其后，僧祐又从法颖律师受学，研习当时流传最广的十诵律。历经20余年的不懈努力，僧祐终于成为当时的律学大师，深得齐梁两朝帝王的崇敬。

在研究律学的同时，僧祐也广读经论，并发下宏愿，要校阅经卷、整理经藏。他广泛搜集佛教文论，编撰成《法集》八部。这八部著述，现在存世的只有

教我如何不想她

《出三藏记集》、《释迦谱》和《弘明集》三部，其他五部已经失传。在现在传世的这三部作品中，最重要的则是十五卷的《出三藏记集》。这部书分为"名录"、"经序"和"列传"三个部分，"名录"部分对汉代至梁朝译撰的所有经论进行分类，甄别其同异和真伪，考证译者和翻译的时间与地点；"经序"部分则是不同佛经的内容提要，其中融会了僧祐本人的佛学见解以及其翻译理论思想；而"列传"部分则是现存最早的僧侣传记，也就是对于佛经翻译家的生平介绍，为了解当时的佛教史和翻译史保存了珍贵的资料。因此，这部书的价值不仅仅在于它是唯一记载了汉代至梁朝佛经翻译和版本情况的目录学著作，还在于该书也是中国最早的翻译文学史。此外，书中不但记载了原作的来历，而且还介绍了各种译本和译者，并针对佛经的翻译问题，提出了很多重要的见解。因此，这部书也是中国最早的一部翻译理论著作。到现在，1500年过去了，僧祐的律学理论，由于著作失传已经不为我们所详知，但他的翻译理论却通过《出三藏记集》这部书的流传而保存了下来。作为当时的佛学大师和翻译理论家，僧祐的翻译思想是中国翻译学史上的宝贵财富。所以，在朱志瑜、朱晓农最新的《中国佛籍译论选辑评注》（清华大学出版社，2006）中，介绍此书分量最多。

僧祐本人没译过经，但他写过不少有关佛经翻译的文字。他有一篇《胡汉译经文字音义同异记》，从标题就能看出跟现在所谓的对比语言学有关。里面阐述了很多梵汉语言文字的异同之处，还对语言文字的起源、功能提出了自己的看法。这是古代文献中不可多得的有关中外语言比较和语言学理论探讨的重要论著。例如他认为文字的功能在于记录语言，而语言的功能在于表达思想。僧祐不但认为文字的起源是单一的，甚至认为语言都是单一起源的。而这在当代也是一种最新的观点，是在语言学、考古学、遗传学取得重大进展之后才敢说的。

传统的语言研究只注重书面语，而且还只是雅言。即使传统学问的典范——清代古音学，除了顾炎武、钱大昕偶尔一星半点提及方言，也只是从古书堆里找灵感。至于外语，更没人去留意。所以，尽管他们古韵分部越做越精细，但对实际读音却是越来越糊涂。僧祐比乾嘉学派早一千几百年，但他已经注意到梵语的语音，甚至词法、句法。要知道，直到100多年前《马氏文通》问世之前，中国的语言学家们还一直不知道词法、句法是怎么回事。可是，并非语言学家的僧祐，却早在南北朝时就讨论了梵语的构词："至于梵音为语，单复无恒，或一字以摄众理，或数言而成一义。"他认为跟古汉语以单音节为主的构词法不同，梵语中词可以是单音节，也可以是多音节。他认识到梵语一个词里可以包括好几个语素，各自表示不同的意思，有时几个语素组合成一个综合的意义。

古汉语的语法单位和梵语不同，古汉语以"字"为单位。"言"、"字"常常互文，《道德经》五千"言"是五千个字，这些都说明"言"在一定场合也作"字"解。当僧祐用这个"字"去套梵文语法时，就有可能生出歧义。所以他说的"或一字以摄众理，或数言而成一义"，也可解为：有时汉文一个字对应原文多个词或语素或音节，有时汉文多个音节对译原文一个词或语素。

僧祐还讨论了语音学和音韵学问题："寻《大涅槃经》列字五十，总释众义十有四音，名为字本。观其发语裁音，宛转相资，或舌根唇末，以长短为异。"此处僧祐的意思是说，从经籍中可以看到梵文是用50个字母写就的，其中起主要作用的有14个，叫作"字本"，也就是元音。这里概言"五十"，实际上梵文是49个字母，14个元音和33个辅音，再加两个辅助音。梵语音节开头和结尾处的辅音发音较为繁复，辅音可连缀，而发音的部位有的是舌根，有的是唇末。僧祐甚至还注意到梵文有长短元音的区别（长短为异）。

更进一步，他还谈到了音韵学和形态学之间的关系："胡字一音不得成语，必余言足句，然后义成。"指的是梵语构词一般不能单音节，必须补足构词中表达各种语法意义的成分才完整。这个解释是把僧祐的"一音"看成是"一个音节"。由于古汉语中一个音节就是一个字，而这一个字往往就是一个语素，而且基本上就是一个词，所以对僧祐上述引语也可做出其他解释，如：胡语中黏着语素不能单独使用，必须跟其他有实义的或仅有语法意义的语素相配合，意义才完整。

梵文是一种"音素—字母"文字，而中文是一种"语素—音节"文字；梵语是一种有屈折变化的语言，而古汉语是一种分析的单音节语素语言。僧祐在讨论梵语的时候，使用汉语来比较。由于两者从语言结构到文字构造都完全不同，所以在理解僧祐的议论时，就得非常小心。第一点要注意的是，他字面上好像是在说文字，但实际上讨论的是形态构词问题。第二，当使用汉字结构（文字）去比喻梵语构词（形态）时，总是难以贴切。第三，他甚至还把文字或形态上的问题跟宗教含义牵连起来，这就让问题雪上加霜。典型的例子就是"半字满字"，如："梵书制文，有半字满字"。此处我们不一一详细解释，有兴趣的读者可以看《中

教我如何不想她

国佛籍译论选辑评注》。

僧祐是从佛经翻译中的问题来讨论梵汉两种语言之间的差异的。他说："是以宣领（明义领会）梵文，寄在明译。译者释也，交释两国，言谬则理乖矣。"他把翻译称为"解释"，所谓"译者释也"。"译"、"释"同声符、音相近，上古同属"铎"部，中古同属"昔"韵。这是自古以来一直流行的"声训"。要想领会梵文经典，靠的就是清晰的翻译。而要想把两国间的事情解释清楚，语言问题不先搞清楚是不行的。您瞧瞧，连外交大事都扯上了。

佛经开始传入中国是在西汉末年。那时有很多音译词，不像现在一般都是意译词。但这些音译词在僧祐眼中，疏漏谬讹，错误百出。"自前汉之末，经法始通。译音胥（即"疏"）讹，未能明练。故'浮屠'、'桑门'，遗谬汉史。"这里有译者方面的问题，也有僧祐本人未明语音变迁之理的缘故。从西汉末年到僧祐的南朝梁，大约有500年。这么长的一段时间，足够一种语言发生很大的变化。何况东晋十六国、南北朝时是民族大融合，语言文化大同化的时期，所以汉代很正确的译音，由于语音演变的缘故，到南北朝时可能就变得"错误"了。像僧祐所举的"浮屠"译自Buddha，"屠"字在汉魏时代的读音是da，用来对译梵文dha很般配。但到了南北朝，"屠"已经变成了do，所以让僧祐觉得"译音胥讹"。

语言会发生变化，这种观念在中国是明末陈第首先提出来的，在西方则是十八九世纪新语法学派的理论。僧祐注意到前代音译字在南北朝时的读音与梵文原文表示的读音有出入，但他不知道这是语言演变的结果，只是认为译错了。从下面这段话可以看到他是如何认定"桑门"的错译性质的——"案中夏彝典，诵《诗》执《礼》，师资相授，犹有讹乱。《诗》云'有兔斯首'，'斯'当作'鲜'，齐语音讹，遂变《诗》文，此'桑门'之例也。"僧祐认为即使在传授作为原理法则的大典籍（彝典）如《诗经》、《礼记》时，师师相承，发音仍有可能出错，何况译音呢。先秦雅言中的"鲜"到齐国方言里变成了"斯"，鼻音尾丢掉了。由于这个方言发音错误，连《诗经》的文字也改变了。同样道理，僧祐认为梵文śramana的正确音译应作"沙（-a）门"，而现在误译成"桑（-ang）门"，这就像齐国方言把"鲜"误读成"斯"。"鲜"变为"斯"，少了一个鼻韵尾；"沙"误译成"桑"，多了一个鼻韵尾。这种多一个或少一个鼻韵尾的语音变化或语音交替，传统音韵学里称为"阴阳对转"，是"一声之转"的一种。

除了音译字的字音与原文不配之外，僧祐认为音译错误还包括一种"意义干扰"。现代规范的音译都使用中性的汉字，如把"爱滋病"改译成"艾滋病"，这是为了尽可能地排除字面意义的干扰。僧祐说："音字犹然，况于义乎？……《礼记》云'孔子蚤作'，'蚤'当作'早'，而字同蚤虱，此古字同文，即'浮屠'之例也。中国旧经，而有'斯'、'蚤'之异；华、戎远译，何怪于'屠'、'桑'哉！"经典著作中不写"早起"写"蚤起"，传统训诂学为之圆场说这是通假字。僧祐认为，佛经翻译中把"陀"别译为"屠"，跟"早"别写为"蚤"是一个道理。这样不加选择的译音，难免会产生音译字的字面意义的干扰问题。僧祐不喜欢"屠"这样的别字的贬义联想，但碍于典籍中也有类似情况，如"蚤"、"斯"，只好忍下这口气。

关于佛经中的"异译"，僧祐有很好的分析："若夫度字（逐字对译）、传义，则置言由笔，所以新旧众经，大同小异。天竺语称'维摩诘'，旧译解云'无垢称'，关中译云'净名'。'净'即'无垢'，'名'即是'称'，此言殊而义均也。旧经称'众佑'，新经云'世尊'，此立义之异旨也。旧经云'干沓和'，新经云'干闼婆'，此国音之不同也。略举三条，余可类推矣。"他列举了三个来源，认为其余都可从这里推出。这三个来源，用现代话来说，就是：（1）使用近义语词，如"维摩诘"有两种意译："无垢称"和"净名"。两者意义相近，前者是否定式，后者是肯定式。（2）着眼点不一样，如"众佑"和"世尊"。（3）用了近音语词来音译，如"干沓和"和"干闼婆"。

僧祐在1500年前对多种语言的语音、音韵、形态、语法等诸多方面都有所认识，他在语言理论方面的见解非常之高。尽管存在一些比附臆断之处，但总体而言，在中国古代语言学史上，一直到近代马建忠、高本汉引进西方语言学之前，僧祐的理论无出其右者。稍可与之比肩的，大概要算郑樵《通志·六书略·论华梵》了。所以我们可以说，僧祐的语言观代表着传统学术中的一个高峰。

教我如何不想她

鸠摩罗什的故事

鸠摩罗什是中国新疆一带的人,他是中国最早的大翻译家之一,也是最重要的翻译理论家和佛学家。在鸠摩罗什之前,中国的佛教处于歧说丛出、诸论纷纭的混乱状态。而在鸠摩罗什之后,则由他和他的弟子所弘扬的大乘佛教统一了天下,奠定了整个中国佛教的理论基础。因此,鸠摩罗什在中国文化思想教育学术史上的地位,是很多只会舞文弄墨的汉族大文豪、大学者所难以企及的。他是中国大乘佛学理论的重要代表人物,又是自古以来繁荣的中西文化交流的有力见证,或者更该说是直接参与者。

鸠摩罗什,梵文写作Kumārajīva,也译作鸠摩罗耆婆。他是一个混血儿,具有印度和龟兹两方面的血统。其父姓鸠摩罗,名炎,他家世代在印度为相,但是鸠摩罗炎放弃了宰相的位置,出家云游,来到了中国新疆地区的龟兹王国。当时龟兹王的妹妹,名字叫耆婆,聪明过人,年方二十,待嫁闺中,诸国前来迎聘,都被她拒绝。然而,耆婆一见到鸠摩罗炎,就非此人不嫁。于是龟兹王下旨让鸠摩罗炎迎娶耆婆,两人生下一子,用父亲的姓氏和母亲的名字为此子取名,就叫作鸠摩罗什,字面上的意义是"童寿"。

鸠摩罗什7岁时随母亲一起出家,从小便表现出超卓的智慧。他刚出家的时候随老师学习,每日要学1000首偈子,加起来有3万多字,鸠摩罗什一听完,不劳老师解释,自己就能够明白其中精深的佛理。9岁时,鸠摩罗什的母亲带他到罽(jì)宾国跟从著名的大师盘头达多学习。当时有很多人因鸠摩罗

图5-1 鸠摩罗什像

什年纪幼小，看不起他，便和他辩论，结果一败涂地。从此鸠摩罗什声名远播，就连国王对他也是异常尊敬。

鸠摩罗什一开始学习的是小乘佛教的理论，他不但精通小乘佛教的各种佛典，而且博览群书。传统印度有所谓"五明"的说法，指的是因明（逻辑学）、声明（音韵学）、工巧明（各种工艺技术）、医方明（医学）和内明（佛学）。这五方面的学问，鸠摩罗什无不精通。可以说，他是最早把这些学问传播到中国的"西风东渐"的吹风人。尤其是声明之学，那是古印度的音韵学，南北朝时开始传入中国，到唐末发展成为具有字母韵图系统的等韵之学。鸠摩罗什因此可以算是中国语音学和音系学最早的传薪者之一。除此之外，他还精通各种占卜术，预言没有不准确的。

但是，鸠摩罗什并不满足于自己的学问。数年后，他遇见了传播大乘佛教的莎车王子苏摩，折服于大乘佛教的理论。于是尽弃前学，改学大乘佛教。学成之后，鸠摩罗什回到龟兹传播大乘佛法，龟兹王特意用纯金为其打造狮子座，在上面铺上从中原买来的最好的绸缎。他的老师盘头达多听说鸠摩罗什改学大乘，非常震惊，特地赶来与其辩论。两个人辩论了一个多月，最终盘头达多深深服膺，反拜鸠摩罗什为师。于是鸠摩罗什在西域名声大震，其说法的时候，西域诸王都跪在地上，还用自己的背作为鸠摩罗什登上法座的阶梯。

当时统治中原的是前秦的皇帝苻坚，他听说西域出了一位智慧非凡的高僧，于是派遣大将吕光去讨伐龟兹国，要将鸠摩罗什抢到中原地区。等他们回到中原的时候，苻坚已经死去。于是吕光自己建立了后凉国，封鸠摩罗什为国师。后来，建立后秦国的皇帝姚兴爱好佛法，听说邻国后凉有这样一位佛学大师，就想请鸠摩罗什前往后秦弘法。后凉国不同意。于是姚兴便派兵讨伐，消灭了后凉国，将鸠摩罗什迎入长安。古往今来，两国之间的战争或为领土人口，或为金银财物，但为了一个佛学大师而掀起两国战争，而且还不止一次，可谓是绝无仅有。由此我们也可以看到，鸠摩罗什在当时的思想界、文化界是多么具有影响力。

到了长安之后，鸠摩罗什住在逍遥园中，承担起翻译佛教经典的任务。当时所使用的佛经，多由印度僧人翻译，由于语言隔膜，很多地方和本来的文义不合。鸠摩罗什来到长安之后，很快学会了一口流利的汉语，为译经增添了很大的便利。当时鸠摩罗什手下有很多杰出的弟子，例如后世称为"四圣"的道生、僧

教我如何不想她

肇、道融、僧叡，还有被称为"八俊"、"十哲"的高僧，其弟子总数达到3000人之多。这些弟子不但深谙佛理，而且精通汉梵两种文字，文笔优美流畅。在译经的时候，鸠摩罗什手捧梵文原本，一边读，一边将梵文翻译为汉文，弟子们则秉笔记录，并加以润色。鸠摩罗什曾经让皇帝姚兴捧着旧时的译本，他自己手持梵本进行口译，过去旧本上文义不通之处一一解决，让皇帝赞叹不已。后来赵元任、罗常培、李方桂三位中国现代语言学的先驱人物，在翻译高本汉的《中国音韵学研究》时也用此法，由赵元任口译录音，再由罗常培听写润色。

鸠摩罗什在长安住了12年，译出佛经35部，共计294卷（一说74部，384卷）。其中包括了大乘佛教最著名的论典《中论》、《百论》、《十二门论》、《大智度论》等，以及大乘佛教的重要经典《般若经》、《阿弥陀经》、《法华经》、《维摩经》、《首楞严三昧经》等，还有《十诵律》等律典。中国人最熟悉的佛教经典《金刚经》也是由鸠摩罗什翻译为汉文的。可以说，鸠摩罗什为整个中国佛教的发展奠定了理论基础，同时，还为汉语的词汇系统贡献了一大批借词。

在翻译方面，鸠摩罗什也有自己的理论。在他之前，译经僧人都是从西域来到中原的外国僧人，他们不谙汉语，对佛教经典的翻译多为对照梵文原本逐字直译，这样翻译过来的佛经佶屈聱牙，文理难通，不符合中国人的阅读习惯，也往往失去了梵文本的原义。鸠摩罗什认为，这种做法是"失其藻蔚，虽得大意，殊隔文体，有似嚼饭与人，非徒失味，乃令呕哕也"。也就是说，将梵文经典译为中文，如果不照顾原有的文学性，则会使人难以卒读，甚至产生抗拒心理。鸠摩罗什译经，主张流利晓畅。他将梵文原文重复的地方予以删除，难懂的地方予以改易。其译经庄重而不失生动，具有一种特别的文学韵味。鸠摩罗什自己对自己的译经也非常自信。在去世之前，他曾经在佛前发愿"若所传无谬者，当使焚身之后，舌不焦烂"。果然在其火化之后，舌头依然保持完好，化为舍利，至今仍供奉于甘肃武威的鸠摩罗什塔中。

翻译和拼音

《圣经》的方言译本

用西方的语言学手段来研究中国的语言学问题，最初是由于翻译的需要而形成的。当西方的传教士来到中国，向中国人传播基督教教义的时候，首先面临的就是语言问题。汉语的书面语和口语差别很大，书面语是使用汉字来表达的、统一的文言系统，而口语则是各地错综复杂的方言。传教士传教的对象主要并不是接受过书面语教育的知识分子，而是广大不识字的普通老百姓。因此，传教远东的首要任务是将《圣经》翻译成和各地的口语相一致的方言版本，这样才能为广大中国老百姓所接受。因此，最初来到中国的耶稣会士之一，耶稣会远东巡察使范礼安（Alexandre Valignani）就强调，在中国传教的耶稣会士"应该学习中国话及中文"。在他的影响与号召之下，来华的耶稣会士开始学习汉语，使用汉语在中国传教。而第一位开始学习汉语的传教士，就是耶稣会士罗明坚（Michel Ruggieri）。

罗明坚，字复初，1543年出生在意大利。在加入耶稣会之前，他已经获得两个法学博士学位，并在当地市政府任职。在29岁的时候，他决定辞官，加入耶稣会，到世界各地传播基督教。两年之后，他来到了中国的澳门，并在一片反对声中开始学习汉语。对于一个从来没有接触过汉语的外国人而言，学习汉语的困难是可想而知的。在给同行的信中他曾经写道："就是对于中国人而言，为能念他们的书籍，也必须费尽15年的苦功夫。我在一起念头的时候，实在觉得很失望，但是由于听命的意旨，我要尽力遵行这一命令，并且用我所能有的毅力作后盾。"他的努力很快得到了回报，几个月之后他就能初步阅读中国书籍，三年之后就可以用中文写作了。罗明坚在澳门建立了一座传道所，并开始用中文为澳门的中国人宣教。这个传道所被起名为"经言学校"，它不但承担着向中国人传教的功能，也负责培训来华的传教士学习汉语。因此这座经言学校也可以算是第一所外国人在中国学习汉语的学校。此后，罗明坚又编写了《葡汉词典》以供来华的传教士学习汉语所用。在罗明坚的努力下，越来越多的传教士开始进入中国，

教我如何不想她

学习汉语,并开始用各地的方言进行传教。

这些来华的传教士都不是等闲之辈,他们在大学毕业之后要经过近15年的专门训练才能够成为合格的耶稣会士。这种训练包括两年的神修(初学),三年的科学和哲学的研究,两年或三年的神学研究,最后还得有一年的进一步神修(卒试)。虽说现在没有明确的记载说明他们接受过专门的语言学训练,但是从他们的方言学著作来看,他们的语言学修养都很不错。耶稣会士使用西方的语音学知识记录和分析汉语方言,为研究19世纪至20世纪初的汉语方言留下了宝贵材料。

早期来华的传教士都会在当地居民中学习口语方言。例如伦敦传教会的麦都思(W.H.Medhurst),在南洋学习闽南话,出版了《福建方言词典》。而美国传教士晏马太(Matthew Tyson Yates)则编写了上海话课本《中西译语妙法》(1899)。

当然,传教士用中国方言写成的最主要的著作还是《圣经》译本。《圣经》的译本可以分为深文理译本、浅文理译本、国语译本和方言译本四大类,这里主要介绍的是方言译本。有十种方言的《圣经》是有全译本的,这十种方言是:上海话、苏州话、宁波话、台州话、福州话、厦门话、兴化话、广州话、汕头话和客家话。还有两种方言,建宁话和温州话的《圣经》版本只有《新约》部分。不同的方言译本也使用不同的文字,主要可分为三类:第一类是使用汉字记录方言的版本;第二类是使用罗马字符号记录方言的版本;而第三类则是使用其他拼音符号的版本。最早出版的汉字本方言《圣经》是上海话的《约翰福音》,而最早的罗马字版本则是宁波方言的《路加福音》和同时出版于广州的粤语《约翰福音》。

在方言译本中,最多的还是汉字本,使用汉字转写方言的《圣经》版本,占全部方言《圣经》版本的60%左右。但是,最有价值的则是那些使用罗马字转写的方言《圣经》,因为罗马字转写不但反映了单个的字音,同时也反映了传教士对于整个方言语音结构的描写。因此,传教士所使用的罗马字受到了广大不识字的老百姓,尤其是女性的欢迎。因为罗马字不但可以转写《圣经》,也可以用于记录日常生活的语言。而当时的女性很少有受教育的机会,大多是文盲,因此认识了罗马字,使她们有了读书写字的机会。当时,民间常使用教会罗马字作为通信交流的工具,尤其是在闽南话地区,罗马字非常盛行,在三封信中就有一封是使用罗马字写成的。前面说到的语言学家林语堂的母亲,就能够使用罗马字阅

翻译和拼音

读。因此，传教士使用罗马字转译的方言本《圣经》，不但为现在的方言语音学研究保存了极其珍贵的资料，同时也是为中国民间女性进行脱盲教育的先锋呢。

最早的汉语拼音尝试：利玛窦

为了传播基督教，耶稣会士在中国做了很多努力，除了努力学习中文之外，耶稣会士还改穿中国的儒生装束，留中国式的长须，并和各地的知识分子来往，向他们传播各种西方的科学知识。在他们的感召之下，很多中国的官员纷纷对基督教表示好感，甚至全家都改信基督教。前面提到的明代阁老徐光启就是其中最著名的一位，他与意大利传教士利玛窦合作，将欧几里得的《几何原本》译介到了中国，为中国重新打开了一扇理性主义的光明之窗。而在其中付出了艰辛劳动的，则是他的合作者耶稣会士利玛窦，即我们这一节的主人公。

图5-2 利玛窦

利玛窦是在中国传教的耶稣会士中最著名也是最伟大的人物。依靠不懈的努力，他改变了中国人从上层社会到下层社会对于基督教的一致偏见，使得基督教在中国能够得以传播，他用意大利文写的日记，后来被整理改写成《基督教远征中国史》，汉译名为《利玛窦中国札记》，成为当时西方的畅销书，也是西方社会

教我如何不想她

了解中国社会的重要著作。利玛窦在中西文化交流方面做出了卓越的贡献。

利玛窦1552年出生于意大利马切拉塔（Macerata）的一个药剂师家庭，他家是当地的名门。利玛窦在当地的一所耶稣会开办的中学学习，直到16岁时，利玛窦赴罗马求学，并加入了耶稣会。他在耶稣会主办的罗马学院学习哲学和神学，并师从当时最杰出的数学家、精研欧几里得几何学的钉先生（C. Clavius）学习天文学和数学。除此之外，他还学会了拉丁文和希腊语，而且也会使用葡萄牙语和西班牙语。

当利玛窦在印度和交趾支那传教四年之后，也就是1582年，他受到了罗明坚神甫的举荐并应召前往中国传教。利玛窦首先来到澳门，在那里努力学习汉语。他被一字一音一义的汉字吸引了，觉得这种文字不可思议。他的学习很快有了成果，他所受到的良好教育和语言天赋给了他很大的帮助，只用了半年多时间便学会了1万多汉字。

利玛窦在广东地区传教约十年左右，在那里结交了很多的中国知识分子，并学习了各类儒家经典。他研读了中国的"四书"，并首次将其翻译为拉丁文。最初传教士来到中国的时候，是打扮成和尚模样，利玛窦研读儒家经典之后，发现原来儒生比和尚有更高的社会地位，从此之后，传教士开始蓄发留须，儒服高冠，并和中国的知识分子展开了密切的交流。

1600年，利玛窦在南京见到了徐光启，当时徐光启还是一名赶考的举子。徐光启很早之前就认识了传教士郭居静（Lazzaro Cattaneo），并被利玛窦所绘制的世界地图所折服，在见到利玛窦之后，两人很快成为了莫逆之交。

1604年，徐光启考中进士，并被选为翰林院庶吉士。这时候，他开始与利玛窦联手翻译欧几里得的《几何原本》，次年春，翻译完毕并刻印刊行。翻译完《几何原本》后，他又根据利玛窦的口述翻译了《测量法义》一书。1608年，徐光启的父亲去世，他回到上海，并邀请郭居静到上海传教。这是基督教第一次传入上海。在上海，他开始试验引种西方传来的美洲新作物，如红薯，并写了《甘薯疏》《种棉花法》等农学论文。红薯很快成为了中国北方底层人民的主要食粮。徐光启的贡献，堪与中国当代最伟大的农学家袁隆平相比。人民吃饱肚子的同时，人口也开始破亿，并在300年后达到四五亿，400年后达到十四五亿。徐光启后来还学习了西方的水利学，与耶稣会士熊三拔（P. Sabbathino de Ursis）合译

翻译和拼音

了《泰西水法》一书。他的这些著作后来被编为《农政全书》,这是中国古代最伟大的农学著作之一。

虽然说利玛窦和徐光启的主要贡献在于将西方的数学与几何知识介绍到中国,在中国再一次点燃了理性主义的光辉,但利玛窦在汉语语言学研究上的贡献也很值得一提。传教士来中国传教,首先遇到的问题就是要学会中文,使用汉语和中国人进行交流。但中文是方块字,和西方使用的拼音文字不同。因此,利玛窦结合自己学习汉语的体会,编制了一套为汉字进行注音的拼音字母系统。这套系统后来被另一位耶稣会士金尼阁进一步发展,并写成了专门的著作,为中国汉语语音史研究留下了宝贵材料。虽然利玛窦并没有将自己的研究出版,但他仍然留下了重要的参考资料。1605年,利玛窦根据《圣经》故事写了四篇宣传基督教教义的文章,并应用他和另外几位传教士拟订的汉字注音方案,用罗马字给这四篇文章注了音。这四篇文章被利玛窦送给当时的制墨专家程君房,由程君房编入所著墨谱《程氏墨苑》中,取名叫作《西字奇迹》。这也是世界上第一个使用罗马字给汉字注音的方案。

这样的罗马字注音方案是记载当时语音的珍贵的第一手资料。相比于从传统韵书去构拟当时的古音这种迂回的手段,注音材料显然更为真实,更为直截了当。因此现代学者对利玛窦《西字奇迹》所记载的语音非常感兴趣,并对其进行了一系列的研究。

《西字奇迹》全文共387个不同音的字。根据语言学家罗常培的研究,在《西字奇迹》的音系中,共有26个不同声母,44个不同韵母,以及5个声调。这个声韵系统已经非常类似于今天的普通话系统,但又略有不同。例如该音系仍保留了[v]声母,以及入声等。在记音的时候,利玛窦很注意区别细微的音值。例如同一个[k]音,在利玛窦那里就有c、k、q三种不同的记法,分别对应于不同的声韵母搭配造成的语音差别。他用了上加符号来表示声调,今天汉语拼音采用的也是这样的方案。阴平用个横杠"ˉ"表示,阳平用个屋顶"ˆ"表示,上声是一捺"ˋ",去声是小竖杠"∣",还有个入声,用的是勾儿"ˇ"。这些都可以很容易地从图5—3中看到。这就使我们对明代末年基于中原雅音的权威读书音的语音情况一目了然。前些年从国外到国内有过一种看法,认为明代的标准音是基于南京话的,那是想象多于论证的结果。首先,在1932年以前,没有什么政府规

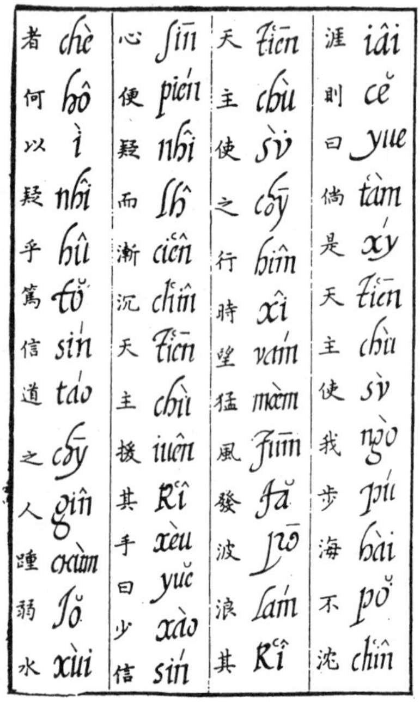

教我如何不想她

定的标准音,权威发音都是基于传统的读书音,有最终解释权的是当时的大知识分子,隋初如颜之推,明初如宋濂,民初如赵元任。第二,权威发音不是基于某地的地方口语,以前有人认为唐代标准音是长安音,近代标准音是北京口语,这都是错误的猜测。北京话作为标准音是从1932年开始的,当时的教育部颁布了国音以北京话为标准的规定。如果一定要说两千年来最有影响的地方话,那大概就是洛阳话了。第三个最重要,在留声机发明以前,根本不可能规定什么是标准音,所能做的就是规定音类,把同声母的字归成小类,把同韵母的字归成大类,把同声调的字归成最大的类。

图5-3 《西字奇迹》

系统的汉语拼音方案:金尼阁

金尼阁(Nicolas Trigault),是利玛窦的遗著整理者。他是第一位来中国传教的法籍耶稣会士。金尼阁1577年出生于今法国的杜埃城,1594年加入耶稣会。在完成

翻译和拼音

了传教士训练之后,于1607年被派往远东传教。三年之后,金尼阁抵达澳门。这时利玛窦已经去世六个多月了。1611年初,金尼阁像他的传教士前辈那样,从澳门经过肇庆抵达南京,开始了他的传教工作。在南京期间,他跟随高一志和郭居静两位神甫学习中文。之后他前往杭州传教,成为第一个在杭州传教的西方传教士。

1613年,金尼阁作为特使返回罗马晋见教皇,途中携带了利玛窦在中国用意大利文写作的回忆录手稿。金尼阁将其翻译为拉丁文,并改名为《基督教远征中国史》。这本书后来在欧洲出版。书中所展示的神秘的东方世界,引起了欧洲社会的轰动,并在耶稣会内,掀起了去中国传教的热潮。而金尼阁此行的任务,除了向教皇述职之外,还希望能够在欧洲各地募集一批图书资料,以期返回中国建立一所教会图书馆。于是,金尼阁身着儒服环欧旅行,向欧洲人介绍中国的文化。正是在这次环欧旅行中,金尼阁结识了著名的画家鲁本斯,昆虫学家法布尔,物理学家邓玉函、汤若望等。我们今天能够看到的金尼阁的素描像,就是鲁本斯为金尼阁所画的。邓玉函是意大利科学院的院士,和物理学家伽利略以及天文学家开普勒都是好朋友。1618年邓玉函在葡萄牙首都里斯本遇见金尼阁,为金尼阁所打动,便加入了金尼阁的队伍,共同到中国传教。后来邓玉函在中国积极传播西方自然科学,还曾经为中国历法的修订做出了卓越贡献。在修订历法的过程中,他还与开普勒保持通信,向开普勒介绍了中国的天文学理论。

金尼阁于1620年回到杭州,带回了大量的欧洲书籍,共计7000余部。这些书全部是精装本,无一重复,囊括了欧洲的古典名著以及文艺复兴运动以后的神学、哲学、科学、文学艺术等方面的最新成就,其中包括哥白尼的《天体运行论》和开普勒刚刚发表的关于日心说的著作等。为了将这些书引介到中国,金尼阁拟订了一个庞大的翻译计划,他联络了艾儒略和徐光

图5-4 鲁本斯所画的金尼阁像

教我如何不想她

启等学者,希望能够共同翻译出版这些书籍,让中国人也能够了解欧洲自然科学的前沿进展。然而天不假年,仅仅八年之后,金尼阁就病逝于杭州,将这些书翻译到中国的计划也就不了了之。

金尼阁在汉语语音学上的最大贡献,就是完善了利玛窦所创制的罗马字注音系统,并将其写成了一本描写汉语官话的拼音教材《西儒耳目资》。这本书是金尼阁1624年去山西绛州之后,在藏书家韩云、韩霖兄弟和学者王征的协助之下写成的。当时利玛窦的拼音方案"字学音韵之编"在传教士中广泛使用。当金尼阁使用该拼音资料的时候,韩云感到十分好奇并表现出了强烈的求知欲。于是两人共同探讨切磋音韵学知识,完成了《西儒耳目资》一书的初稿。后来金尼阁途经河南,又将书稿呈请当时著名的音韵学家吕维祺指正。此书屡经修订,最终在杭州出版。全书共分六卷,旨在教授中国人使用西方的罗马字拼音法来记录汉语音韵。该书详细而准确地记录了当时的官话方言,是研究当时语音的重要参考。同时,这也可以看作是最早的有系统的汉语拼音方案。

《西儒耳目资》全书分为"译引首谱"、"列音韵谱"、"列边正谱"三部分。第一部分"译引首谱"相当于全书的总论,第二部分"列音韵谱"是按韵排列的同音字表,第三部分"列边正谱"则是按部首笔画排列的字表。据作者的说法,

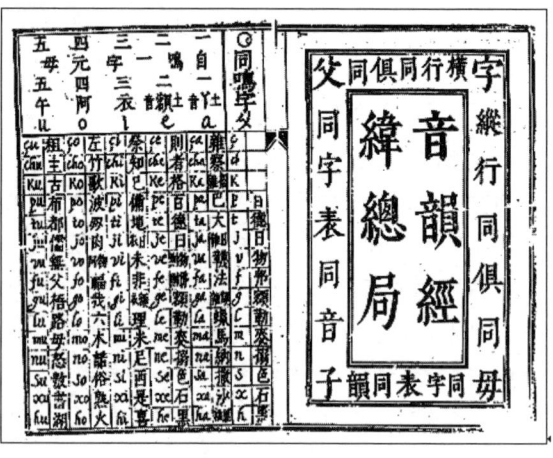

图5-5 《西儒耳目资》书影("字父"即今"辅音/子音","字母"即"元音/母音")

第二部分用以"资耳"（帮助你听的），第三部分用以"资目"（帮助你看的），故称"耳目资"。他将声母辅音称为"字父"，韵母元音称为"字母"，二者相拼成的音节，则称为"字子"。他又将元音称为"自鸣"之音，即可以自成音节的；将辅音称为"同鸣"之音，即不能自成音节的。因此，辅音性的声母就叫作"同鸣字父"，而元音性的韵母则叫作"自鸣字母"。金尼阁的系统，共有20个声母，45个韵母，音韵体系和利玛窦的差不多，只是把利玛窦某些区分得过细的音值做了归并。

金尼阁的这本著作不但为来华传教士学习中文提供了很多便利，也影响了后世韵书的编制。例如清代学者刘献廷所设计的《新韵谱》，就是受到《西儒耳目资》的启发而制成的。刘献廷还希望按照金尼阁的方法，区分字父字母，做成表格，可以进行全国的方言调查工作。今天我们进行方言调查所使用的字表，其原理也是与之类似的。

早期超一流描写语音学家：艾约瑟

艾约瑟（Joseph Edkins）是英国伦敦会传教士，1823年出生于英格兰的一个牧师家庭，从小就受到宗教知识和世俗知识的双重熏陶。艾约瑟在父亲那里生平第一次见到中文版《马太福音》，就立下了要成为福音传播者的远大志向。艾约瑟17岁时进入伦敦大学院学习，接着又进入Coward学院接受神学训练。1847年，他在伦敦接受神职。1848年，艾约瑟受伦敦会派遣东来上海，在传教士开办的墨海书馆任职监理助理，负责编纂中英文对照、带有年鉴性质的《华洋和

教我如何不想她

图5-6 艾约瑟

合通书》（后来又称为《中西通书》）。该书每年出版一册，内容有中西历对照、日月食表、中国节气表、世界各地24小时对照表以及世界上每年的科技发展和大事等等。在传教之余，他也热心于传播引介西方的科技知识。在此期间，他结识了当时著名的思想家王韬以及数学家李善兰、张福僖等，并与他们合译了《格致西学提要》、《重学》、《光论》等物理学著作。其中最重要的则是艾约瑟口述、李善兰记录的《重学》一书。该书是晚清第一部系统介绍牛顿力学体系的著作，其原本是物理学家惠威尔（W.Whewell）为剑桥大学撰写的教科书《力学基础》（*An Elementary Treatise on Mechanics*）。这部书使用微积分方法对力学原理进行了阐释，在当时影响很大。

1860年，艾约瑟在苏州会见了太平天国的忠王李秀成，后来又会见了洪仁玕和天王洪秀全。在与太平天国领导人的交往中，艾约瑟一直企图把太平天国所相信的拜上帝教基督教化，为此他与太平天国领袖洪秀全爆发了激烈论战，致使艾约瑟对太平天国转信基督教的希望完全破灭。此后，艾约瑟举家迁往山东烟台，后来又移居天津。在1863年时，艾约瑟定居北京，并于1872年创办了一本名叫《中西闻见录》的英文杂志。

晚年的艾约瑟致力于翻译与著作。艾约瑟的译著涉及的范围很广，包含了宗教、语言、经济、历史等多个方面。他的宗教学论著有《中国之宗教状况》、《中国之佛教》、《释教正谬》等；经济学论著包括编译的《富国养民策》以及著作的《中华帝国的税收》、《中国的银行和货币》、《中国的金融与价格》等；历史学著作包括《鸦片史——中国的罂粟》和《北京素描》等；翻译的逻辑学著作有《辨学启蒙》，这是19世纪传入中国的一本逻辑学译本。但他最为人所称道的还是他的语言学著作。艾约瑟极具语言天赋，据说能讲古今中西20多种语言。他研究汉语的著作有《上海土白话法》、《官话话法》、《中国语言之地位》、《汉字研究引论》、《中文口语进阶》等。

艾约瑟在语言学的研究上，受到了前面说到的英国语音学家斯维特的影响。斯维特在其著作中主张将语法学分为科学和艺术两方面，他认为理论的语法学是语言的科学，而从实践的角度观察的语法学是语言的艺术。艾约瑟积极响应斯维特的观点，提倡"语法学是一种科学"。他记录的上海方言语音十分精确，堪与现代超一流语音学家相比。当时的上海话中入声还保留着两种不同的韵尾，一种是喉塞音韵尾-ʔ，一种是-k韵尾。在艾约瑟的著作中，这两种韵尾被精细地区别开来。更绝的是，艾约瑟已经能清楚地用别体字标明让现代语音学家、音韵学家、方言学家困惑了近一个世纪还未完全搞清的、所谓"清音浊流"的吴语浊音，是清辅音，但跟一般清辅音不同。那可是比刘半农用实验语音学仪器来探索清音浊流，比赵元任详细调查描写要早半个多世纪。

作为一名博学的汉学家以及具有科学素养的西方传教士，艾约瑟赢得了中国众多知识分子的赞誉。1873年，北京各处福音堂一起赠送给他一块匾额，称他"学造精微，识超今古"。

洋泾浜：上海腔英文

清朝末年，古老的中国忽然发现自己不再是世界的中心。随着中国的不断开放，中国人和西方人打交道的机会越来越多，也就不得不面对各种不同的文化与语言，其中又以当时最强盛的资本主义国家——英国的语言为最重要，接触也最频繁。从那个时候开始，汉语就从英语中借用大量的词汇来描述各种前所未有的新事物与新概念。而这些借词的主要产生地，就是清朝对外开放的两个重要

教我如何不想她

窗口，上海与广州。直到今天，我们的很多外来词还是有两套不同的译名，例如"巧克力～朱古力"，"沙发～梳化"等等。前者来自上海话和英语的对音，而后者则来自广东话和英语的对音。因此，那些最早学英语的中国人，不是带些上海味儿，就是带些广东味儿。例如下面的这首带上海味儿的诗：

> 相约今宵踏月行，
> 抬头克洛克（clock）分明。
> 一杯浊酒黄昏后，
> 哈普怕司到乃恩（half pass 到 nine）。

这种上海味儿的英语有自己的名字，叫作"洋泾浜英语"。为什么叫洋泾浜呢？原来，洋泾是上海的一条小河，1916年被填没。其位置大致在今延安东路附近。这条河本来很不起眼，但英国人和法国人在上海建立英租界和法租界的分界线恰好在洋泾，因此，当时中国政府与租界的协约大多用《洋泾浜××章程》来命名，"洋泾浜"一词就成了租界的代名词。后来，各地的洋行都在上海开设了分行，于是就出现了一大批帮洋行做生意的中国买办，他们活动于洋泾一带，用粗通的英语充当贸易中间人。因此，他们所说的语法不准、带有中国口音的英语，就被称为"洋泾浜英语"。"洋泾浜英语"的名儿也由此传开。

当时的上海商人为了直接与外商进行贸易，也纷纷学习英语。一些出版商便乘机编写了各种以中文读音注音的英文速成手册。这种手册也被叫作"洋泾浜英语手册"。最初的买办多来自广东，因此这种英文速成手册上的汉字注音都是以广东话发音为准。后来，大批宁波籍商人转到上海参与外贸生意，他们也想学习英语，以便直接和外籍商人交流，但以广东方言注音的英语速成手册，宁波人根本就看不懂。因此，为了迎合宁波商人的需要，这类手册的注音就从广东话改成了宁波话。上海出版的第一种宁波话洋泾浜英语手册刻印于咸丰十年（1860年），由六位宁波商人编著，叫作《英话注解》。《英话注解》分为各国镇头门、天文门、地理门、时令门、五金门、进口货门、出口货门等30多个门类，每类选常用单词若干，用宁波方言注音。下面我们就来看一下它是怎么给英语进行注音的：

club house（会馆、会所、俱乐部）——哭六泼好胡司
school（学校）——司苦而
pawn shop（当铺）——帮姆沙浦
tea shop（茶馆、茶室）——帝沙浦
small house（小屋）——司马而好胡司

可不要小看这样的洋泾浜英语，以为它不伦不类，它可是在近代对外贸易、外交和文化接触中扮演了重要的角色，产生了深远的影响。直到100多年后，朱晓农的孩子在上海小学里上英语课，用的还是同样的方法——good morning 下注上"古德毛宁"。

洋泾浜英语作为通事用语，成了当时中国人与外国人进行交流的必要工具。就算是英国人来到中国，要和中国人交流，也得学一点儿上海腔的洋泾浜英语呢。不过，洋泾浜英语只有口头形式，没有正规的书面形式。这是因为洋泾浜英语是说汉语的人和说英语的人在交流与沟通中自然形成的，因时因地而改变，形式得不到统一，还产生了很多变体。同时，洋泾浜英语的语音发音特点还受汉语音系的影响，例如，在上海话里面只有 l 没有 r，因此洋泾浜英语也常用上海话的 l 来代替英语的 r，像将 room [ruːm] 读成 [luːm]，将 all right 读成 [ɔːlait] 等等。洋泾浜英语中，主要的词汇还都是英语词汇，汉语词汇非常稀少，常见的只有像 chin-chin（表示打打招呼、邀请）和 chow chow（表示吃或食物）这样的招呼性词汇或半象声词。而且由于洋泾浜英语的词汇量比较小，因此其词义相比英语要广泛得多，所以一个词不得不兼有原先几个甚至十几个英文单词的意思。据估计，中国洋泾浜英语的词汇量只有700个左右，因此每个词被使用的频率都很高。例如，"belong"（属于）在洋泾浜英语里，简直就成了万金油，怎么用都可以。跟人问好说："You belong ploper（proper）?" 问价钱说："How muchee belong?" 就连我是（I am）、你是（you are）、他是（he is）都得说成 I belong、you belongest、he belongs。如果要说"对不起"，并不说"I am sorry"，而是说"My belong solly"。此外，洋泾浜英语跟英语的语法体系也不一样。由于词汇少，它没法维持英语本来严格的数、格、人称、时、体、态等基本语法范畴。例如说"这不关我的事"，在英语里会说"It's none of my business"，而洋泾浜英语则会说

教我如何不想她

"No belong my pidgin"。

当时的人也觉得这种不伦不类的洋泾浜英语稀罕有趣,因此写了好多的小诗来描绘这种现象,还在报纸上连载。这种小诗被叫作"别琴竹枝词","别琴"是pidgin的音译。由于pidgin和pigeon(鸽子)同音,所以,也有人把洋泾浜英语pidgin English叫作"鸽子英语"。在本节的开头我们已经引了一首这样的诗,现在我们再看一首:

清晨见面谷猫迎(good morning),
好度由途(how do you do)叙别情。
若不从中肆鬼肆(squeeze,本义"榨",引申为"敲诈"),
如何密斯(mister)叫先生。

随着时间的推移,经过专业训练的外语人才和学成归国的留学生越来越多,因此从1900年以来,洋泾浜英语就逐渐走下了历史舞台。但是洋泾浜英语作为一个时代的印记,仍然深深地留在了人们的语言之中。由于洋泾浜英语和当时上海市民的日常生活密切相关,不少洋泾浜英语中的词汇就被带到上海话中,很多还成了今天上海话里的日常用语。这里面的好多词,现在人们已经不知道是来源于洋泾浜英语了,例如那个已经进入普通话的"嗲",有位网上写手甚至说"嗲是北京话土语",其实它是旧上海的洋泾浜英语:

嗲(dear,亲爱的。嗲原为修饰性,如"嗲妹妹",后用为谓词性,"老嗲个")
瘪三(beg sir,乞丐) 阿木林(a moron,傻瓜)
拉三(lassie,浪女) 戆大(gander,傻瓜)
肮三(on sale,廉价,恶心) 噶三壶(gossip,聊天)
扎台型(扎dashing,显摆) 模子(moulds,体形)
派司(pass,传球,证件) 蹩脚(bilge)
接领子(接leads,领会) 时髦(smart)
门槛精(monkey精,猴精) 土司(toast,烤/炸面包)
搅尔(goal,足球守门员) 史的克(stick,手杖)

翻译和拼音

嚣（shot，投篮）　　　　　　起司蛋糕（cheese，奶酪蛋糕）
老虎窗（roof窗，屋顶上开出的天窗）

如果问今天的上海人，他们可能会从字面上给你解释，找出好多"俗词源"的理由。例如"老虎窗"或"老虎天窗"，在读语音学以前，朱晓农一直是从字面上进行俗词源解释的："像老虎张开大嘴一样的天窗"。实际上，这些词汇都是在20世纪初，从洋泾浜英语中进入上海话的音译借词。

three还是free：广东腔英文

当你漫步在上海街头，看见遍布各处的"屈臣氏"连锁店招牌的时候，如果你光知道上海腔的英语，那一定百思不得其解：这个"屈臣氏"的英语是Watson's，跟福尔摩斯的好朋友华生医生是一个名字，要是拿上海话翻译，不就应该是"华生氏"么？怎么会弄出来这样一个古里古怪的"屈臣氏"呢？

要解答这个问题，得回溯一下屈臣氏这家公司的历史。今天的屈臣氏出售的商品，主要是化妆品、常用药、小食品和饮料。最初的屈臣氏也差不多，是一家1828年创建于广州的西药房。后来这家公司迁去了香港，其主要活动范围一直是在广东地区。所以我们可以猜到，"屈臣氏"这个名字，其实就是Watson's的广东译音。广东话把"屈"字读作wat，因此广东人经常拿这个字翻译英语中用w或是wh打头的词儿。例如在早期用广东音注音的洋泾浜英语教材《新刻红毛番话》中，有几处译音就是这样的：

教我如何不想她

> 屈（what，"乜，什么"）
> 屈听（what thing，"乜货"）
> 悲屈听（buy what thing，"买乜货"）
> 屈化士（what fashion，"乜样"）
> 屈呶哥（what you go，"何往"）

在广东的糕点名称中，也有很多广东洋泾浜英语的痕迹。例如，著名的广东点心"鸡仔饼"，很容易被人误解是鸡肉馅或者是鸡蛋做的小点心，实际上它是一种半咸半甜的小饼干。那么，"鸡仔饼"这个名字是哪里来的呢？其实"鸡"（广东话读成kai）即是直接音译自英文cake（糕饼），加上"仔"表小，于是这种半咸半甜的小饼在广东就变成了"鸡仔"或"极仔"。后来有意无意地叠床架屋，又在后面加上了一个类名"饼"字，成了"鸡仔饼"，那就成了"小饼饼"了。说他"有意无意"，是说也许大部分人不知道"鸡仔"的真正语源，也许有人知道我们中文有类化起名的习惯，如"坦克"后面加个"车"，"啤"后面加个"酒"，"卡"后面加个"片"，"雷塞"后面加个"光"，就在"鸡仔"后面加个"饼"，让主要意思显豁出来。

广东的小吃里还有一种叫"地栗糕"的东西，在过去上海的广东早点摊上，摊主还会吆喝——"芝麻糊，咸煎饼，还有那个地栗糕"。"地栗"在上海话里，就是荸荠，所以好多人会以为地栗糕就是荸荠糕。实际上，"地栗"应写作"啫喱"，地栗糕也就是咱们今天吃的果冻。"啫喱"是英文jelly的广东洋泾浜。还有我们常吃的"西米"，本身并不是什么植物上长出来的米，而是利用植物淀粉制成的小颗粒。西米的英文名是sago，广东人音译成"西谷"，又字面误导地类化为"西谷米"。这个词传到别的地方，人们不知道它是sago的音译，于是把原来的"西谷—米"（名叫"西谷"的类似米的东西）当成了"西—谷米"（西方来的谷米），就简称为"西米"了。

今天在香港，还能常常听到这种广东味儿的英语。其中有一个很典型的特征，值得拿出来一说。如果和香港人用英语交谈过，就会发现，他们会把很多以齿间音θ开头的字儿都给读成唇齿音f，例如英语的"三"（three）和"自由"（free），他们就老混着。香港的学生做论文，听起来不像是做thesis [θ-]，倒像是做phesis

［f-］。这个特征在香港很普遍，即使是受过良好英语教育的人，有时也摆脱不了这个习惯。然而，这个特征是怎么形成的呢？

齿间音θ是英语有而汉语里面少有的一个音，因此，中国人学英语，要是发不好这个音，就会拿汉语里本来有的音去对。至于怎么对，说不同方言的人就不大一样，得看自己说的方言里，哪个音听起来跟这个音最像。所谓的"像"，也就是在发音的方式上有类似的地方，而不同的类似，则造成了不同方言对齿间音的不同对应。

齿间音θ有两个典型特征，第一个是它的调音部位是舌尖—齿间。在这一点上，它和常见的舌尖齿龈擦音s在调音部位上近似，这也是绝大多数学英语的人，例如上海人、北京人，用汉语的s去对应齿间音的缘故。但是另一方面，齿间音是一个呼音（弱擦音），而不是一个咝音（强擦音），这使得齿间音在听感上就不像其余用舌尖调音的擦音那么尖锐，要是用s去对，在听感上就不那么像。因此，齿间音θ到底是对应齿龈的咝音s还是唇齿的呼音f，一方面有听感上的两可，另一方面还取决于音系中的语音分布。如果一个音系中的s更接近于前齿沿，那么它就更像呼音，就用它来对音θ；如果一个音系中的s更接近于龈脊，那么就更像咝音，就要用f来对音θ。上海味儿（还有北京话）与广东味儿的英语，遵循的正是这两条不同的路线，因此也就对应了不同的结果。事实上，这种广东味儿的英语也不是广东人的专利。有一个著名的英国笑话就是：你该把一头三个（three）驼峰（hump）的骆驼叫什么？答案是：汉弗莱（Humphrey）！这里的Humphrey［-fr-］正是hump-three［-θr-］的谐音。可见，在英语里也有人会 θ→f。

语音与科学

从《黄帝内经》的"会厌"到《梦溪笔谈》的"嗓叫子"——控制横膈膜的神经索和伯努利效应——"直立人"还是"直颈人"？——黑猩猩为什么学不会人类语言？——鲸鱼、人和蝙蝠——帕瓦罗蒂的"High C"——赫姆霍兹共振管和歌唱共振峰——腹语、呼麦和长啸——贝尔的故事：从电话到浪纹计——水是眼波横：横波与纵波——数学家傅立叶——语图仪和可视语言——降调短，升调长——声纹能定罪吗？——从音位到区别特征：哲学含义——语音与人种差异——汉语中为什么有"又高又紧"的i元音——小个子发声：假声和嘎裂声——热带之声：气声

教我如何不想她

从《黄帝内经》的"会厌"到《梦溪笔谈》的"嗓叫子"

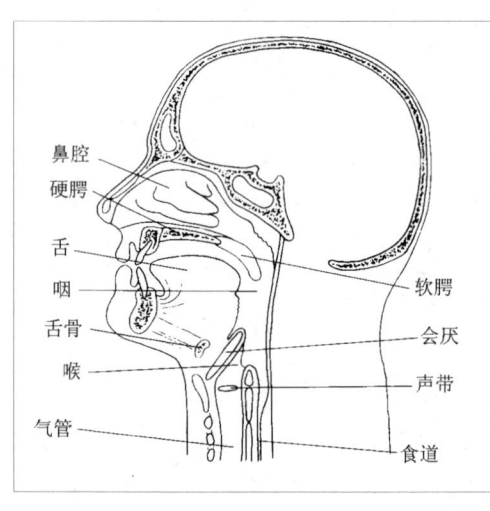

图6-1 人的发音器官：声道

发声的关键在于声源。要成为声源，就需要一个始终处于振动状态的物体。什么是振动呢？蜜蜂的翅膀就是一个最好的例子。蜜蜂在飞行的时候，翅膀忽上忽下，不断做着重复的运动。这样一种运动就叫作振动。或者说得更抽象一点儿，振动就是一个物体不断地偏离某个位置，又回到某个位置的周而复始的运动。我们看老式挂钟的钟摆来回摆动，或是将一块小石子扔在水中所荡起的波澜，都是某种不同形式的振动。

唐代大文学家韩愈对此有一句很好的概括："凡物不得其平则鸣"。咱们的嗓子眼儿里面，也有那么一个"不得其平"的东西，它的振动产生了形形色色不同声质的人类语音，这个东西就是声带。前面我们已经把人类的发声活动比作一件乐器，那么，声带在人类语言发声中的地位，就相当于乐器中的琴弦或簧片。这条簧片受到来自肺部气流的作用发生振动，就成为了人类语音的声源。

把人的发音器官比作机关精巧的发声机器，有助于分析人的发声机制，理解人类语言的原理。在中国，这样的类比出现得非常早。中国传世最早的医书是《黄帝内经》，相传成书于汉代，假托黄帝之名，但实际上其中的医学思想可以追溯到先秦时候。《黄帝内经·灵枢》的《忧恚无言》篇就已经有了对人的发声原理的阐述，并将人的发音器官与机器相类比。下面我们来看一看书中是怎么说的：

黄帝问少师说：人突然之间忧郁烦闷而不能够发出声音，就像河道的堵塞一样，是什么气出来使得声音不能发出呢？我想知道其中的原理。

少师回答道：……喉咙是气所上下的地方，会厌则是发声的门户，嘴唇是发声的两扇大门，舌头是发声的枢纽，悬雍垂（即小舌）是发声的开关……因此，如果会厌小而薄，则利于开闭，出气发声就很容易；如果会厌大而厚，则开闭困难，说话就迟缓……

无独有偶，在被称作西方医圣的希腊医学家希波克拉底的著作中，也有关于语音产生的描述：

> 语音由唇舌发出……人说话靠的是他所吸入体内尤其是腹腔中的空气，当空气通过空间排出时，由于颅腔共鸣，便产生一种声音。舌头的活动控制了发音。它先把空气聚在咽喉，然后让空气顶开腭、齿阻碍而被压出，于是造成某种有特定音质的声音。假如每次都不让舌头活动以控制发音，说话就不清楚，只能发出很少几个音……

古人很早就知道发声的道理以及声带的工作原理，并能够利用此原理制造人工声带以帮助由于声带受伤而失去语音能力的病患者。在北宋学者沈括的《梦溪笔谈》里，记载着这样一个故事，从中可以看出中国古代语音技术应用所达到的成就。书中有一个故事叫作"叫子申诉"，其中说道，当时有人用竹木或是象牙牛骨之类做成一个叫作"嗓叫子"的东西——实际上大概类似于我们今天所使用的哨子一类发声器具——把它放在人的嗓子眼儿里，受到气流的冲击就可以发出声音，于是能模拟声带的功能，作为说话时候的声源。当时，有个人正好声带损坏而失声，受了冤屈不能申诉。正在无计可施之时，有人就给他找了个嗓叫子来，让他去告状。此人装上了嗓叫子，咿咿呀呀了半天，官吏倒也能听出个几分，结果冤屈得到了申诉。从这个故事中，我们可以看出，中国古代人民已经能将声带的工作机理应用于实际生活中。这一案件也可以看成是我们现在所谓的"司法语音学"（forensic phonetics）的雏形，即在司法审判中利用语音学知识，为案件提供旁证，以帮助分析解决案件。不过，这一学科的真正建立，要到20世纪后期才逐渐完善。

教我如何不想她

到了我们今天，生理学、解剖学、物理学等学科已经非常发达，对于声带功能的了解，自然也是今非昔比了。在当前的语音学研究中，语音学家要观察声带，通常都会借助发达的医学影像手段，利用声带镜或是纤维喉镜所拍摄的电子图像对声带进行观测。其中以纤维喉镜较为常用。纤维喉镜的一头连接一个小型摄像头，另一头与电脑等仪器相连。在做纤维喉镜成像的时候，将消毒后的摄像头从被观测者的鼻孔插入，经过鼻腔伸入咽腔中，悬挂于声带的上方。为了在拍摄时能保证一定的亮度，摄像头上一般还会附有用于照明的灯光。摄像机将声带的运动情况转换为数字信号，通过光导纤维传回监测器，观测者就可以在监测器上看见声带在发声时候的状态了。前文图3－2就是使用纤维喉镜所拍摄的人的声带。从照片中我们可以看到，人的声带是两片薄膜状的组织，由于在声带组织内部缺少血管，因此呈白色。两片声带可以开闭，就像两扇小小的阀门。所以，要是将声带称作声音的门户，倒也是个贴切的比喻。在声带的内部有肌肉控制其位置与松紧，因此，声带既可以做纵向的运动，拉紧或是放松，并借此来调节音高；也可以做横向的运动，将两片声带分得更开以增加中间的缝隙，或是将两片声带向内压紧，改变发声状态。

我们自己完全可以体会到声带的开合。声带开得最大的时候就是我们在大口喘气的时候，试着深深地吸一口气，我们会觉得喉咙里没有任何东西在阻碍空气的流动，这时声带就打开到了最大的位置；而我们憋气的时候，声带就是完全关上的。但是，声带没法控制自己做上下的运动，从而自己振动起来。故而，声带的振动，需要外力的辅助作用。那么声带又是怎么开始振动起来的呢？

语音与科学

控制横膈膜的神经索和伯努利效应

如果用管乐器来打个比方的话,那么声带产生振动的原理,跟我们吹唢呐的道理是一样的。吹唢呐的时候,要在口中含一个哨子,然后吹气,让气流从哨子中通过,使其振动发声。通过唢呐哨子的气流,是从我们的口中呼出的。而通过我们的喉头、吹响我们的声带的气流,自然是来源于我们的呼吸器官——肺。

如果我们看见过甚至亲手触摸过动物的肺,一定会觉得肺特别像一块海绵——摸上去感觉很疏松,充满弹性,如果用手一捏,又可以把肺部组织捏成一小团。原来,看起来

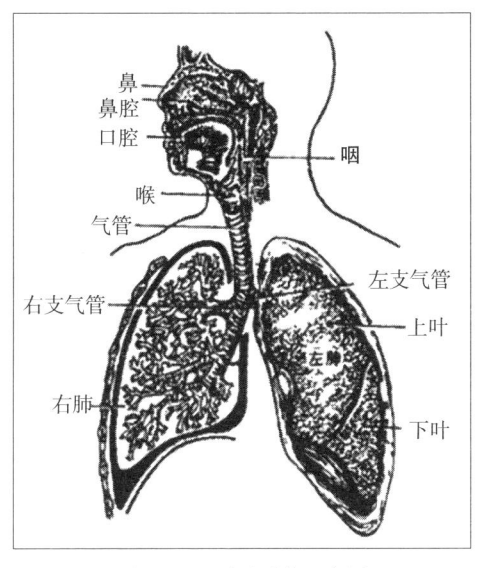

图6-2 呼吸系统示意图

很饱满的肺,里面藏着的其实都是空气。肺的这个特性使得它成为了我们从外界获取空气的渠道。平时,我们就是通过肺与外部进行气体交换的,先是舒展肺部组织,吸入空气,然后再压缩肺部组织,呼出新陈代谢所产生的二氧化碳。这个过程不断被循环,而人体正是依靠这个过程不断从外界获取氧气来维持自己的生命的。人的呼吸过程是由我们胸腔内的各块肌肉,还有我们的腹肌以及横膈膜控制的,其中起主要作用的就是横膈膜。横膈膜位于肺的下方,是一块膜状的肌肉,把我们的胸腔和腹腔分离开来。横膈膜收缩时胸腔扩大,松弛时胸腔缩小。这样一伸一缩,一紧一松,就构成了我们有节律的呼吸。通常,肺里面大约能容纳3升空气,每次正常呼吸能吸入或呼出半升空气。我们呼气的时候,肺气压略高于大气压,大约比一个大气压高0.25%;而在说话的时候,它比大气压高0.05%或稍多,

教我如何不想她

一般不会超过1%。

通过横膈膜松弛，挤压胸腔，肺部的气体被排出，顺着气管向上，到达喉。喉在肺和口腔之间，其作用相当于一个阀门。阀门或开或关，以此来控制肺部气流。喉门还有另一个功能，那就是堵住进入肺里面的空气，扩张胸腔。那些利用前肢的动物——特别是善于攀爬的哺乳动物——都有非常发达的喉。因为发达的喉能够更有效地将空气闭锁在胸腔里面，从而给它们提供有力的支持，使前肢能产生更大的气力。所以，当我们用手臂干重活或做剧烈运动时，就常常不自觉地屏住气。例如我们看举重比赛，当运动员准备举起手中的杠铃时，通常都会先大喝一声，然后憋着气一下将杠铃举起来。但是，举重运动员不会在杠铃被举起的过程中大喝一声，不然，阀门一打开，就会大大减小其抬升重物的力量。

肺部的稳定气流，被喉门的一开一合切成一连串的喷流，并发出一种嗡嗡声，听起来像蜂鸣一样。这种嗡嗡声再经过口腔中发音器官的调节，就成了我们说话的声音。在喉门部位用于切断肺气流的器官就是上面所说的声带。我们知道，声带在人发声的时候是处于振动状态的，也就是不断地来回运动。然而，声带只是一层很薄的韧带组织，里面没有肌肉，并不受神经系统的控制从而主动发生运动。而肺部喷出的气流是单向的，只能使得声带受到气流冲击而向外运动，不能使声带向内回复到原来位置。那么，声带到底是如何在肺部气流的推动下做被动振动的呢？要想知道这里面的原理，我们先得从一个著名的家族说起。

在17世纪的欧洲，有一个家族在数学界的声名可谓如雷贯耳，这个家族就是瑞士的伯努利家族。虽说每一个家族都有自己引以为傲的历史与自身特色，但伯努利家族显然更为光彩耀眼。这个家族仿佛就是上天派来研究数学的一样，在伯努利家族最初的三代人中，产生了8位数学家，而其中能够在数学史上被称为顶尖数学家的，至少有3位。更有趣的是，这8位数学家最初所选择的职业都不是数学，而

图6-3 丹尼尔·伯努利

他们的家人也并未希望他们从事数学这项事业。例如著名的雅可比·伯努利一世（Jacob I），最初他父亲希望他从事神学或是天文学的研究；而他的弟弟约翰尼斯一世（Johannes I）则是一位医学博士；后来的约翰尼斯二世（Johannes II）在大学里学的是法律，并成为了巴塞尔大学的一名辩论术教授；他的儿子约翰尼斯三世（Johannes III）和雅可比二世（Jacob II）最初也和自己的父亲一样，选择了法律作为专业。在人类科学发展的历史长河中，有十几位堪称最优秀的数学家与物理学家都拥有这个骄人的姓氏。但伯努利家族的天才并非仅仅体现在数学方面，在他们一代又一代的众多子孙中，至少有一半相继成为杰出人物。伯努利家族的后裔有不少于120位被人们系统地追溯过，他们在数学、科学、技术、工程乃至法律、管理、文学、艺术等方面享有名望。

这里我们要介绍的是伯努利家族中最著名的一位数学家，也是历史上最具传奇性的数学家之一，他就是我们这篇故事的主人公丹尼尔·伯努利（Daniel Bernoulli）。

丹尼尔出生于荷兰的格罗宁根，和家族的其他成员一样，他的学术生涯也并不是从数学开始的。丹尼尔在1716年16岁时获艺术硕士学位，1721年又获医学博士学位。他曾申请解剖学和植物学教授职位，但未成功。丹尼尔受父兄影响，一直很喜欢数学。1724年，他在威尼斯旅途中发表了《数学练习》，引起学术界关注，并被邀请到圣彼得堡科学院工作。1725年，25岁的丹尼尔受聘为圣彼得堡的数学教授。1727年，20岁的欧拉到圣彼得堡成为丹尼尔的助手。然而，丹尼尔认为圣彼得堡那个地方的生活比较粗鄙，因此在八年以后的1733年，找到机会返回瑞士的巴塞尔，终于在那儿成为解剖学和植物学教授，最后又成为物理学教授。1734年，丹尼尔荣获巴黎科学院奖金，以后又10次获得该奖金。在这一项上能与丹尼尔媲美的，只有为他做过助手的大数学家欧拉。丹尼尔于1747年当选为柏林科学院院士，1748年当选为巴黎科学院院士，1750年当选为英国皇家学会会员。

有一个故事可以说明丹尼尔在当时科学界的地位是多么高。

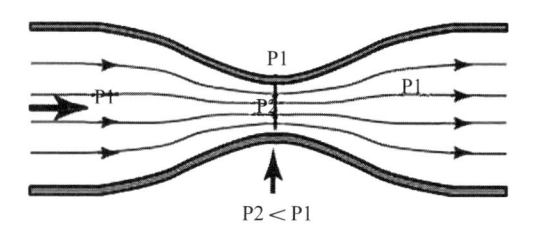

图6-4 伯努利效应示意图：当流体通过窄道的时候，压强相应地减小，导致内外产生压强差

教我如何不想她

相传有一次在旅途中，年轻的丹尼尔同一个风趣的陌生人闲谈，他谦虚地自我介绍说："我是丹尼尔·伯努利。"陌生人立即带着讥讽的神情回答道："那我就是伊萨克·牛顿。"

丹尼尔·伯努利一生中研究成果无数，特别是在数学和物理方面。他惠及语音学的最大成就，是在他1738年出版的经典著作《流体动力学》中，以其姓氏命名的"伯努利效应"。所谓"伯努利效应"是说当某种流体（水流或是气流）高速通过某一窄道时，窄道内的压强会降低，如果外界对窄道存在压力，则窄道的内外就会出现压强差。

声带之所以能够产生振动，正是和这个原理有关。在人说话的时候，来自肺部的气流从声带下面冲出来，为声带的振动提供了动力。由于声带下方的气压要大于声带上方的气压，因此肺部气流在冲开声带出来时，速度非常快。由于伯努利效应的作用，这股高速气流在通过声带缝隙的时候，缝隙处的压强就会低于外界的大气压。因此，在声门内外就会由于压强差产生一个外部压力，这个压力和声带本身的弹性力共同作用，克服声门上下原有的气压差产生的压力，使得声带又闭合恢复原位，然后第二次被肺部气流冲开……周而复始，声带就在肺部气流的激发下，开始有规律地振动起来，我们的语音也就因此产生了。这个道理其实跟飞机靠它的翅膀飞起来的原理近似。机翼上下的形状是不一样的，下面的弧度很缓，而上面的弧度很陡。气流在通过机翼上下时速度是不一样的，上面流经的速度快，下面的则比较慢。速度快的压强小，速度慢的压强大。于是机翼上下就产生了一个向上的气压差，到一定程度，就能把机身抬升起来。

语音与科学

"直立人"还是"直颈人"?

语言是什么时候起源的?是不是当人类起源的时候,就有了语言?这样的问题就是二三十年前还无法科学地给出答案,只有些聪明人为大众描绘了想象中的百万年前的图景。学过语言学史的人都知道,19世纪末,法国语言学会明文规定,开语言学会的时候,不接受关于语言起源的"论文",因为知道尽是些瞎猜。

不过,最近20年来,生物学、语言学、考古学,还有电脑技术的进步,使得我们可以认真地看待语言起源的问题,至少是类似现代智人的有声语言的起源问题。所谓有声语言的起源,也就是语音的起源。

智人有声语言的出现大约在10多万年前。再早几万年前,直立人的大脑中发生了一个突变,形成FOXP2的基因——这是一种对语言形成、控制有很大意义的生物基础。然后到大约12万年前,发生了两件生物学上不算太显著,但对有声语言的起源起到关键作用的突变:一个是直立人昂起了头,变成了"直颈人";一个是尾椎孔扩大,可以通过多条神经索,其中一条是控制横膈膜的。"直颈人"这个生理学上的因素对于智人有声语言的出现是关键中的关键。为什么这么说呢?这是因为,从类人猿到猿人再到直立人,有至少两三百万年的历史,这期间交际手段可能是用手势语,也可能是用没有开放性和能产性的固定的遗传性语音信号模式。而直立人到智人,关键是这个直颈,使得喉头下降,咽腔因此而形成,上声道就此扩大了一倍,从而使得i～u～a元音三角的空间形成——这就为有声语言的出现奠定了生理基础。在此之前,即使直立人的智力已经到了可以操纵开放性、能产性语言的程度,但由于口腔狭隘,发音只能是"呜噜呜噜",而无法形成有声语言。

让我们说得远一点。

无论是用于语言还是用于音乐,能发出多变的各种声音,简直就是人类的专利。可以说,在进化的历程中,人类是伴随着其语言能力,特别是语音能力一道成长的。各种复杂的、彼此之间又互相区别的语音,为人类语言的表达提供了坚

教我如何不想她

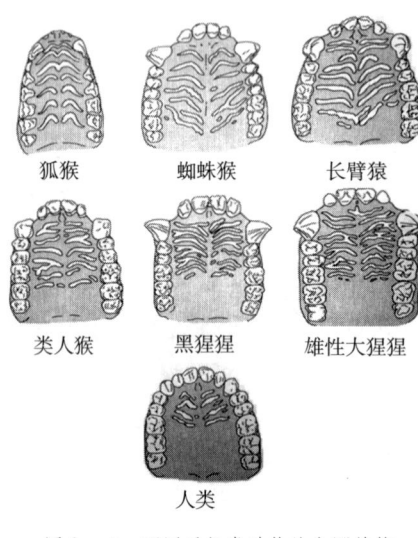

图6-5 不同灵长类动物的上腭结构

实的物理基础。从小孩子学说话，我们就可以发现，语言的能力是循序渐进的。幼儿从一开始只能发出a音与双唇音m这样的音，到后来可以掌握复杂的卷舌音和塞擦音，需要好几年时间。从生物学上来讲，人的成长发育是对物种进化的某种反映。例如刚开始的胚胎存在腮，早期的胎儿还有尾巴等等。那么，其实儿童对语言的习得所反映的过程，也正是一个人类从无到有逐渐一步步发展出语言的过程。人类作为唯一拥有语言的动物，不仅在智力上高于其他动物，从而拥有获得语言的条件，生理上也存在很多利于语言发展的构造，形成了独立的语言器官，这也是其他动物所不能及的。

现代人与他们的祖先相比，拥有许多适合生成语言的呼吸系统与口腔器官构造。首先，人的口部相比于其他哺乳动物甚至灵长类动物已经短了许多，但颈部和唇部肌肉构造的复杂程度却远远超出了它们。对于哺乳动物来说，控制嘴开合的基本肌肉只有两条，即横向分布的颈阔肌与纵向分布的颈环束肌，其余的口部肌肉都是从这两条基本肌肉分化发展起来的。任何动物的口部肌肉也没有人类的那么精密。相比来说，人的嘴比其他哺乳动物的都要小，而人类的口部肌肉在复杂性、规模和数量上都遥遥领先。尤为特别的一点是，人拥有控制嘴角活动的笑肌（risorius）。这条肌肉使得人可以快速闭紧嘴唇，增大口内气压，然后迅速爆发。这是语言能力的一个重要先决条件。

此外，人的头骨形状也是有利于语言产生的。相比于其他灵长类动物，人的头骨结构大大扩展了脑容量，并使得下腭打开时用力的方向与地球重力方向一致，使得人类的发音更为便利。不但如此，人的下颌还近似于方形，比其他灵长类动物都要来得短。而且没有突出的犬齿，犬齿的消失，不但标志着人类的食性从肉食向杂食转变，也为人类的发音提供了便利。分布整齐的牙齿在口腔外围排成一圈，为发f、v、s、sh、th这些擦音提供了不可缺少的条件。

语音与科学

在这些生理结构的变化中，对语言的形成产生至关重要作用的大概还是要数人类进入直立人之后发生的一项重大改变——从直立垂头行走（像北京猿人那样）到大约十二三万年前变为抬头行走，即从直立到完全直颈。这时由于重力作用，喉头开始下沉，生理上出现了一个新的变化，在口腔与喉之间产生了新的空间——咽腔。可别小看咽腔的形成，这在嘴巴里是一个小空，却对语音演化，进而语言演化，甚至人类的演化产生了重大作用。正是因为形成了咽腔，人类嘴巴里的空间才增加了一倍，形成了一个类似于曲尺的大直角，也形成了跟现代智人一样的声道。在此之前，直立人的嘴巴里没有咽腔，喉头直接在口腔深处，这对于吃饭当然是有利的，但对于语音以及语言来说是不利的，因为在这样狭窄的空间中只能发出一些混元音，稍有高低之别，而无法发出前后元音，因为后元音大多是"咽化"的，即舌根往咽壁方向后缩。只有到十二三万年前，我们的祖先完全抬起了头，沉下了喉，才使上声道具有了变化余地，产生了 i～u～a 这样三角形的元音空间，继而产生了辅音—元音交替出现的音节如 "pa～pa～ma～ma"，最后形成了现代人的语言。照这种语音学、遗传学的理论，现代智人的形成有赖于现代语言的形成，而现代语言的形成直接有赖于包括元音空间的形成这些个语音因素。

这一点也得到了科学研究证据的支持。在10万年前，有另一种人类和智人共同生活在这个地球上，那就是现在叫作"尼安德特人"的古人类。美国的人类学家和语言学家一起研究过尼安德特人的发音器官，希望知道尼安德特人在解剖学上的结构特点，是不是能够保证他们准确地发出语言所需要的各种声音。

他们选择了一副成年男性尼安德特人的骨架，这副骨架是1908年在法国发现的，此人约生活在4.5万年之前。语言学家通过其头部的骨骼结构，试图复原这位古人的喉头位置，以及舌头和嘴唇的形状。但这仅仅是第一步，要研究尼安德特人的发声能力，必须要在发声系统模型随着舌头、嘴唇和咽壁的不同运动而产生的各种动态中进行。这些器官的运动范围受到了肌肉与韧带构造的限制，尽管其运动范围并非任意，但也足够大。因此，要模仿其动态的唯一手段就是借助电脑建模。科学家编制了一套程序，把数据输入尼安德特人的发音器官模型，然后通过程序的计算，得出尼安德特人的发声系统可能发出的所有声音的频率特性。

科学家首先研究的是尼安德特人所能发出的元音。因为元音和辅音不一样，其

教我如何不想她

频率特性仅仅取决于发声系统的形状,而不依靠发音器官和肌肉相互位置的短暂变化。科学家们最想知道的是,尼安德特人是不是能发出最基本的三个元音i、u、a。这三个元音是人类元音空间的三个极限位置,对这三个音的区别,预示着人类语言能力的真正形成。科学家算出了尼安德特人的元音声学数据,发现尼安德特人并不能发出最有区别性的i、u、a来。这正是科学家们预料的结果。因为尼安德特人软腭部的间隙比现代人要小得多,舌头也要薄得多,因此他们移动舌头的时候不能像智人一样可以明显地改变口腔后部间隙的大小。这大概也是尼安德特人绝灭的原因之一。智人们拥有发达的语言能力,因此更能够组织起来进行复杂的合作,在与自然的抗争以及与其他族群争夺资源时,更具有优势。在尼安德特人与智人争夺江山的斗争中,结果当然是智人占领了世界,而尼安德特人被消灭了。

现代人发展到今天,嘴巴最大的功用是什么呢? 10万年前的直立人和早期智人,他们的嘴巴主要是吃饭、含含混混地"说话",还要打架、搬运、感冒时帮助鼻子呼吸,还有"啵"一个。可到了今天,我们的嘴巴最适合的是说话,而不是吃饭。因为我们咽腔下有两根管子:一根食管,一根气管。吃饭时得用会厌软骨盖住气管,食物才能顺利进入食道。所以我们吃饭快了,或者会厌软骨动作慢了,都容易噎着呛着,尤其是一面喝水一面吃饭,或者一面说话一面吃饭,就更容易噎着呛着。而没有咽腔的猩猩,还有10万年前的直立人,再猩吞猴咽,也不会噎着。这是人类获得语言能力而付出的代价吧。

从上面元音空间形成的理论,可以得到的另一个推论是:早期人类的语言中元音少,辅音多,其中复辅音,甚至三合、四合辅音会大量存在。

本节开头还提到有声语言形成的另一个重要因素,那就是尾椎孔的扩大,使控制横膈膜的神经索可以通过。上一节我们谈到横膈膜对于控制呼吸的作用。在10多万年前,当智人第一次能够用调动横膈膜的方式来控制呼吸的时候,他们第一次能够使语音片段,而不是呼一口气"说出"一段"呜噜呜噜"的音,然后吸一口气,再呼气说另一段。他们可以断续地说"pa～pa～pa,ma～ma～ma",然后可以倒过来翻过去地"pa～ma,ma～pa",有元辅音分音节的、能产而开放式的有声语言临盆了! 这是人类发展史上出现的第一次加速度! 人类智力的发展有几个明显的加速度期,也即几个里程碑,都与信息的处理和传播能力相关。10万年前(其实由于紧接着的冰河期,使得这个起点压缩到最多五六万年前)有声语言的形成是第一个里程碑，五六千年前文字的出现是第二个里程碑，然后五六百年前可移动可替换的金属活字印刷的出现（之前中国出现过可移动的黏土活字）是第三个里程碑，然后就是五六十年前出现的电脑。

黑猩猩为什么学不会人类语言？

在现存的各种哺乳动物中，与智人关系最近的就是黑猩猩。黑猩猩在地球上的分布仅限于非洲的中部和东部。在所有的灵长类动物中，黑猩猩的进化程度是惊人的，它要比大猩猩、猩猩和长臂猿等灵长类动物离人近得多。现代的基因技术已经证实了这一点——美国的生物化学家曾经测定过，人和黑猩猩身上98%以上的基因碱基对排列相同，相比之下，别的高等灵长类动物，如长臂猿等，身上的基因只有71%和人相似。不但如此，黑猩猩在其他生理特征上也比较特殊。例如，所有类人猿的血型都只有A、B和AB型三种类型，唯独黑猩猩和人才有O型。此外，对苯基硫脲的苦味的感受能力也是确定统一基因的特征之一。在人类中，大约有20%～40%的人不能感知这种味道；在黑猩猩中，这个比例也差不多；而别的灵长类动物中不能感知这种味道的比例，就和人类的比例有很大差距。所有这些解剖学和生理学上的相似点，都说明了人类和黑猩猩应当是来自共同的祖先，而这些相似点无疑是从遗传中共同继承而来的。

黑猩猩在生活行为上也跟人类有很多相似之处。黑猩猩在相遇时也会互相拥抱、亲吻，以及相互信任地拍手，向对方表达自己的亲近和喜爱。黑猩猩家族的首领也很愿意安抚等级较低的黑猩猩。例如年长的黑猩猩会伸出手抚摸一下同伴的肚子，或是迅速抚摸一下它的手，或是拨弄几下对方身上的毛，这就像是人类中的长者常常喜欢充满怜爱地摸摸年轻人的头一样，效果也是相同的，这种做法能够使激动的雄性黑猩猩安静下来。正是因为黑猩猩在生理和社群生活上与人类存在那么多的相似之处，因此引起了科学家的极大兴趣。科学家常常以黑猩猩作为观察和实验的对象，来研究人类的进化史。例如，通过研究黑猩猩的交流信号，对人类的早期语言进行探索。

黑猩猩用于交际的信号在动物中算是非常丰富的。科学家曾经做过统计，在鱼类中，交际信号最丰富的是变色鲈（Badis Badis），其使用的信号约有26种之多；在鸟类中，交际信号最丰富的则是白冠鸥（Larus Modestus），约有28种不同的交际信号；在其他灵长类动物中，交际信号最多的大概要算恒河猴（Macaca Mulatta）了，其在日常交际中约使用37种不同的信号。但这些动物与黑猩猩相比就是小巫见大巫了。据科学家统计，黑猩猩用于交际信号的姿势、身体动作和声音有60多种，其中20种主要用于保持各种友好接触，11种是不友好的标志，9种用于和解或是消除同伙的敌意，还有4种则是一般的激动标志。

既然黑猩猩可以使用一个相对复杂的信号系统来互相交流，那么我们不禁要提出一个问题，如果让一只黑猩猩生活在人类社会的环境中，它能不能学会人类的语言，甚至能够开口说话，和人类进行交流呢？为了解答这个问题，科学家设计了很多对黑猩猩进行语言教育的计划。他们将初生的黑猩猩幼仔养在实验室中或是自己家里，像教育人类婴儿一样教育黑猩猩，试着教其语言。事实证明，黑猩猩确实能学会少部分人类语言，并能使用手势语和人类进行简单的交流。世界上第一只学会用手势语和人类沟通的黑猩猩叫瓦苏（Warshoe）。它已经在2007年10月去世，活了42岁。瓦苏1965年生于非洲，1966年被内华达大学的心理学家加德纳夫妇收养，并以内华达州瓦苏县的名字命名。只经过5年训练，瓦苏就掌握了160个美国手势语单词，还能够把它们组成245个句子。在美国专门研究猩猩的伍特塞德黑猩猩研究所内，也有一只27岁的叫米哈尔的黑猩猩，它于1976年被研究人员从西非的喀麦隆带到该研究所。此后，米哈尔与一名大它两岁的叫科科的黑猩猩一道接受动物研究员帕特森女士的调教。帕特森女士的任务之一是教它们说话。结果这两只黑猩猩掌握了500多种美式手语，能听懂一些英语，而且还能帮助帕特森女士教其他黑猩猩学说话。

但是，世界上从未有一只黑猩猩能够开口说人话，使用人类的语言和人类进行沟通。研究人员也曾经试验教黑猩猩开口说话，但是均未能成功。这并不是说黑猩猩本身不喜欢使用声音信号进行交流。苏格兰圣安德鲁斯大学的灵长类动物专家就发现，苏格兰爱丁堡动物园内的黑猩猩也会使用一种粗糙的声音语言告诉对方自己找到了什么样的食物。在爱丁堡动物园，研究人员发现，当黑猩猩发现它们喜欢的面包时会发出声调极高的声音，当它们发现不太喜欢的苹果时则发出低沉的咕噜声。在对它们发出的各种不同声音进行研究后，研究人员发现，听到不同声音的黑猩猩确实理解了对方传达的不同意思。他们将黑猩猩发出的不同声音录下来，然后再将这些声音播放给围栏中的黑猩猩。当黑猩猩听到代表"面包"的声音时，它们就会查看在围栏里经常发现面包的地方；当播放代表"苹果"的声音时，黑猩猩便随之去寻找苹果。

即使如此，黑猩猩也没法学会人类的有声语言。因为在发音器官的构造上，黑猩猩与人类有很大的差异。当黑猩猩与人类同处于婴儿期时，他们的发音器官结构相差不大，两者的软腭和会厌部分都发生交叠。因此，婴儿没有办法关闭口腔和鼻腔之间的通道，让气流仅从口腔流出，所以婴儿的发音总带着鼻音，其余的灵长类动物也都如此。但随着婴儿的成长发育，两者发音器官的区别就开始日益增大。人类的喉头会不断下降，使得软腭和会厌分离。成年人的喉头在口腔中所处的位置，要比其他灵长类动物低得多。因此，人类的发音器官在口腔与鼻腔之外，又多了一个为其他灵长类动物所不具备的咽腔，这也是保证人类元音发音的必要条件。咽腔的存在，保证了元音所必需的共振空间，而共振性质的改变则是由舌根的运动来调节的。不过，另一方面，会厌与软腭的交叠也有其优点，那就是食物与气流各行其道，吃食物的时候不会噎住，也不会呛着。而人的会厌则像一个活动门，在吃东西的时候就会关上，遮住声道，让食物从咽腔到达食管；而说话的时候会厌则打开，气流就可以顺利通过声门。如果一边吃东西一边说话，会厌来不及关闭，就会导致食物误入气管而造成呛咳。人的舌头和其他灵长类动物的舌头相比，显得更厚更高，同时也更加灵活。

因此，黑猩猩是没法学会人类的有声语言的，因为黑猩猩不具备足够宽阔的口腔与咽腔空间，其声道不能随着舌头的运动和其他发音器官的运动迅速改变自己的形状，它就像是一根有着固定直径的管子，不可能发出人类语言所需要的元音来。在这方面，黑猩猩并不比其他的低等猿类高明多少。例如美国科学家凯洛格曾经用九个月的时间教育一头黑猩猩古阿，但也没能让其学会最简单的单词例如"爸爸"。黑猩猩能做到的最好的事情，仅仅是模仿对方的嘴唇动作而已。

鲸鱼、人和蝙蝠

我们一般都用振动的快慢来对振动进行描写。这个描写可以是振动一次所经历的时间，也可以是在同等的时间内不同的振动次数。由于振动可以很快速，因此用一次振动所需要的时间来表示振动，往往是很小的小数，不利于记录或计算，所以我们常常用它的倒数，也就是单位时间内振动的次数，对振动进行描述。这正如描述物体的速度是通过测量物体在单位时间内所移动的距离一样——单位时间内物体移动的距离越远，它的速度也就越大，同样，单位时间内物体振动的次数越多，这个物体振动得也就越快。

单位时间内物体振动的次数，我们把它叫作频率。频率的单位是赫兹（Hz），因纪念著名的物理学家赫兹而得名。在计算频率时，我们所用的单位时间和一般计算速度的时候一样，常常取为1秒。1秒钟如果一个物体振动一个来回，完成一个振动的周期，则这个物体的振动频率就是1Hz。振动的频率可以很大，也可以很小。例如光的振动频率可以达到$10^{14} \sim 10^{15}$ Hz之高，而静止的物体自然可以看成是频率无限小的一个振动。

我们平时说话的声音，当然不用达到那么极端的频率。人的耳朵像个调频收音机，只对某一个频段的信号特别敏感。频率太高或者太低，都没法子接收到，或者能接收到，但是精确度太低，因此也不能被我们所感知。由于声音的主要功能还是得被听见，所以我们常用人耳能否听见作为对声音分类的一个标准。人的耳朵能听见的声音，其频率范围在20 ~ 20000Hz之间。低于20Hz的声音我们把它叫作次声，而高于20000Hz的声音我们把它叫作超声。当然，人耳听不见，并不代表超声和次声对人类没有作用，它们在勘探、测量、通信、医疗等多个领域有巨大的作用。

虽然不能被人所听见，超声和次声却能够作为其他动物之间交流的载体。有趣的是，往往越是大型的动物，交流所使用的声音频率越是低。而越是小型的动物，所使用的声音频率越是高。这和它们的质量有关，小的动物质量小，惯性小，因此不费力就可以在一定时间内将其发声器官的振动速度提到很高；而巨大的动物质量大，惯性也大，因此也不易做高速的振动。所以，例如鲸鱼和大象这些巨型动物，都使用次声来进行交谈。大象最显著的响声大概是当它鼻子里喷出强烈气流时发出的鸣叫声，但大多数时候，它们使用次声作为它们的主要沟通方式。如果你跟它们靠得很近，你的身体就能更真切地感受到振动，或者能清楚地看到旁边大象前额的振动。而体型细小的蝙蝠，则用超声作为它们夜间出行觅食的探路工具。蝙蝠在夜晚飞行的时候会不断发出超声波，超声波在空中传播，遇到障碍之后就会被反射回来，蝙蝠接收到返回的超声波，就能判断出障碍与自己的距离，从而能够避让开迎面而来的障碍。雷达技术正是模仿蝙蝠的这一本能而发展起来的，所用的声波也是超声波。而鲸鱼的亲戚——海豚也是使用超声的高手，像蝙蝠一样，海豚使用超声在海底探路。但海豚平时的鸣叫则并非超声，在海豚交流信息以及雄海豚求偶时，它们会发出一种悦耳的鸟鸣般的吱吱声。

教我如何不想她

帕瓦罗蒂的"High C"

虽说人所能听见的声音频率范围很广，之间跨越四个数量级，但实际上人类语音的频率范围相当有限，其主要原因是人所能发出的声音频率范围很有限。声带是两片软而黏的弹性膜，没有办法像刚性物体那样，迅速进行高频振动。一般来说，成年男性的嗓音频率范围大概在50～250Hz左右，而女性的嗓音频率范围则在150～400Hz。如果是受过训练的男高音歌手，其嗓音大约可以达到500Hz；女高音则更高，能达到1000Hz左右。

用频率对音高进行记录，一般是在自然科学研究中的做法。在音乐上，音高并不用频率来衡量，而是用音名来标示。常用的七声音阶中，使用C、D、E、F、G、A、B七个英文字母来表示音高，所有字母不重复地出现一轮算为一组，相邻两组的同一个字母间的音高差就是一个八度（octave）。所谓八度，是一个音乐上的概念。一般认为，频率增加到原来的两倍，则音高增加一个八度。八度和频率的关系，依律制的不同而不同。现在我们一般使用的律制是十二平均律，这也是钢琴上面所用的律制，其他的律制还有纯律、五度相生律等等。在十二平均律下面，一对八度音，也就是频率相差一倍的两个音中间，按照频率等比分成了十二个半音，后一个音的频率总是前一个音频率的$\sqrt[12]{2}=1.05946$倍。

一般以钢琴的音域作为音乐中音域的上限与下限。在钢琴上有七个八度多一点儿，分为大字组与小字组，大字组用大写字母表示，而小字组用小写字母表示。大字组内包括大字组（C）、大字一组（C_1）与大字二组（C_2），在钢琴上属于低音区。小字组跨越了钢琴上的中音区与高音区。中音区包括小字组（c）、小字一组（c_1）和小字二组（c_2），高音区包括了小字三组（c_3）、小字四组（c_4）和小字五组（c_5）。钢琴的音域则是从A_2～c_5，按照国际标准，我们定音的时候将a_1定为440Hz，这样可以得到c_1=261.63Hz。因此，钢琴的音域是在50～4000Hz之间。而人的音域，一般只有钢琴的十分之一。

意大利歌唱家帕瓦罗蒂的去世，一方面让无数歌迷悲痛万分，另一方面，也使得他的成就再次成为众人瞩目的焦点，尤其是他创造的多次瞬间"High C"高音，让人津津乐道。就连没听过歌剧的人，谈到帕瓦罗蒂的时候，都能脱口而出"High C"来。那么，如此著名的"High C"，它的音高到底是多少呢？有了上面的知识，我们就可以算一下了。男声的"High C"在钢琴上的音高就是c_2，其频率则是$c_1 \times 2 = 523.26Hz$。而女高音的"High C"比男高音还要高一个八度，也就是达到了$c_2 \times 2 = 1046.52Hz$。

其实，帕瓦罗蒂的男高音，在男声用真声可以达到的音域中几乎可以算是最高的了。但如果要是用假声唱的话，梅兰芳唱青衣，能唱到800多Hz，阿宝的信天游能到900多Hz。这还不是最高的。以高音出名的男歌手中那位风靡一时的俄罗斯神秘男高音Vitas，他在《奉献》这首歌里，最高唱到了1600Hz，这个音高是帕瓦罗蒂"High C"的三倍都不止。还有几位歌手甚至可以唱得更高。例如生于澳洲的歌手Adams Lopez，他也是世界上男声最高音的保持者，他能唱出七个八度，最高的音甚至超过了钢琴的最高音c_5（即4186Hz），达到4435Hz，但这时候的人声已经很难再保持圆润动听。而女声的最高音或许要数巴西女孩Geogia Brown，她可以唱到钢琴上没有的f_5，差不多是5587.65Hz。

赫姆霍兹共振管和歌唱共振峰

前面已经说过，可以把人的发声器官比拟成一件管乐器，管乐器所能够演奏的音符就是乐音。我们语言中也有乐音，主要是元音，还有辅音中的响音，如鼻音m、n和边音l等。一般的辅音，也就是阻音，它们的发声原理就不一样了。人

教我如何不想她

类发出的元音与乐器发出的乐音具有相同的特性，而辅音就和乐音不一样了。如果要给出一个更加形象的定义，那么可以说，元音在声道这根管子里面不会遇到任何的障碍阻碍肺部呼出气流的通过，元音的不同是靠管子的不同形状来区别的。就像我们平时吹的笛子那样，笛子越是细小，音色就越是尖利；而笛子越是粗大，音色就越是浑厚。元音的区别跟管子的形制有关。在物理上，我们就把这样的管子叫作共鸣腔，不同大小形状的共鸣腔具有不同的特征频率，会和特定音高的音发生共鸣，从而将音高和特征频率相吻合的音放大。因此，元音是由其共鸣腔特定共鸣频率所决定的。例如我们要发元音 i，就得把我们的口腔变成一个约与300Hz和2500Hz这两个频率发生共鸣的管子。发现这条共鸣定律的，是我们前面提到过的德国科学家赫姆霍兹。他当时使用了一个巨大的金属腔体来研究共鸣。随着实验语音学的进步，到了20世纪60年代，著名的瑞典语音工程师方特从物理上对每个元音的共鸣腔形状进行了研究，并推导出它们共鸣频率的计算公式，将实验语音学与工程语音学的研究与应用推入一个新的时代。

其实我们也可以做一个赫姆霍兹共鸣器的实验。最简单的方法是往暖壶里面灌开水，我们可以通过听它的声音来判断水是否已经灌满。当水位不断升高的时候，水的运动会引起不同频率的声音，剩余的空腔部分的共鸣只是增强那些频率接近于其特征频率的声音。随着空腔的减小，共鸣频率升高，所增强的频率也越来越高。当声音足够高的时候，有冲开水经验的人就知道水灌满了。

网上也曾经有人做过另外的实验，例如威士忌酒瓶就可以作为一个很好的赫姆霍兹共鸣器。通过一点儿测量与计算，就可以知道它的共振频率大约是在132Hz左右。如果打开瓶盖后把酒瓶放在电脑喇叭旁边，然后使用纯音生成器生成一个132Hz的单纯音，同时用手遮住瓶盖口开合数次，就会

图6-6 赫姆霍兹共鸣器

明显地听到声音忽大忽小，但是用其他如80Hz或200Hz音波播放的话就不会有任何反应。所以，将空酒瓶放在喇叭前，会导致喇叭播放时产生增强132Hz的共振失真。因此，喝威士忌的音乐发烧友得小心了，记得要把瓶盖给盖好才行。

我们还是言归正传，谈谈人的发音器官。人的声道大约长17cm，在发元音的时候我们可以将它看作是一端封闭（声门）而另一端开口（双唇）的管子。当我们的口腔处于自然放松状态时，可以将其看作是一根均匀的管子，这根管子的最低共振频率就等于波长为这根管子长度4倍的声波的频率，其他共振频率是这个最低共振频率的奇数倍数（3倍，5倍……），这时我们所发出的元音就是央元音ə。当我们发其他元音的时候，管子不再均匀，其共鸣频率也不再均匀分布，但是我们还是可以利用物理知识，算出它的共振频率来。

我们唱歌的时候对管子的调节会跟平时说话时不大一样。如果把正常男子说话和歌剧式的唱腔相比较，我们会发现歌唱时元音的音质和一般说话时的元音比较起来有一些调整。一般的印象是在唱歌剧的时候，声音会显得比较含混，听起来有些类似一边打哈欠一边说话的效果。用一个比较专业的词儿来形容，可以叫作遮盖（covering）。当唱出这种音质的声音的时候，X光片上显示出，不但发声时喉头的位置发生了改变，咽喉的最底部和喉室（真声带与其上假声带之间的腔室）也会发生扩张，这样就造成了在歌唱元音的共振峰声谱中，会多出一个额外的共振峰来。当专业的男歌唱家演唱时，就会出现这个典型的共振峰。这个共振峰不受音高、元音以及力度层次的影响。因此，是否存在这个共振峰，已经被视作判别歌剧中歌唱音质是否合格的一个标准。这个共振峰也因此被称作"歌唱共振峰"。

为什么在唱歌剧的时候要降低喉头产生这样一个歌唱共振峰呢？答案是很有趣的。实际上这个歌唱共振峰的出现，并不是为了使歌唱的声音听上去更好听，而是与歌唱家在歌剧和音乐会表演时所处的音乐环境有关——歌唱家的声音必须要具备能够穿透交响乐团的音乐背景的能力。科学家分析过交响乐团声音能量的平均分布，结果显示，声音的最高理想频率在450Hz附近，这个频率和一般说话时的声音能量所在的频率差不多。因此如果在唱歌时使用一般说话时的能量分布，那声音就会被乐团的背景音乐给淹没。但如果歌唱家训练有素，能够在演唱时创造出歌唱共振峰，那么声音就能穿透强大的交响乐背景而被观众听见。

教我如何不想她

因此，如果一位男性咽喉很宽，又有振动频率在2500～3000Hz之间的大喉头，那么就比那些不具备这样特征的人在经历声乐训练之后更有可能发展出美妙的歌声来。我们也许会注意到，那些著名的男歌唱家往往都是胖胖的，而且有一个比常人要粗的大脖子。可别小看这个大脖子，它可是一件优质赫姆霍兹共鸣器呢！

腹语、呼麦和长啸

不仅仅是西方的歌剧演唱需要进行特殊的声道调节，东方的歌唱艺术同样依赖精妙的声道共鸣技巧。严格来说，这类声道共鸣并不用于语言交流，但在语音学的研究中，关于这类声道调制的研究仍然是富有趣味的。

如果大家看过著名主持人邓志鸿的节目，一定会对他和他的木偶有深刻的印象。在节目中，邓志鸿和他的木偶Junior有许多妙趣横生的对话。而最有意思的是，当木偶Junior说话的时候，我们看不到邓志鸿的嘴唇有丝毫的运动，仿佛真的是木偶在说话一般。邓志鸿所使用的，是一种被称为"腹语术"的技巧。这种技巧向来被认为是江湖上的奇术。例如，在金庸的小说《天龙八部》中，"四大恶人"之首的段延庆就是使用这种方法来说话的。在清朝人徐珂的笔记《清稗类钞》中，也有关于腹语术的记载，说的是巫婆利用腹语术，骗人说自己能召唤死者的灵魂，死者的父亲要求背诵《孟子》，巫婆背不出来，结果骗局露馅，巫婆被打得抱头鼠窜。实际上，这种看似神秘的腹语术，就是一种特殊的声道共鸣技巧。在腹语表演中，表演者依然是使用口腔作为基本发音器官，但更多地使用了腹式呼吸，利用了胸腔和腹腔的共鸣作用，因此听起来说话的声音就像是从腹部发出的。技术纯熟的腹语表演者甚至可以利用腹语来模拟好几种不同的声音，听起来就像是有好几个人躲在他的肚子里一样。

还有一种类似腹语的技巧，是可以在唱歌的时候同时发出两种不同的声音。蒙古族的传统演唱艺术"呼麦"就是如此。呼麦是蒙古语xoomii的译音，本义是喉咙，顾名思义，呼麦就是一种利用喉音唱出两种不同声音的歌唱方法。因此，在蒙古语中，呼麦又被称为"浩林·潮尔"，意思就是喉音。蒙古族艺人在表演呼麦的时候，往往还与传统吹管乐器胡笳相搭配。艺人把胡笳作为一个共鸣器，使呼麦产生的较高泛音在胡笳中得以加强，与艺人声带所发出的喉音构成和声。

一直以来，呼麦演唱被视为蒙古族的族宝，呼麦的演唱技巧也成了可望而不可即的绝活，但如果我们用语音学的手段进行分析，呼麦的唱法并没有那么神秘。呼麦的主要特点，是同时唱出两个不同音高的音：其中一个由声带振动发出，是演唱的基音；还有一个则是由基音在口腔中发生共鸣而产生，是基音的一个泛音。这和我们前面说到的元音的发音原理是一样的。但是，呼麦和一般说话不同的地方在于，演唱者在演唱时口腔的形状和我们说话的时候有很大差异，因此，在演唱呼麦的时候，声道并不能看成是一个管子，而必须看成是一个像赫姆霍兹共鸣器一样的大肚瓶子。管子和瓶子的不同在于，管子可以同时对多个不同的泛音产生响应，而瓶子只对特定的共鸣频率产生响应。这种大肚瓶子所响应的那个音，就是我们听到的呼麦演唱时的泛音。根据呼麦演唱时共鸣位置的区别，呼麦又可以分为胸腔呼麦、喉腔呼麦、硬腭呼麦、鼻腔呼麦、唇边呼麦、舌尖呼麦等六类。

在中国的传统声乐里，也有使用泛音的技巧。例如中国传统文人喜欢使用的"啸"就是其中的典型。中国人很早就开始用啸来抒发内心情感，在《诗经》里就有"其啸也歌"的诗句，啸与歌是紧密相结合的，可看作是歌的一种。此外，《楚辞·招魂》中也有"招具该备，永啸呼些"的说法。古人对此的解释是："夫啸者，阴也。呼者，阳也。阳主魂，阴主魄，故必啸呼以感之。"可见啸也被用来作为宗教仪式或者是巫术中与鬼神沟通的手段。

中国最有名的啸者大概是魏晋时候的名士阮籍了。传说阮籍善啸，后来在苏门山见到真人孙登，阮籍对孙登长啸，孙登不发一言。等阮籍下山的时候，忽然听见孙登在山顶长啸，声音美妙无比，阮籍不由得自愧不如。魏晋时候大概人人

教我如何不想她

图6-7 砖画中的阮籍作啸图

能啸，但是到了唐代，啸就没有那么流行了。因此有一位大理评事孙广就写了一篇名叫《啸旨》的著作，对啸的技巧和理论做了阐述。后来有很多文人都给这篇短文作注，大大丰富了啸的理论与内容。

真正科学的啸的研究，始于近代语音学家赵荫棠《啸歌之兴替与音理的解释》一文。文中提到，啸的发声技巧主要也是依靠口腔共鸣的调节，但很多细节并没有讲清楚。我国实验语音学界的元老吴宗济教授也写过《阮啸新探》一文，对中国古代的啸进行了全面的实验语音学分析。他认为，啸的发声方法"声源在舌端而不在喉"，啸声的原理和我们吹笛子的原理一样，依靠舌尖抵上颚的平缝来形成湍流，再经过双唇的节制而成为清亮的哨音。通过双唇的圆展伸缩来调节前段共鸣腔，形成不同音色的哨声。在啸的同时，用手指插入口中来加强共鸣，则可以使得啸声在数百步之内都能听见。20世纪60年代，南京出土了竹林七贤砖画，图中的阮籍撮指入口，作长啸状，为吹指作啸的方法提供了有力的佐证。除了使用手指之外，也有使用树叶作为发声器的，这种啸声则被称为"叶啸"。

语音与科学

贝尔的故事：从电话到浪纹计

前面我们说过，伦敦大学院的语音学教授麦尔维尔·贝尔曾经写过一本书叫作《可视语音》。这本书的目的，是教那些聋而不哑的人学会说话。乍听起来好像很奇怪，为什么聋哑人也能学会说话？实际上，许多聋人是由于先天遗传导致的，但他们的发音器官并没有问题。由于他们没法儿听见，也就不能模仿父母的语言，于是因聋而哑，成了后天性的哑巴。而麦尔维尔·贝尔所做的，就是发明了第一套代表人类发音的符号系统，把人发音时的口腔器官形态图示化。他

图6-8 电话的发明者亚历山大·格雷厄姆·贝尔（前排）

指出，任何声音都可以用这套符号系统记录下来，而其他人则可以通过这些符号精确地复述，这样，那些聋人就可以照图学话，学习发音器官的协调与配合，从而能够学会语言。麦尔维尔·贝尔的妻子就是一位聋人，虽然她什么都听不见，但却是一个优秀的钢琴师。他们的第二个儿子，电话的发明者格雷厄姆·贝尔（Graham Bell）就诞生在这样的一个家庭里。

1864年，麦尔维尔·贝尔发明这套符号的时候，格雷厄姆·贝尔正在苏格兰爱尔郡担任教师。小贝尔的学期一结束，老贝尔就要求儿子帮助他向公众展示这套符号系统。其间，他们父子参观了英国著名的发明家查尔斯·威斯顿的实验室。威斯顿发明了一个新奇的"说话机器"，小贝尔对这种模拟人声的方式非常着迷，并说服兄弟们一起做出了自己的"说话机器"。

教我如何不想她

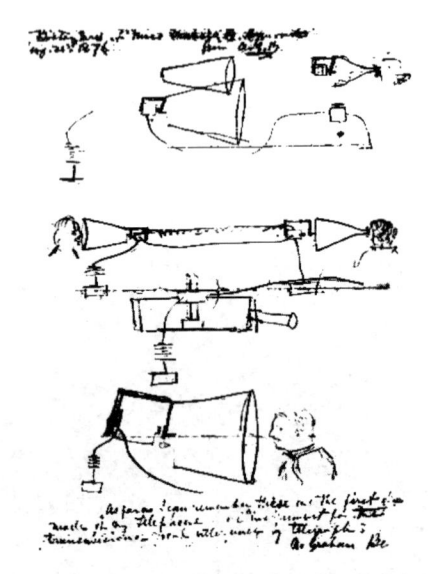

图 6-9 贝尔关于电话发明的一页手稿

1870年7月21日,贝尔举家搬迁到安大略省的边境小镇布兰特福德。小贝尔接受了波士顿学校教育聋哑人的工作,利用父亲的"可视语音",再结合自己的想法,他在语音发音方面取得了很大的成功。在一次参加麻省理工学院的展览会时,他看到了一个叫作"声波记振仪"(phonoautogragh)的发明,通过一张膜来传递声音,把声音记录在烟熏的玻璃上。这个仪器实用价值很低,但是贝尔对它潜在的功能非常着迷。1874年,他回到了安大略省布兰特福德的家中。在这段时间里,他也制作了一台声波记振仪。为了制造这部机器,他在波士顿大学医学院向一位医生朋友要了一个死人的耳骨,把它安装在管子的一端,然后找来一根稻草,将这根稻草放在耳骨内的中耳部分,做成了极其可怕的声波记振仪。当他的声音透过管子传进耳朵时,这稻草会在烟熏的玻璃板上画出图形来。当用这个简陋的仪器研究声音特性的时候,他得到了一个启发:只需要很小的能量就能够扩大人的声音。也因为这部机器的设计,他才有了发明电话的灵感。在草图中,贝尔记下了发明过程中的这一重大突破。

1876年6月18日,身为聋哑人教师的贝尔带着自己新发明的电话,在前往美国费城世博会的列车上写下一段日记:"亲爱的梅布尔,现在已经没有回头路了,今晚我将到达费城,我必须承认,我不会在那里取得什么成果。"会场上各种新发明的机器逞奇斗异,而在贝尔的电话前驻足的参观者却少得可怜。在无意间,评定小组最尊贵的成员巴西皇帝注意到了这个稀奇的装置,并要求贝尔演示一下。皇帝把电话的一个听筒放在耳边,贝尔则在500英尺之外的另一个听筒边朗诵莎士比亚的名剧《哈姆雷特》中的独白。听筒这一端传出的清晰语音令巴西皇帝十分惊讶,他不由大叫道:"我听到了!我听到了!"见此景象,裁判们目瞪口呆,不约而同地蜂拥过来尝试这部神奇的电话。听到声音时,他们都激动不已。贝尔的电话终于取得了惊人的成功。

后来，贝尔的电话还发展成浪纹计，成为早期实验语音学所使用的最重要的仪器之一。依靠浪纹计，声波可以被转换为物理振动从而得到测量，它真正把语音变成了实实在在可视的图形。中国最伟大的语音学家之一，保尔·帕西的学生刘半农，正是使用浪纹计测量了汉语的声调，写出了第一本研究声调的实验语音学著作《四声实验录》。随着现代科技的发展，后来出现了一系列语音学仪器，它们都是建立在电话所使用的、将声音转换为电信号或是数字信号的技术之上。即使是我们今天所使用的语图仪以及语音处理软件，其工作原理也是如此。在两代贝尔的努力之下，人类的语言终于真正变成了一种可视语言。语音学家在人类语音的研究上，步入了一个新的时代。

值得一说的是，贝尔的妻子梅布尔，是他的聋哑学生之一。他们相濡以沫，是最好的合作者。贝尔一生都致力于帮助听力有缺陷的人，还为聋哑人成立了亚历山大·格雷厄姆·贝尔协会。在他去世之后，协会仍继续着征服无声世界的工作。当年贝尔填写职业表格的时候，只字未提电话的发明，他所填入的，仅仅是发自内心热爱的聋哑人教育事业。在他的聋哑学生中，最著名的是个女生，就是那位写了《假如给我三天光明》的海伦·凯勒（Helen Keller）。

水是眼波横：横波与纵波

既然浪纹计是通向可视语音的重要环节，那我们下面就补充一些有关浪纹计的物理常识。实际上浪纹计所记录的就是声波。我们前面已经讲过，声音的产生

教我如何不想她

靠的是振动，而声音的传播，则要依赖一定的媒介。无论是金属、水，还是我们看不见的空气，都可以成为传播声音的媒介，声源的振动在媒介中形成声波，不断传播。

波是振动的一种表现。学过一点近代物理的都知道，根据法国物理学家德布罗意所提出的物质波公式，任何一种运动都可以看作是波。我们不妨以声波在空气中的传播为例。声源的振动，周期性推动靠近声源的空气粒子振动，而振动的空气粒子则带动附近的空气粒子一起振动，这种振动以一定的速度向各个方向扩散，就形成了波。

波可以分成横波与纵波两类。有句诗"水是眼波横"——没错，水波就是一种横波。当我们向水池中投入一粒小石子，或是"风乍起，吹皱一池春水"的时候，我们就可以看见水波形成一个个圆圆的圈，向周围扩散开去。如果这时在水上漂着一片叶子，我们就会看见这片叶子上下浮动，但是不会跟着水波扩散的方向漂走。也就是说，波的振动方向与它的传播方向垂直，这样的波就叫作横波。

声波则是一种纵波，纵波的振动方向与其传播方向相同。当声音在空气中传播时，实际上也在不断改变空气的密度。空气粒子按照疏——密——疏——密……的顺序沿着声波传播的方向排布。当声音传入人耳的时候，疏密不同的空气粒子就会带动鼓膜一起内外振动。鼓膜的内外振动就会牵动内部的锤骨、砧骨和镫骨。这三块软骨叫作听小骨，小而精巧，形成鼓膜与内耳之间的机械链，通过附着在腔壁上的几根韧带悬挂在中耳房内。锤骨的柄固定地附着于鼓膜并覆盖着二分之一以上的鼓面，鼓膜的动作通过锤骨传导至砧骨，而砧骨又与镫骨相连，它就像留声机的针头一样，可以把外界传入的声音刺激放大，之后将其传到耳蜗中。耳蜗则是一个盘成螺旋状的组织，里面充满着黏黏的液体。在这里，物理刺激被转化为神经脉冲，声音变成了神经讯号，传入我们的大脑中。这样，人就可以感知到外界的声音刺激了。

数学家傅立叶

如果我们观察钟摆的运动,就可以发现,钟摆的运动是不断重复的。我们可以把钟摆的运动分解为许多相同的小段,每个小段都包括摆过去与摆过来这个过程。钟摆的运动正是由这些重复的过程组成的。我们把钟摆的这种运动叫作周期运动,也叫作振动,每个重复的过程所需要的时间则称为钟摆的周期。如果要更精确地定义,我们可以说,一个周期为T的周期运动,其在t时刻的状态与t＋T时刻的状态必然相同。周期运动可以产生周期波。我们前面所说的元音,它的声学特点就是周期波。在数学上,最简单的周期波是正弦波,它可以表示为正弦函数f(x) = sinx或者余弦函数f(x) = cosx,它的周期是2π。这个周期波也是我们研究复杂周期波的基础,因为所有的周期函数,都可以分解成 $f(x)=a_0+\sum_{n=1}^{\infty} a_n \sin nx + \sum_{n=1}^{\infty} b_n \cos nx$ 的形式。不必在这里深究这个公式的数学意义,我们只需要知道,所有的复杂周期波都可以转化成我们上面所说的简单周期波之和。而这一点,是在1807年时为数学家傅立叶(J. Fourier)所证明的。

傅立叶1768年出生于法国的一个裁缝家庭,8岁成了孤儿,后来被送入一所军事学校修读。傅立叶自幼表现出过人的天才,在他12岁的时候就能写出华丽的布道词,13岁的时候迷上了数学,常常秉烛夜读,到了14岁他就把6大本的《数学教程》都给读完了。但是19岁时他选择进入本笃修道院,希望成为神甫。此后3年,他不断挣扎于数学与宗教之间。在他写于21岁时

图6－10 数学家傅立叶

教我如何不想她

的一封信中,傅立叶曾说:"昨天是我21岁生日,在这个年纪,牛顿与帕斯卡早就完成了许多不朽的工作。"然而,傅立叶同时也活跃于政治舞台上。法国大革命到来时,傅立叶投身革命,加入了革命委员会,后来又蹲过监狱,差点和罗伯斯庇尔一起被送上断头台。

1795年出狱后,傅立叶来到巴黎高师担任数学系的首席教授,当时巴黎高师名师荟萃,著名的数学家拉格朗日、拉普拉斯、蒙日等都在巴黎高师任教。之后他在法兰西学院与综合工艺学院授课,继拉格朗日后担任分析与力学教授。1798年,他与在拿破仑政府担任海军大臣的著名几何学家蒙日一起,随拿破仑征服埃及,创制了法国在埃及的教育体系,并从事金字塔的考古发掘。傅立叶还在开罗创立了埃及学院,自任学院秘书。在此期间,傅立叶在语言学上也做出了间接的贡献。用于破解埃及古文字的钥匙,著名的罗塞塔石碑当时就是被傅立叶所发现,而为语言学家商博良所解读的。然而遗憾的是,后来在战争中傅立叶被俘虏,罗塞塔石碑也被作为战利品,收入了大英博物馆。

1801年,傅立叶回到巴黎,被拿破仑委任为格勒诺伯大学的校长。他在此处研究了热传导,并发现了著名的傅立叶定律与傅立叶级数。之后,他将此结果写成《固体中的热传导》一文提交给巴黎科学院,却被拉格朗日、拉普拉斯、蒙日和拉克洛瓦组成的评定小组所否决。否决的原因很简单,傅立叶的想法太超前,他们看不懂。这篇文章一直都没有能够发表。直到拿破仑东山再起,委任傅立叶为巴黎科学院的秘书,傅立叶才给自己开了个后门,发表了这个结果。之后,"傅立叶变换"才开始重要起来,并成为了现代实变函数的基础。当然,傅立叶在担任科学院秘书时做过的另一件对数学史影响甚大的事情,是他在去世前几个月遗失了天才数学家伽罗华的论文手稿,以致伽罗华无缘当年的数学大奖,从而改变了伽罗华的命运,最终导致伽罗华在不满21岁时就因为决斗而身亡,为数学史留下了遗憾的一笔。

傅立叶的去世也和他在埃及的经历有关。这位聪明的数学家居然愚蠢地认为,沙漠的酷热是有益于他的身体的。于是他总是把自己包得跟个木乃伊一样,然后待在像地狱一样热的房间里。这种像蒸桑拿一样的习惯,最终导致他心脏病发,在63岁时离世。

语音与科学

语图仪和可视语言

　　有了傅立叶分析这样一件利器，反映时间—振幅变化的声波就可以被转换为反映时间—频率变化的频谱。通过语音分析软件，我们又可以将这种频谱显示在屏幕上或是画在特定的胶片上。这样我们就有了一种把媒介为声波的语言转换为可视图像的方法。这种方法的发明大约在1941年，当时由于战争的需要，美国军方希望发明一种可以把声音转换为可视图像的装置，从而开展了一系列关于这方面的研究。但当时的这类研究主要是为了军事目的，而且被作为军方机密，严加保管。直到二战结束之后，这方面的研究才得到公开并可以用于民用项目。很快，有些研究者找到了它的新用途：他们认为，这项技术有助于聋哑人与正常人之间的远距离语音交流。只要能够教会聋哑人阅读语音图，就可以让聋哑人和正常人通过电话交谈。因此，人们用老贝尔那套帮助聋哑人学语言的语音字母的名字来命名这项技术，称之为"可视语言"。

　　虽然在频谱图上显示出来的每个单词，其图形都不一样，但同一个词，即使说话者不同，其图形仍然具有很大的相似性。也就是说，一个单词在语言中表现为特定的音组，而在频谱图上同样表达为特定的图像组，而且图像组和音节组是一一对应的。这就是频谱的阅读原理。尽管研究者们很早就发现了这个原理，但直到1943年才开始了对于如何阅读这类频谱图的系统研究。当时，研究者们面临着三个问题：一、不同的语音是如何在语图中被表达的；二、相同的语音是如何被区别的；三、哪些特征才是能够帮助识读的。为了解决这三个问题，研究者录制了男女发音人的英语基本发音各一套，以及基本发音的各类不同组合，并将语图与同一时间的发音器官运动图相对照。

　　同时，研究者们也成立了一个实验小组，找了七位听觉正常的青年女性作为培训对象，由原来的频谱图研究者们负责教授她们如何阅读频谱上显示的语音。之所以选择听觉正常的人进行实验培训，是出于两个方面的考虑：第一，研究者并不知道这项技术对于聋人来说是否便于掌握，可能聋人在读语图方面的能力也

教我如何不想她

不理想,因此没必要先冒这个险;第二,这项技术也需要培养一批未来的教学者,而教学者自然是以听觉正常者为佳。

培训班的课程安排是每天两个小时,其中一个小时讨论语音学的原理,而另一个小时则学习如何阅读频谱。课外另外安排一个小时作为练习。剩余的时间由研究者们进行录音,并准备新的教学材料。一开始的时候,学习进度非常缓慢,因为从来没有过这方面的先例可循。研究者需要辨别语图上哪些特征对于识别来说是重要的,而哪些可有可无,从而根据研究的进度来调整教学。当时的技术并不先进,每一幅语图需要数分钟的时间才能烧制完成。到了1944年的时候,发明了一种用于课堂教学的语图仪,可以即时将语音转换为语图,并显示在屏幕上。语图从屏幕的右端出现,缓缓向左端推移,识读时的顺序则是从左到右。这种仪器的发明提高了识别的效率,也促进了课程的改革。据当事人回忆,上课的情形基本上是这样的:大家围着语图仪的屏幕坐着,两名学员站在教室后面的暗室里,对着话筒说话,语图在屏幕上不断显示出来,大家就根据语图判断暗室里的人到底说了什么。当出现问题的时候,负责教授的研究人员就打断讨论并予以讲解。教室的布置很讲究,室内的亮度、椅子的高度和观看屏幕的角度对识读语图都会有影响,因此这些问题都在实验人员的考虑范围之中。识读语图是一件需要聚精会神的很辛苦的事儿,学员们尽管很累,但在休息时仍然兴致勃勃地聊个不停。一年之后,整个组都能够流利识读语图了。

尽管这次实验性的训练很成功,但研究者还不是很确定它是否能够成为聋人用于电话交流的一个辅助装置。于是,一名聋人工程师加入了学习班。在此之前,他已经熟练地掌握了读唇语的技术,并且获得了机械学的硕士学位。研究者希望通过他的加入,能够更好地改进教学与仪器设备。虽然他本人对"聋人辅助计划"没有多大兴趣,但还是加入了这个班级。而当他发现可视语言的潜在可能性的时候,他的兴趣被激发了。他学得很快。而这个实验小组也给他提供了一个打电话的机会。在1945年2月2日,他打出了世界上第一个由聋人打出的电话,而在1945年8月28日的时候,他接到了世界上第一个由聋人接听的电话。

实验证明,教学非常有效,聋人和正常人在学习可视语言方面的进度差不多,通过90个小时的学习,就能掌握约300个英语词汇。这种增长是持续的,那位聋人工程师接受了约200个小时的训练,掌握了800个词汇。只需一年的学习,任何人都可以熟练地使用可视语言来进行电话联络了。

但是这项技术最终并没有被用于电话，或许是由于科技发展日新月异，尤其当互联网发展起来之后，文字图像的传输变成一件非常容易的事儿，聋人们也不必费心去学什么可视语言了。然而语言学家们却开始注意到这项语音分析技术在语言学研究上的巨大潜力。语音学的科学分类应当建立在语图的基础上。正是在这个背景之下，1952年美国语言学家罗曼·雅各布森、莫里斯·哈雷（Morris Halle）和瑞典工程师古纳·方特（Gunnar Fant）发表了宏文《语音分析初探》，将语音单位分析为12组特征，并将特征与语音的声学特性对应起来，实现了语音学与音系学的完美结合，而这项工作正是在语音频谱图的基础上完成的。

现在，语图已经变成了语音学家分析语音所不可缺少的重要工具，而电脑技术的进步使得语图的完成变得轻而易举。现在语音学家只需要打开电脑，将一个录制好的声音文件导入语音分析程序就可以得到一张长度不限的清晰的语图。这是哪怕20年前的语音学家们都不敢想象的事儿。现在最有名的语音分析工具是美国KAY公司的CSL系列，它包括了一套声学器材，以及配套的软件与插件。利用这套工具，我们可以进行各类不同的语音声学分析。

然而一些商业公司的软件售价昂贵，不要说个人，就算是国内一般的语音学实验室也难以负担。因此，世界上的很多语音学家已经开始转用另一套免费的语音分析程序，它的名字叫作Praat，这个词在荷兰语中是说话或交谈的意思，其作者是荷兰阿姆斯特丹大学人文学院语音科学研究所的主席保罗·博尔斯马（Paul Boersma）教授和大卫·威宁克（David Weenink）助教授。Praat最早的版本发布于1993年。起初用户还无法自由地下载使用，但从2003年6月5日的4.1版起，作者取消了专门的授权并开放了绝大部分源代码。从2004年3月4日的4.2版起，作者开放了全部源代码，使Praat成为公开的软件。相隔短则一天，长则月余，作者就会发布最新修订的版本，消除旧的故障，增添新的功能。

现在Praat已成为全世界实验语音学、心理语言学、语言教学、语言调查、自然语言处理等相关领域的高校教师、学生和其他研究人员普遍选用的专业软件。Praat的普及，终结了从事实验语音学特别是声学语音学研究必须依赖价格昂贵的实验仪器的时代，许多语音学实验室不再使用各种陈旧的语图仪，而仅仅配置安装了Praat等软件的个人计算机和灵敏的麦克风作为必备的器材。如果读者有兴趣，

教我如何不想她

可以自行往http://www.fon.hum.uva.nl/praat/网址下载最新版本的Praat，并试着用它制作一些语图。中文版操作手册则可以参照http://praatman.googlepages.com/的徐清白翻译版，或者中国社会科学院熊子瑜的操作手册。

下面是三个常见元音i、u、a的语图，上面那张是窄带图，下面是宽带图。竖轴是频率（0～5000Hz），横轴是时间（窗宽4.3秒）。颜色深的频率区是能量强的地方，颜色发白处则是声波被过滤或压抑的频率区。从宽带图上可以看到有些地方黑糊糊一片，那是能量集中的区域，叫共振峰。中间还有一条条线通过，那是共振峰的峰顶所在，从下往上第一条叫"第一共振峰"F1，第二条叫F2。从F1和F2的分布可以看出那是个什么元音：i的F1很低，F2很高，两者相隔很远；u的两条线挨得很近，都很低；a呢，也挨得很近，但频率稍高。

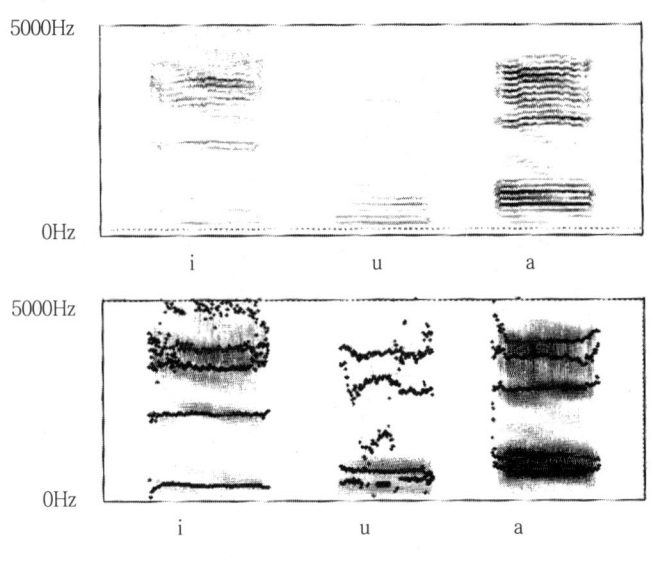

图6-11 元音i、u、a的语图（【上】窄带图，【下】宽带图，并叠加共振峰显示）

语音与科学

降调短，升调长

如果让一个不懂汉语的西方人，例如英国人或是法国人来听汉语，他们一定会觉得汉语听上去高高低低，像是在唱歌一样。这是因为汉语的音节结构中，除了前面讲到的声母和韵母之外，还有一个重要的构成部分，那就是声调。汉语声调的主要性质是音高的变化。在人类语言中，音高变化的产生与调节，是由声带的松紧程度所决定的。当我们想发一个高音的时候，我们的声带就会拉长、拉紧；而想发一个低音的时候，声带就会松弛。除此之外，声带下面气流的流速也跟声调有关。如果其他条件不变，那么，气流流速快，声调就会高一点；流速慢，声调就会低一点。这跟拨动琴弦的道理一样，用力大点，琴弦就振动快点，频率也就高点；用力小点，频率就会低点。肌肉与气流两方面的调节，决定了声带所产生的音高。

如果仅仅有音高，那还不足以成为声调。在日语中也有音高的变化，例如日语的はし hashi，如果读成前低后高的 ha**shi**，意思就是"桥"，但如果读成前高后低的 **ha**shi，意思就成了"筷子"。但是我们并不把日语看作一种声调语言。只有当一种语言中出现了多于两个的、系统性的音高对立，我们才说它是一种声调语言。汉语就是一种典型的声调语言。在不同的汉语方言中，声调的音高形态复杂多样，除了维持一定音高的平调之外，还有声调的曲折变化。最常见的曲折变化自然是升调和降调。在发升调的时候，声调会从一个低调的起点向高调的终点连续变化；而降调则是从高调的起点向低调的终点连续变化。如果把升调与降调组合起来，就构成了有升有降的折调。

从我们的听感上来讲，降调的时长一般都会比升调略短一些。语音学家曾经做过实验，发现同一个音在前后都是升调的情况下会让人觉得比在前后都是降调的情况下短一些。这是什么原因呢？那还要从声调的来源——声带的生理结构说起。

我们的声带对称地分为左右两条，就像是并列的两根琴弦。声带的一头连在甲状软骨上，另一头则连在勺状软骨上。我们可以轻易地辨认出自己的甲状软骨，

教我如何不想她

尤其是男性,更加容易。因为男性的甲状软骨前端有一凸起,这个凸起就是我们常说的喉结。当我们用手抵住喉结那个位置的时候,我们的手就正按在声带的一端。勺状软骨则是一对呈"L"形的软骨,与我们声带的另一端相连接。它们组成一对阀门,在声带开闭方面起主要作用。人们正是用甲状软骨、勺状软骨以及其间所连接的肌肉来对声调进行控制。如果需要声调上升,毫无疑问,我们只要收缩这些肌肉,将声带拉紧就可以了;如果需要声调下降,我们就得让声带松弛,而这要比拉紧声带简单得多,因为声带的自然状态就是松弛态。人在说话时,随着肺部的气流慢慢被呼出,声带下气流的流速自然减小,因此声带的振动自然就是一个降调。所以发升调比发降调从生理上要更为费力,故而需要的时间也更多。实验也证明,在发降调的时候,喉部的下降和声调的下降是同步的,而发升调的时候,喉部的上升要比声调的上升延迟一些。

此外,从产生声调的神经控制机制来看,降调也比升调消耗的时间要少。在声调的音高连续变化的过程中,并非其中每一点的音高都对我们的语言交流有用处。日常说话的时候,由于语速很快,声调常常是不完全的,但是并不影响交流。因此,声调中应该蕴涵着某些特征,只要达到这些特征,声调就能被对方所辨识,从而起到交流的作用。这样的特征,我们把它称作声调的语言学目标(linguistic target)。例如,平调的高度就是平调的一个语言学目标,只要音高达到这个高度,就可以被辨认成一个平调。那么,降调和升调的语言学目标又是什么呢?研究发现,降调的语言学目标在它的起点高度,只要从这个起点音高开始下降,降调就能被辨认出来。而到底这个降调会降到多低,实际上是不太重要的。而与降调相反,升调的语言学目标则在它的终点高度,升调升到什么位置,才是人们辨识升调的时候最关心的,而其起点在何处,则相对没那么重要。因此,降调不管是降多一些,降少一些,快一些,慢一些,都不影响这个降调本身的表达;而升调则必须小心翼翼地升上去,终点目标既不能太高,也不能太低,从神经的控制上来说,难度更大一些,从而也就更耗时一些。

语音与科学

声纹能定罪吗？

前面我们已经讲到过《梦溪笔谈》里面的故事，宋代人就已经懂得利用辅助声源来帮助司法断案。大概古代用得最多的方法就是听声辨人：让几个嫌疑人站在证人看不见的地方说话，然后让证人确认其中哪一个声音与犯罪者的相似。这种手段和现代司法语音学的原理是一样的，都是对声音的辨认。只不过古代靠的是证人的心理感觉，而今天的司法语音学鉴定所使用的则是基于现代技术的声学分析。

在现代的司法语音学里面，一个人的全部个人语音特征被称作"声纹"。由于每个人的发音器官以及后天环境影响导致的发音习惯都不一样，所以人的声纹就像人的指纹一样，具有独特性，这是进行声纹辨认的基础。1981年，在美国密歇根州成立了"国际声纹鉴定学会"，标志着声纹鉴定这项技术开始得到法庭科学的承认。

声纹分析所使用的技术和前面所讲的频谱分析差不多，不同的语图也称作不同的声纹图。目前应用的语图仪可以制作七种声纹图：宽带声纹、窄带声纹、振幅声纹、等高线声纹、时间波谱声纹、断面声纹（又分宽带、窄带两种）。它们分别对应于语音学上的宽带语图、窄带语图、音强图、波形图以及频谱图。在声纹分析中最常用的语图是宽带语图，宽带语图主要的分析对象是语音中的共振峰。对于声纹鉴定来说，最稳定的个人语音特征莫过于代表发音人声道特征的共振峰，共振峰的数量、走向和频率都是声纹鉴定的重要对象。

声纹鉴定主要可以分成两类，第一类是说话人辨认（Speaker Identification），由说话人来判断某段语音是若干人中的哪个人所说的；第二类是说话人确认（Speaker Verification），由说话人来确认某段语音是否是指定的某个人所说的。一般在某个案件中，首先获得的是现场录音，然后将其与取证时录制的嫌犯录音样本相比照，从中确定嫌犯。对于声纹鉴定来说，样本的采样率越高、越清晰，越有利于声学分析，但是犯罪现场的录音往往不能尽如人意（或许是因为所谓的墨

教我如何不想她

菲定律？）。此外，即使是同一个人说同一句话，在不同的场合、环境、情绪之下，其声纹都不可能完全相同。因此，声纹鉴定存在着鉴定错误的可能性。一般来说，这是个概率上的问题。我们可以说，语音学家所能提供的，只是现场录音与取证时的嫌犯样本之间相似度的大小，而究竟是否能定罪，仍然要取决于法官的判决。声纹本身不能定罪，能定罪的是法官，他是按照社会常识和统计学原理来判案的。

朱晓农曾经在澳大利亚参与过两次刑事案件的声纹鉴定。记得某次声纹鉴定的结果是，现场录音与嫌犯样本的符合度是99.7%，如果判嫌犯有罪，那么就有千分之三的可能性错判。这当然是个概率问题，语音学家的证词只能说到这儿为止。接下去的判断，此处"判断"就不是一个简单的判断了，而是"判案"，那是法官的职责，是他的工作。法官会怎么判呢？如果一个社会信奉"宁可错杀三千，绝不放过一个"，那么，就如朱晓农某次讲座谈到这个例子时一位听众急切地喊道："要判的！要判的！朱老师你可不知道那些罪犯有多凶恶！"这是一种判法，也是一个社会的某种"活法"——生活哲学。不过，要是一个社会信奉"宁可错放三千，也不冤枉一个"，那么，正如上面举的那个案例，法官为了避免该嫌疑犯成为那倒霉的千分之三，就会将其释放。

那么，可能有读者会质疑了，就这么放走了嫌犯，不是便宜他了吗？他不是犯罪的几率很高很高吗？是的，这次是便宜了他。但如果他再犯，还碰到类似的语音证据，那么两次独立的千分之三犯罪可能性，相乘起来，就是百万分之九。这时概率小到像DNA的证据一样，这个小概率近似于不可能事件，法官就会毫不犹豫地送他去坐牢。那么，可能还会有读者要问，要是他以后不犯了呢，这次不是给他逃过了吗？——不犯了不是很好吗？法律不就是要起到这种震慑作用，防患于未然吗？你判了他坐牢，出来说不定成惯犯。但如果放过这一次，而他从此金盆洗手，那是法律的胜利，而不是失败。

语音与科学

从音位到区别特征：哲学含义

上面我们提到诗学家罗曼·雅各布森，他实际上在语言学，尤其是语音学和音系学方面的成就更大。他先后在哥伦比亚大学、哈佛大学及麻省理工学院任教，还是9个科学院的院士，并获得25个荣誉博士学位。雅各布森精通多国语言，尽管每一国语言从他嘴里说出来听上去都像是俄语。他出生于俄国，早年在捷克求学任教，在那里加入了著名的布拉格学派，并为推动、发展音位学的理论和方法出了大力。二战期间，他移居美国，为美国培养了大量的语言学家。其中最著名的学生，就是麻省理工学院开一代形式音系学学范的莫里斯·哈雷（Morris Halle）。

图 6-12 雅各布森

雅各布森的父亲是位化学家，他曾对儿子的事业表示不解，不知道这音位学到底是干什么的。雅各布森告诉父亲，音位学和研究自然物体一样，追踪最小单位——基本粒子。1952年，雅各布森和哈雷以及瑞典工程师方特合著了著名的《语音分析初探》，从语音学，具体地说是声学语音学角度，来寻求世界语言音系的"基本粒子"。这就是此后半个世纪音系学的基本单位——区别特征（distinctive features）。

区别特征的发现对共时音系学的蜕变——从音位学嬗变到生成音系学——起到了催化作用。1968年，哈雷和乔姆斯基合作，出版了《英语音型》（*Sound Patterns of English*）一书，完全剔除了早期公式音系学的基本单位——音位——这个概念，把音系学的基本单位定为区别特征，并直接连接到形态音位上。这种做法一方面发展了形式音系学，另一方面也把它的弱点暴露无遗。一直到近年来朱晓农发表了《音节和音节学》，把音系学的基本单位首次定为"结构单位"，而不是过去100年

教我如何不想她

来的"最小的分析性单位",才算理清了语音学和音系学的关系。不过这是后话,当年区别特征的发现(语音学中而非音系学中)是很有哲学意义的。

我们知道,自古以来,哲学上,不管是古希腊的还是古华夏的,就有一种看法:物质是无限可分的。用庄子的话说就是:"一尺之棰,日取其半,万世不竭。"在物理学中,就是不断地发现小了还有小,小了还有小……从分子到原子,再到原子核,再到粒子。每次切分,都从空间上分解,即横切出更小的物体。但到了粒子以后,无法再横切下去了。最后是竖剖为不同的"夸克"。每种夸克是不单独占有空间的,它跟别的夸克拧成一个粒子。这在哲学上就大成问题了。物质不是无限可分的,至少不是空间上无限可分的。不同夸克在同一空间单位内拧成一个粒子,那么夸克就不是物质本身,而是一种性质。物质不断横切、横切,到最后是竖剖了——从物质分解为性质了!这可是哲学上的大意义。

夸克的发现是在20世纪60年代,比区别特征的发现晚了10年。语音也是一种物质,它不占有空间,但占有时间。从时间上分解、横切语音,我们可以把大的语音单位——句子——切分为短语,再切分为词,再切分为音节,然后就是声母、韵母等。从语音学上说,就到了辅音、元音音素这一层了。是不是还能再横切呢?如果把一个元音a在时间段上再横切,它不过成了个短a,再切分下去就成了一个脉冲、一个声波周期了。不过,这时可以把它竖起来剖分为语音的性质——区别特征。数个区别特征(如[+主音性,+集聚性,+洪音性]等)都不单独占有时间,它们拧成一束,构成了元音a的语音属性。你看,物质层层切分到最后,变成了性质。这个哲学上的基本看法的转变,语音学比物理学早了10年。

语音与人种差异

我们在讨论发音器官时,都不言而喻地假定全人类是一致的,所以我们能用同一套生理、物理参数来描写所有语言中的音。事实上也基本如此。不过,总还有些种族差异,对发音会产生一些影响。例如舌头的长短似有种族差异,Brosnahan曾有过一些测量数据(有些数据的受测人数较小),见下表。表中显示日本人的舌头明显短于非洲人和美拉尼西亚人。这引得大语音学家卡福(Catford)忍不住遐想,日语音系简单是否与短舌头有关,再进一步,跟日语音系中没有边音L可能有关。

表6—1

人种	舌长范围(mm)	均值(mm)	受测人数
非洲黑人	73～123	97	7
美拉尼西亚人	70～110	84	5
日本人	55～90	73	127

喉部肌肉也有种族差异,例如环甲肌,这是环状软骨前面上下牵动甲状软骨的肌肉,它能同时拉紧声带。它有三种不同的情况:(a)单条肌肉;(b)两条在中间挨着的肌肉;(c)两条完全分开的肌肉。它们的分布情况在不同民族中是不一样的。欧洲人基本上是c型;Hottentots & Hereros人基本上是a型;日本人有一半强是c型,三分之一是b型,还有少量是a型。欧洲人跟日本人还有个不同的地方,有两条控制喉门往上到咽腔的肌肉,绝大部分德国人(85.7%)和丹麦人(83.7%)都有,但日本人中只有不到五分之一(19.7%)的人有(Catford 1978)。丹麦语中有喉门紧缩(glottal constriction)音,德语中有一种"挤咽"的音质,不知是否与此有关。

不过,语音和人种方面的关联也许跟下一节要讲的两条小小的笑肌(risorius)最为有关。

教我如何不想她

汉语中为什么有"又高又紧"的i元音

中国人学英语，如果老改不了口音，总是拿汉语里面的i去对英语里面的i，可以说十有八九都会偏高。汉语里的那个i总是特别高，特别"紧"，甚至还依稀可闻一些摩擦的噪声。这个"高i紧i"还不断地向更高的方向发展，直到国际音标的元音图实在容不下它。这种情况，我们把它叫作"高顶出位"。

汉语中的高顶出位非常普遍，由于汉语的i都很高，略不小心再让它高一点儿，就会发生擦音化现象，变成一个存在摩擦的高元音i。这个音在江浙一带的吴方言中普遍存在。这个带擦高元音再继续高化，就会成为舌尖元音[ʅ]。中国的好多方言，例如西北的官话，安徽的江淮官话，广东某些客家话，山西汾阳、文水等地的方言，都有这种现象。例如安徽人读"鸡"，就会读成像普通话的"滋"一样的音。因此，合肥人就有这样的段子："从肥东到肥斯（西），买只老母滋（鸡），丢到河里死一死（洗）……"早晨起来洗脸，还互相推让客气："你先死"，"不，你先死"，"那就大家一起死"。

高顶出位的另一种表现，则是会给高化的[i]再加上个鼻音。在浙江省的温州话里面就有这个现象。类似的情况在温州附近的苍南、泰顺的蛮话里也可以见到。

还有一种情况，则是高化了的[i]会发生分裂，从[i]分裂为[ij]，然后变低，成为[ei]，再变为[ai]。就像英语里面的i读成[ai]一样，经历了同样的变化。

既然高顶出位在汉语中如此普遍，那么又是什么原因导致了高顶出位的产生呢？这个问题一直是个大难题，迄今为止用来解释这种变化的概念都很抽象。其中最著名的也许是法国语言学家马丁内（Martinet）提出的两条对立的抽象原理：省力原理和区别原理。省力原理是从说话人方面来说的，说者有"发音和心理上的惰性"，一个发起来更简易的音自然就更受到说话者的偏爱；区别原理是从听话人角度来考虑的，听者要听明白，也就是"交际的需要"，则要求说话者不能省过了头，至少足以把不同的意思给区别开。因此，"语言演变可以看作是受控于这两方面永恒的冲突的"。

而高顶出位的出现，可以看作是区别原理起作用的结果。汉语大多数方言的一个特点就是有［y］的存在。一般来讲，世界上所有语言基本都有［i］，但和［i］相对的圆唇高元音［y］则只存在于少数语言中。在有［y］的语言里，为了和［y］区别开，这个语言中的［i］都会略高一些。例如汉语中的［i］就比英语中的［i］来得高，因为英语没有［y］。而较高的［i］则容易带点儿摩擦，因此就会在说话人有意识加强区别的过程中，逐步发生高化或是裂化。

更进一步，从世界范围的语音分布类型来看，高顶出位的擦化元音i和舌尖元音ɿ在汉语（以及周边语言）中特别普遍，欧洲语言、阿尔泰语群中几乎没有这样的元音。这是为什么呢？原因或许与种族的生理差异有关。我们左右嘴角后各有一条横向小范围活动的risorius肌肉（笑肌），微笑时它会把嘴角往后拉。但是，这两条肌肉不是每个人都有的，而且明显带有民族差异：中国人和马来人中分布最广，几乎人人都有（80%～100%）；其次为欧洲人（75%～80%）；再次为非洲人（60%）；而澳洲土著和美拉尼西亚人中只有20%的人有这种肌肉。这对表情来说当然影响很大，对发音来说也有影响，比如大展唇发很高的i就需要这两条肌肉。由于中国人几乎人人都有这种肌肉，所以汉语各方言里的i都能发得很高很紧，甚至是高顶出位的擦化。相比之下，其他很多民族不是每个人都有，所以无法把高顶出位的元音作为一种音位。

笑肌的另一个功能是帮助微笑。也许这么说不对，笑肌本来就是用来助笑的，发擦化元音才是另一个功能、额外的功能。一些外资企业到中国来，常举办员工培训课程，有一项内容就是用手指往上提嘴角，训练中国员工微笑。嘿，真多此一举了，这只能说明外国老板没有语音学知识。他们到非洲去训练员工微笑有这必要，但到中国来用不着用手指帮助微笑，因为我们每个人都有笑肌。中国人微笑时很迷人（如果心情好），生气时爱撇嘴，都是有生理基础的。

教我如何不想她

小个子发声：假声和嘎裂声

我们上面提到周杰伦唱歌时用嘎裂声，沈星说话时也常用嘎裂声。其实，在从南到北很多很多方言中，都有嘎裂声。当然在大部分方言中，它只是个辅助的、伴随的语音特征，用来刻画一个꜖低꜖的特征。例如北京话的第三声꜖好꜖字，发音时是个向下拐，然后翘起来的꜖凹调꜖。就在这最低的拐点上，很多人都会发成强弱不等的嘎裂声。

还有不少语言中，嘎裂声是能用来区别意义的。比如河北省境内的元氏县南因乡方言，属于秦晋官话，共有五个调类：阴平［42］、阳平［52］、上声［44］、去声［50］、入声［324］。其中竟有三个降调。我们知道，降调的语言目标在声调曲线的起点高点处，因此元氏县南因乡话的阴平［42］和阳平［52］的差别就在起点的高低不同上。但是，阳平和去声这两个降调的起点相同（例见下图），区别就在于调尾的发声不同。语图左面是阳平字"寒"han[52]，调头起点是136Hz，是一个普通发声的降调。右面是去声字"饭"fan[50]，起点是138Hz，最后阶段带有嘎裂声。还有个区别是，带嘎裂声的声调较短。

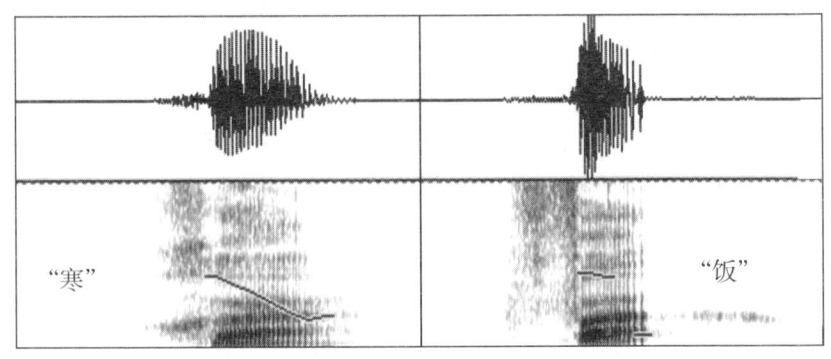

图6-13 属秦晋官话的元氏县南因乡话中，嘎裂声作为降调对立的区别特征
【左】阳平"寒"han[52]，普通发声的降调；
【右】去声"饭"fan[50]，调尾带有嘎裂声，基频断裂在当场的听辨实验中，发音人可以轻易地分辨出这是两个不同的调类，那么它们的区别是由什么决定的呢？这时候发声态的不同就要发挥作用了。阳平是用康冽嗓音（clear voice）清声态，去声是嘎裂声，因此两个用不同发声态发声的调类差别便产生了——去声听起来比阳平降得更低，而这全拜嘎裂声所赐。下面一个例子也许看得更清楚，连调长的区别都没有了，调头起点几乎一样高，但最后阶段一个是普通发声，一个是嘎裂声。

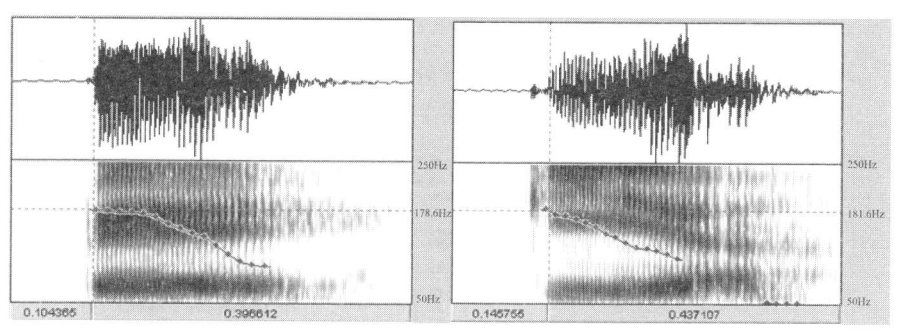

图 6 - 14　贺州厦良村八都话
【左】阴入字，普通发声；【右】阴去字，结尾处有嘎裂声

嘎裂声还可以作为凹调对立的区别特征，下图是安徽省境内江淮官话寿县方言的一对例字：阴平 [303]，阴上 [323]。两者音高起点、终点、时长都相当，唯一的区别在于前者用嘎裂声，后者是常态发声。

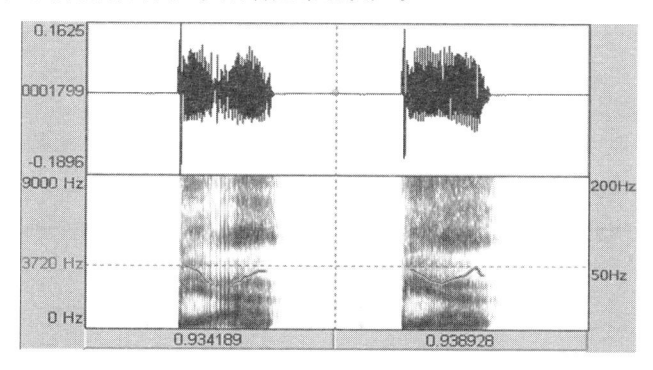

图 6 - 15　嘎裂声作为凹调的区别特征
【左】阴平"边"$pi\varepsilon n^{303}$，音节中间有嘎裂声，调头起点108Hz；
【右】阴上"扁"$pi\varepsilon n^{323}$，普通发声，起点109Hz，时长相当

教我如何不想她

　　汉语方言中有那么多以前从未注意到的发声态，嘎裂声不但用于南北数以百计的方言中，还广泛用于通俗歌曲中，这当然不是偶然的。相反，黑人白人的男低音却能唱得极低依然浑厚，例如罗伯逊唱到50Hz声带还好好地振动，没有嘎裂，其原因下面讲完假声再来讲。

　　汉语方言，尤其是南方的方言，如浙江南部的吴语、江西北部的赣语、湖南的湘语和赣语、广东广西交界处的粤语，都大量使用假声作为声调特征，甚至作为语素。下面图6－16是一位长沙男发音人的例子，湘语长沙话有六个声调，有发声态区别，阴去是用假声（或者它的变体张声）发的。这位男发音人的大部分阴去例字是用张声发的，频率很高，个别字用假声，最高达327Hz。

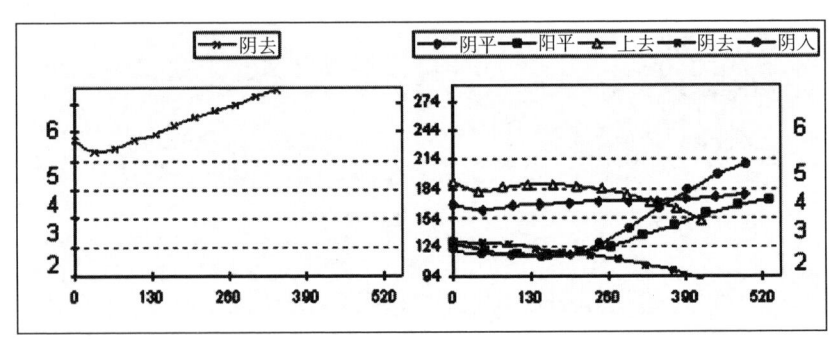

高域 [3～6]				阴去 66	
中域 [2～5]	阴平 44	阳平 24	上声 53	阳去 22	入声 25

图6－16　长沙话声调格局图（【左】高域调；【右】中域调）

　　假声不但可以用为声调的特征，还能作为一个小称语素。粤桂交界处的粤方言，如前面讲到的信宜话，存在一种"超高调"，用以表示小称。这个高调高得超出了常规，因此被称为"超高调"。它已经没法用五度制来表达，所以用一个上升箭头表示。

　　不但汉语方言，南方的少数民族，尤其是人数众多的壮侗族，他们的语言中也大量使用假声。例如前面说到的贵州的高坝侗语，有五个平调，四个低的都是真声，分布在100多Hz到220Hz之间。但那个最高的平调高高跃起，用的是假声，音高几达370Hz（见图3－4）。

汉语和周边少数民族语中，不但语音中有假声，音乐中更是如此。中国各地的地方戏几乎都用假声，如京剧、黄梅戏、秦腔、越剧、粤剧、绍兴大板等等。练功吊嗓子吊的就是假声，像梅兰芳《贵妃醉酒》出场那一声假声的吆喝，可以达到800Hz。阿宝唱的信天游更是高达近千赫兹。但与此相对的是，帕瓦罗蒂可以唱到600Hz依然使用真声。有人认为，地方戏都在野外唱，比如打谷场上，所以要用假声高叫，远处的人才能听见。这有一定道理，但不是全部道理。因为帕瓦罗蒂他们也经常开露天演唱会，但依然使用真嗓子。另一方面，如果要远处的人听得见，使用低音才传得远，而不是高音或超高音。

那么，是什么原因造成东西方语音和歌唱的发声不同呢？

原因可能与人的体形大小有关。我们知道，人体各部位比例都是协调的，体格大的声带一般也粗厚而长，体格小的声带一般薄而短。声带就像两根橡皮筋，厚长的声域范围一定大过薄短的。具体地说，欧美人可以低到像罗伯逊那样，50Hz还是浑厚地、不失原真地振动，高可像帕瓦罗蒂，超过600Hz还是圆润地唱着真声。而亚洲人体形较小，声带一般较薄较短，薄而短的声带一高就假声，一低就嘎裂。所以在我们的语音系统中有那么多假声和嘎裂声，而且南方比北方更为普遍，因为南方人的体形比北方人更矮小。也因此在我们的音乐歌唱艺术中那么多地使用假声和嘎裂声。

热带之声：气声

汉语从古到今，都有一种"清浊"音的对立。例如1400年前，大语文学家陆法言在他的名著《切韵·序》中说："吴楚则时伤清浅，燕赵则多涉重浊。"

教我如何不想她

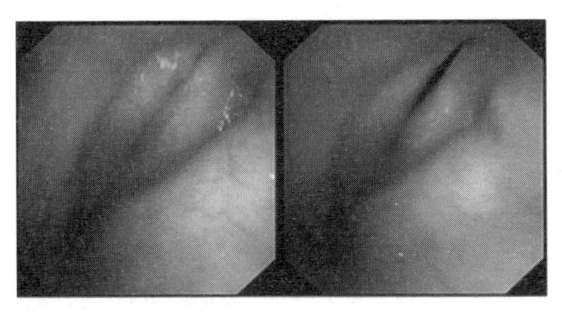

图 6 - 17 【左】普通发声；【右】弛声：漏气的浊声

那么，清音、浊音到底是什么意思呢？古人没明说。直到 20 世纪引进了西方的语音学，才根据发声母辅音时声带振动与否来解释它们。声带不振动的声母叫清音或清声母，声带振动的声母叫浊音和浊声母。这 100 年来不管是东方的语言学家，还是西方的学者，都是这么理解的。

但实际上这是错的。首先，古人是否告诉了我们，浊音是振动声带的？没有，他们没说过这样明确的话，他们只是说听起来这音是浑浊的。那这浑浊的音是什么意思呢？用现代语音学的概念来解释，它是怎么回事呢？

原来这"浊音"是指声带振动没完全关闭得很紧时发出的音。我们一般发音时，声带振动是一开一闭，开的时候气流冲出喉门，闭的时候气流就被关闭在喉门下。所以我们发音时气流不是连续的，而是一股一股的，当然时间间隔很短，大概几毫秒（一般不到 10 毫秒）一个周期。这就像放电影一样，画面本身不是连续的，但由于一格一格连着放，间隔很短，所以视觉就形成一种幻觉，以为是连续的画面。听觉也一样，一般你都会觉得气流或声带振动是连续的音，只有听到很低沉的音的时候，比如姚明、基辛格说话时，你好像能听见声带一个一个脉冲。发浊音的时候，如果声带在关闭那个阶段，没有完全关上，还露点缝（见图 6 - 17）。那么这种关闭不严、漏缝发出来的韵母（注意，主要在韵母段上，不是声母）听起来就不清冽，而是很浑浊。所以古汉语中"清浊"的浊音就是这么发的，而不是像今天英语、法语那样的 modal voiced sounds。欧洲语言、阿尔泰语言中的 voiced sounds 是常态的带声，一开一闭是清清楚楚的两个阶段，关闭得很严实，不漏缝、不漏气。所以它们不是"清浊"对立，而是清声和带声的对立。

这种漏气的浊音现在叫作"气声"，强烈点的叫"浊送气"，弱一点的叫"弛声"，意思是声带振动时很"松弛"。用来标示的音标符号是下加两点，如 ä。这种弛声元音很早就发现了，最早是基督教传教士艾约瑟牧师在上海话中发现的，当然具体性质他还不明白。到了 20 世纪初期，刘半农和赵元任解释了它的语音性质。近年来我们在大规模的语言调查中发现，不但吴语中有，赣语、湘语、桂北土话，还有苗瑶语、侗台语、南亚语、藏缅语中都广泛存在着。汉语方言中有，这不奇怪，因为它继承了古汉语的语音性质。藏缅语中有，也不奇怪，因为它们跟汉语是一个共同的祖先——原始汉藏语。但苗瑶语、侗台语、南亚语是独立的语系，和汉语不是亲属语，它们的气声是从哪儿来的呢？

让我们来看两张语音分布图。

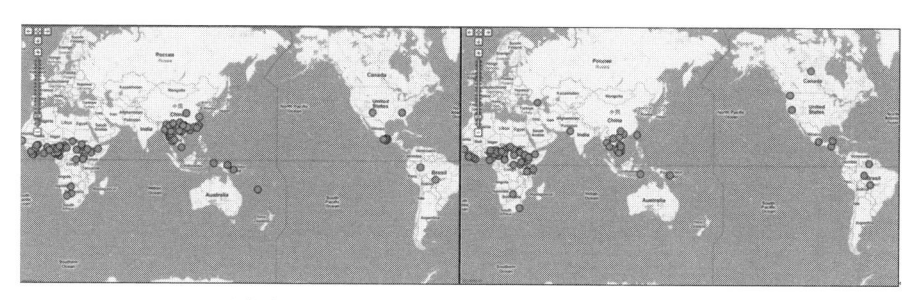

图6-18 两种发声活动的地理分布图（【左】声调分布；【右】内爆音分布）

从上面两张分布图中可以清楚地看到声调（左）和内爆音（右）在地理上的重合，它们都分布在非洲中部和亚洲南部，以及少量的中南美洲一带——换句话说，是在热带和亚热带的地方。声调的产生很简单，拉紧或放松声带，就会引起音高的高低升降。内爆音是一种爆发时气流往嘴里冲的塞音，发音时需要降低喉头，扩大口腔，降低口腔内的气压。这样的话，塞音除阻时，口腔内是负气压，嘴巴外面的大气压就会冲进嘴里。发声调和发内爆音尽管看起来毫不相关，但其实有个很重要的共同点，它们都要靠操纵喉头/喉门来发。但是要注意，两者不是彼此产生的原因。不是说产生声调就会产生内爆音，或者相反。产生两者的原因在于非洌嗓发声态，尤其是发气声。而发气声更是靠操纵喉门来实现的，所以一个民族经常操纵喉头的话，就会产生气声，同时也会引发声调和内爆音。由于声调和内爆音比较容易辨认，所以我们现在已经有了世界范围的分布图。而气声，尤其是较弱的气声（弛声和弱弛），要辨认是相当困难的，所以分布资料非常匮乏。根据已有的材料，长江以南的吴语、赣语、湘语、粤北话、桂北话、四川"老湖广话"等汉语方言，以及苗瑶语、壮侗语、南亚语、南岛语，甚至印巴的印地语（Hindi）、乌尔都（Urdu）语中，普遍存在非洌嗓的气声，还有嘎裂声和假声。

教我如何不想她

事实上，有发声态对立（尤其是浏嗓和非浏嗓对立）的语言中容易产生声调以及内爆音。所以我们从上面声调和内爆音的分布可以推测气声的分布。除了亚洲南部，非洲中部的Igbo等语言中也有气声。可以说：常用喉头声，哪能没气声？常用喉头声，哪能没声调？常用喉头声，哪能不内爆？

但问题在于为什么热的地方会产生气声？喉头活动真的与气候冷暖相关？答案是肯定的。天气热，狗都喘。天气热的地方，很容易喘气，而在喘气的同时，你努力振动一下声带，也就是发一个a，这时发出的就是气声的a。你说我们这儿不热，就发不了气声了？那当然不是，你可以百米冲刺一个，然后在终点喘息的同时发一个a。

综上所述，嘎裂声和假声是小个子的发声，气声是热地方的发声。那么如果又是小个子，又在南方，那会怎么样呢？那就是我们在亚洲南部看到的情况，又有气声、又有假声、又有嘎裂声，于是很容易产生声调，而且还是复杂的声调，带着各种不同发声态的声调，同时也很容易产生内爆音。

而在北方呢，没有了气声，假声也不容易产生，还没了内爆音，只有嘎裂声在低音区会时不时地出现。同时，北方汉语方言中的声调也比较简单，因为没了发声态的伴随，调类少，变化也少，一般只有四个调类。甚至很容易丢失，变为三个声调的系统。甚至只剩下两个声调，比如甘肃红古一带。两个声调一高一低，就不算声调了，就变得像重音系统了。

高音的故事——语音的象征作用

"窝头"（water）是"水"吗；语音和语义的任意性关系——象声词——台湾来的"美眉"——北京女孩子为什么说"女国音"？——"大小"义与元音低高的相关性——"凄凄惨惨戚戚"与"十八相送"：诗人和音乐家的直感——擂鼓进攻，鸣金收兵——体态语的高频动作——服从动物行为大原理的语音小原理——美眉怎么知道男孩子是真心爱她？

教我如何不想她

"窝头"（water）是"水"吗：语音和语义的任意性关系

赵元任在《语言问题》一书中讲过这样一个笑话：

听说从前有个老太婆，初次跟外国话有点儿接触，她就希奇得简直不相信。她说："他们的说话真怪，嗄？明明儿是五个，法国人不管五个叫'五个'，偏偏要管它叫'三个'（cinq）；日本人又管十叫'九'（ジュー）；明明儿脚上穿的鞋，日本人不管鞋叫'鞋'，偏偏要管鞋叫'裤子'（クツ）；这明明儿是水，英国人偏偏儿要叫它'窝头'（water），法国人偏偏儿要叫它'滴漏'（de l'eau），只有咱们中国人好好儿的管它叫'水'！咱们不但是管它叫'水'诶，这东西明明儿是'水'嘛！"

从这个笑话我们可以看到，对于同一个事物的概念（注意，是抽象的"概念"，而不是具体事物本身），在不同的语言中可以有不同的表达方式。例如提起化学分子式H_2O，透明无色无味的那种液态物质，英国人脑子里的第一反应是water，法国人则是de l'eau，德国人就得叫wasser，以色列人就叫מים，韩国人得叫물，阿拉伯人就叫ماء，日本人就叫みず，只有中国人才叫水。这个过程我们可以分成两个部分：第一，不同语言中表达同一个概念的词，可以用不同的语音形式；第二，不同的语音形式又表达各国不同的文字，有不同的书写形式。因此，语言具体的物理形式是语音，而不是文字。文字是语音的一种记录形式。人们正是用语音所构成的语言去理解世界、描写世界的。还是回到上面的例子，提到"水"这个概念的时候，我们不得不给它指派一个语音组合（例如汉语的shuǐ或是英语的water），每次说出这个语音组合的时候，就等于提起了"水"这个概念。而我们听见这个语音组合的时候，也就会意识到对方所提到的是"水"这个概念。这就像我们过马路，红灯亮的时候，我们就获得了"不能通过"这个概念，而绿灯亮时则是"可以通过"。

然而，红灯和绿灯本身，与"能否通过"这个概念之间，并没有必然的联系。例如，在公园门口看见一对大红灯笼，我们不会认为公园门口有车经过，不能行走。这说明，将马路上的红灯与"禁止通行"这个概念联系在一起，实际上是一种约定。如果最初我们将绿灯和"禁止通行"相联系，则我们现在不妨绿灯停红灯行。同样，语言也是一个道理。将什么样的语音形式与概念相连接，实际上是使用这种语言的人所采取的一个约定。就像中国人听见"水"字才想到水，而听见water只会想到"窝头"一样。这种约定在最初形成的时候绝大部分是任意的，但也有一部分象声词不是任意的。就像我们把猫叫作māo，是因为它的叫声就是这么个样儿。古人早就意识到这一点，例如元朝俞玉吾的《席上腐谈》就说过"猫能自呼其名"。但是我们把狗叫作gǒu，并不是因为狗叫起来是这个声音，而是我们任意给它指派了一个语音组合。语言中的词汇，绝大多数是像"狗"这样任意指派了词汇。因此，语言在最初形成的时候，是任意的，但到后来为所有使用这种语言的人接受的时候，它又是约定俗成的了。我们把类似语言这样的系统称之为符号系统，语言就是最典型的符号系统。除了语言之外，世界上还有很多的符号系统，例如我们上面说到的红绿灯就是。研究符号系统性质的学问就叫作符号学，而符号学的最初发展和语言学有很大关系。

最早指出语言的符号特性的学者是20世纪初最著名的语言学家费迪南德·德·索绪尔（Ferdinand de Saussure）。索绪尔1857年出生于瑞士日内瓦一个著名的学者家族，在中学毕业之后，来到德国的莱比锡大学（University of Leipzig）学习语言学。在奥斯特霍夫（H. Osthoff）和雷斯琴（A. Leskien）的指导下从事历史比较语言学的研究。在1878年的时候他就写出了他的成名作《论印欧语系语言元音的原始系统》，在这篇文章里，他使用一种类似于代数映射的方法，为原始的印欧语构拟了一个喉音成分。但是在现有的语言材料中，从来没有发现保存这个音的痕迹。因此他的构拟引起了学界的轩然大波，绝大多数学者都

图7-1 语言学家索绪尔

教我如何不想她

不承认索绪尔的这一发现，认为这只是不切实际的猜想。直到1927年，一种新的古印欧语——赫梯语出土之后，人们才在其中找到了这个喉音的残留成分，索绪尔的观点也因此得到了证实。然而此时索绪尔已经去世十几年了。历史语言学的这种成就可以与天文学中预测海王星、天王星的传奇相比，我们是说，智力上相比肩，社会影响上当然就不用比了。

索绪尔一生著述甚少，在他去世之后，他的学生才用他在世时的讲稿以及学生的笔记为他编写了《普通语言学教程》一书。这是20世纪语言学最重要的著作之一，书中所蕴涵的思想启发了整个20世纪的语言学研究。该书先后被翻译成多国文字，世界各地的语言学家和哲学家们，或多或少都曾受益于这本伟大的著作。他的语音和语义的任意性关系也成了语言学的基本信条之一。不过，本章下面要讲的故事都反其道而行之，语音和语义之间的关系不全是任意的，有些语音天生具有某种固定的含义。

象声词

首先是一种叫作"象声词"的词语，这类词明显与语义有关，它们是用人类在听觉上的印象来描述词汇本身带来的主观感受的词语，也就是用来描摹声音的词。如"叮叮"描摹一种比较清脆的声音；像铃声、小溪流水声等；"咚咚"则描摹敲鼓或敲门的声音；"砰砰"描摹大的敲击声；"当当当"描摹大钟的洪亮声音；"轰隆隆"表示雷声、炮声等等。又如笑声，"嘻嘻"描摹女孩子较细声的笑，而"哈哈"则是大声爽朗的笑。"呜呜"的哭声较小，"哇哇"的哭声很大。"淅淅沥沥"

高音的故事——语音的象征作用

下的是小雨，"哗哗"下的则是大雨。也有一些词在这个过程中语义有所转变，例如"稀里哗啦"本来是一个描述液体流动的声音，后来则转为形容毫不费劲或七零八落、破败不堪的样子了。这其中正是利用了液体流动与七零八落在心理感受上面的相似性。这样的例子在生活中是很多的。

象声词中最有趣的也许是描摹动物叫声的词，有些叫声后来又变成了该动物的名称。上面我们已经看到了一个乌鸦的例子。乌鸦叫起来是（i）a～（i）a～（i）a，这叫声上古就用"乌"（a）来描摹。到了中古，又另造一个"鸦"（ia）字来描摹。乌鸦"乌乌"（上古是 a～a）"鸦鸦"（中古以后一直是 ia～ia）的叫声也就变成了"乌鸦"的名称。又如牛叫起来是"哞哞"的，羊是"咩咩"的。"蟋蟀"是蟋蟀的叫声，"知了"是知了的叫声。老虎、狮子的吼声——这"吼"字本身就是象声词。青蛙我们现在用"呱呱"来描摹它的叫声，其实"蛙"本身就是象青蛙声的词，只是由于音变的结果，现在已经不太像了。"马"也是这样一个词，"马"在上古的发音类似 mraʔ，并带有尖厉的假声，很像马的尖厉嘶叫声。

需要指出的是，有时候象声词好像是超民族的，有时候又很有民族特色。例如猫的叫声，汉族人是"喵喵"，英语里也差不多，是 mew。但狗的叫声就差得很远了，汉语里小声的叫是"呜呜"，大声的叫是"汪汪"；英语里小声叫是 whine，大声叫是 bark。whine 和"呜呜"有点像，声母都是 w。"汪汪"和 bark 初看差很多，但仍有很多相似处：其中韵腹相同，都是 a；声母次之，都是唇音（一个 w < m，一个 b）；韵尾也有相似处，都是软腭音 -ng～-k，但一个是鼻音，一个是塞音，像是古音韵学里说的"阴阳对转"。

象声词构成的原理我们大体上说一下，一般的规则是：用前高元音 i 来表示比较尖细的声音，后或低的元音 a 和 o 表示比较洪亮的声音，后元音又可以表示比较沉闷的声音。总之，一般来说，高元音表示较小的声音，低元音表示较大的声音。也就是说，有多条规则在综合起作用。下面我们要讲的一连串语音联想现象，只跟一条规则有关，我们可以看到人类语言中的高音（高频、高调的声音）有一种超语言甚至超物种的象征含义，那就是先是表小，然后是表示亲密，表示关系近乎。

教我如何不想她

台湾来的"美眉"

台湾"国语"给人的感觉是比较软、比较亲切，有人说是"女性化"。这很大程度上表现为语调/声调上扬。例如"对呀！"台湾是［53 55］，不像大陆普通话［51 0］。

此外，台湾把"妹妹"说成也写成"美眉"。这个用法很热门，在中文网络上泛滥。有位古汉语专家说，"美眉"来自"美丽的娥眉"，"娥眉"借代女孩，"美眉"就成了"美女"的意思。这还真代表了相当多的人的看法。比如大才女洪晃在她的博客中写了篇《老天没给我好相貌》：

> 经过这些锻炼，我的脸皮已经很厚了，骂我丑太不稀奇了。倒是新浪的侯小强有一次给我发短信，居然以"美眉"相称，我冷汗吓出来，不知道怎么得罪他了，他骂得够狠的。总而言之，我这非常不招人待见的相貌帮我建立了我的个性和人格。

洪晃自觉不算漂亮，所以一旦有人以"美眉"也就是"美女"相称，她就觉得像是在骂她。其实，"美眉"不是"美丽的娥眉"，不是"美女"的意思。把"美眉"解读为"美女"是一种"旁推式"思维，因为两个词里都有个"美"，也不管是不是一样的意思，就把后一个"美"的意思"旁推"，也就是"联想"到前一个里去了。这是典型的非逻辑的联想思维，咱们到最后一章再详谈。

台湾普通话的"软"，在亲属称呼中，表露无遗。北京话里，很多亲属称谓（爸爸、妈妈、哥哥、弟弟、妹妹）的后字都是轻声，调型是高低型，也就是前字声调高，后字声调低。但在台湾的普通话中，这些高低型的亲属称谓的声调都变成了低高型。所以，北京的"姐姐"是jiejie［−11 0］，"妹妹"是meimei［51 0］；但在台湾，"姐姐、妹妹"，还有"爸爸、妈妈、哥哥、弟弟"都是［−11 −55］。我还听到有些女孩子的名字（如"蓓蓓"peipei［−11 −55］），甚至宠物的名字（如

qiuqiu［-11 -55］），也都变成了这样的调型。由于台湾普通话的句调最后很低，常常带出吱吱嘎嘎的嘎裂声，所以只要后字声调稍稍上扬，就会感觉到另一种口气：亲切、撒娇。这种低高型的上升声调所起的作用，跟问句用升调所起的作用是一样的。

粤语中"哥哥、爸爸"也是这种低高调型。大家对张国荣的称呼就是"哥哥"koko［-22 -55］。有一次朱晓农在广东某地坐公共汽车，门口坐着个小伙子。有位老太太上车，小伙子给她让座。老太太过意不去，说："哥哥［-22 -55］冇位（没位子）坐了。"还有次朱晓农在香港街头，一位女小贩拉住他说："哥哥［-22 -55］，呢个（这个）四十蚊（元）。"

实际上北京话撒娇时也用高调或升调来表示：哥⌒|姐↗|爷↗爷。

"美眉"这种用上升调形组合做亲属称谓的做法，从上古汉语起就有了。我们从中古的韵书里知道，亲属称谓都是上声。所谓"上声"，就是升调，而且是带有假声的尖厉升调。例如"媞姊妣子娌女考父祖姥弟娣奶嫂舅母妇"等等亲属称谓，中古都是上声字。早期中古的上声字都是带假声的尖厉升调，所以2000年前叫"父"ba↗，"母"ma↗，跟现在台湾叫"美眉、爸爸、妈妈"用低高升调，作用是一样的。粗看之下，有些反例，如"姨妗妻妾妹侄公婆"等不是上声字。进一步分析发现可能另有原因。这些例外大多是非长辈/非直系亲属，女亲属尤多，她们古时候地位较低，所以不一定要用表示亲密的升调。因此，总体来说亲属称谓用升调或高调有明显的倾向，其原因依然与高调表小，并进一步表亲密相关。

"父母"和"爸妈"的关系就像"乌"和"鸦"的关系一样。上古的"父母"（大致上发成ba ma），到了中古读书音变成了fu mu，但口语中还是baba mama，所以就另外造了"爸妈"来表示。除了"爸妈"，还有"爹姐"等也是后起的字，它们在中古韵书里依然是高调上声字。但有趣的是，"爸妈爹"现在都不是上声字，因为北京话的上声已经变成了低调［214］。"爸"现在是去声高降［51］，"爹妈"是阴平高平调［55］。当上声变为低调时，书面语"父母"跟着读低调；但口语称呼"爸爹妈"从字面上看转入阴平或去声，但从实际语素看是保留了原来的高调，这其实是出于功能上表亲密的要求。所以，ba和ma从上古以来，字形上从"父母"变成"爸妈"，后来调类从上声变为去声或阴平，但实际语音几乎

教我如何不想她

没变,尤其是声调一直保持着高调,而不管声调类的调值怎么变。

有个与"父母"的声调相关的现象也可谈一下。上古不但亲属称谓用尖厉的上声调,身体部位名称也大多是上声,如:髀髓耳尾吕腑乳肚股膂体奶肾骸眼眇睛腿爪踝踵趾膘脑颡领颈项领顶首脸手肘拇掌指右口吻齿嘴,这些词儿都是上声。这是为什么呢?答案很简单:你的妈妈是你最亲近的人,你的肚子是你最贴心的部位,所以你对他们很亲密,于是就用了"亲密高调"来表示。

北京女孩子为什么说"女国音"?

其实,那么多的音征词,总的说起来可以分成两大类:一类听起来的感觉是高、尖、细等;另一类则是低、钝、粗等。前者典型的代表就是声调中的高调,辅音中的齿音,元音中的高元音 i 等。而后者的代表就是声调中的低调,辅音中的喉音、爆发音,元音中的 a 等。前者常常用来表示一种"小"的意思,而后者往往用来表示"大"的意思;然后再引申开去。

很多北京的女孩子都喜欢把声母为 j、q、x 的字发成声母为 z、c、s 的字。例如把"王府井"读成王府 zing;把"学习"说成 süe si。而且这种现象大多限于未婚的女青年,等到结婚之后,她们一般又会恢复到标准读音。这种现象在 20 世纪 20 年代的时候就有人发现,一直到现在依然存在。研究者大多是从社会文化角度来讨论,认为是女孩子撒娇的"嗲音",有人发现"没有这种发音习惯的女青年一致认为:这么'咬'音是要显得娇,以为这么说好听……故而'女国音'不是方言或舞台语言影响的结果,而是一种女性爱美心理对语言的影响"。可见用尖细的声音表示撒娇早就被广泛注意到了，可以说是一条"社会公理"。

现代希腊语里也有类似现象，齿音 [ts]，还有 [dz]，在绝大部分词语里用来表示三种意思：（1）小称后缀如：kor-ítsi "小女孩"。（2）"小、窄"如：tsíta-tsíta "刚好，几乎"，tsíxla "细，女"。（3）"不足，缺陷"。

"大小"义与元音低高的相关性

语言学家萨丕尔做过一个非常有趣的实验。他准备了一些物品，都是一大一小成对的，如"大杯子～小杯子、大椅子～小椅子"等，又自拟了一些无意义的词，如 gil、gal 等。然后他让受试者用这些词去给那些物品命名。结果有显著倾向：gil 一类"细音"词都用来命名小号的物品，而 gal 一类"洪音"词则用来命名大号的物品。

美国语音学家奥哈拉也在很多语言中发现过同样的情况：

表 7—1

	小：高调	大：低调
Ewe	ksikiti	gbàbgàbgà
Yoruba	biri	biti̯
	小：尖锐的元音	大：沉钝的元音
西班牙语	tʃiko	goɾdo "肥"
法语	pətit	gʁã
希腊语	micros	makrod

教我如何不想她

汉语方言中也有这种倾向,"小"要么有 i 介音,要么元音开口度比"大"小。只有温州例外,不过也不算太例外,因为后元音比前元音更"洪"(grave)。声母"小"都是擦音,"大"都是塞音,如后文裴多菲所言,塞音跟阳刚雄壮相关。

表 7－2

	小	大		小	大
北京官话	ɕiau	ta	长沙湘语	ɕiau	ta
西安官话	ɕiau	ta	南昌赣语	ɕiɛu	thai
扬州官话	ɕiɔ	ta		细	大
昆明官话	ɕiau	ta	温州吴语	sai	du
梅县客家话	sɛ	thai	广州粤语	sɐi	tai
潮州闽语	soi	tua	厦门闽语	sue	dua
苏州吴语	siæ	dəu	福州闽语	sɛ	tuai

所有这些都表明小和 i 有关,而大和 a 有关。当然也有个别反例,赵元任就发现了,small(小)和 big(大),怎么正好倒过来了呢?但正如钱钟书所说,因为有例外,才显出正例。

唯一比较成系统的反例来自越南境内的一种 Bahnar 语。在这种语言中,用高元音表大,低元音表小,如:halul 特大嵌入物,halol 大嵌入物,halɔl 小嵌入物|cəwiir 大张嘴,cəweer 小嘴。一种可能的解释是,发高元音时舌头在口内占的容积比低元音大,加上发 i 时舌体两边碰到上臼齿,更增加了大的感觉。所以高元音也可能被下意识地用来象征大。这跟用气流通道大小(低元音通道宽大,高元音通道窄小)来象征大、小一样有种空间的感觉,所以都有可能用来象征尺寸大小。这个例子是表大小的反例,但不是音征词的反例。

我们还可以找到一些用 i 来表示"小"的例子。如英语儿童用语 daddy、mummy、doggie、cookie 等,给原来的 dad、mum、dog、cock 等后面加了个元音 i,负担起表亲密的功能。我们都有这体会,跟孩子说话,尤其是用他们的儿童语言说话,能拉近与他们的距离。

不但如此,香港好多女孩子起英文名,都爱用带 i 音的。例如以前我们总务办公室里有四位女士,Mimi、Sissy、Winnie、Tracy,四个名字,八个元音,倒有七个半是那个最高的 [i]。朱晓农看了看他班上女生的名字，有 Finnie、Lily、Edith、Fanny、Bonnie、Icy、Jackie、Ronnie、Annie、Polly、Cathy、Gibe、Poe、Mickey、Pearlie、Vivian、Silvia、Jenny、Heidi、Vicky、Peggy、Christy、Emily，等等。其实，不单单是她们的英文名，中文名也是如此。在随机抽取的5个班140多个学生的中文名中，除去重复的以及非香港人，共53个女孩名。其中有18个（三分之一强！）名字中有一个单韵母 [i]，如：Yi（仪伊怡绮）、Ni（妮）、Li（莉）、Sze（诗）、Tze（芷）、Chi（之志治）、Ki/Kee（琪）。而且声母绝大多数是零声母或齿音。相比之下，在68个男生名中，只有6个（仅8.8%）是单韵母 [i]，而且声母全部是腭音：Chi（志智）、Ki（期）。

这里有两个显著差异不是偶然的：一是 i 在男女名字中出现频率的差异（四倍），一是即使是 i 韵母，女孩倾向于声母用齿音 ts、s，男孩用腭音 j、k。原因在于齿音 ts、s 是高频音；而腭音，尤其是软腭音，听起来有低沉感。高元音 i 再加上齿音 ts、s，听感尤为尖细，用它来做名字的女孩子，当然不是偶然的，希望的就是让人有那种柔、弱、小的感觉，这容易引起异性的怜惜疼爱。

"凄凄惨惨戚戚"与"十八相送"：诗人和音乐家的直感

其实，有一些并非象声词的词汇，在其使用的时候，也是考虑了部分发音上的心理因素的。例如在唐代释处忠的《元和韵谱》里面就曾经提道："平声者哀而安，上声者厉而举，去声者清而远，入声者直而促。"这也就是说，平声宽平，宜于表达平和的思想情感；上声劲厉，宜于表达沉郁的思想情感；去声清幽，宜于

教我如何不想她

表达清新的思想情感；入声短促，宜于表达激越的思想情感。例如李白写"风吹柳花满店香，吴姬压酒劝客尝"，用平声字"香"、"尝"为韵，所表现的就是一种平和欢乐的饮宴气氛。如果换成是王维的"自从弃置便衰朽，世事蹉跎成白首"，用上声字"朽"、"首"为韵，则表现的是一种英雄潦倒的沉痛心情。而李清照著名的《声声慢》一词，一上来便是"寻寻觅觅，冷冷清清，凄凄惨惨戚戚"七对叠字词。这些字大多是传统所谓的"尖音"字，用宋代音去发（或者现代粤语、吴语，河南山东山西某些方言去发），都是tsi-、si-一类音，不像普通话那样成了团音，发成ji-、qi-、xi-。这跟上文讲到的"女国音"是一回事儿，李清照那时候就会用女国音来撒娇了。再加"觅觅凄凄惨惨戚戚"都用入声，急促而哀怨，形象地描绘了作者当时形孤影只的悲苦心境。

不仅仅是声调有这样的神奇功能，声母和韵母——元音和辅音也可以通过不同的听觉刺激给人各异的主观感受。例如杜甫的《白帝城最高楼》："城尖径仄旌旆愁"，一句七个字，全用齿音，给人以奇绝兀傲的感受，正符合高楼上所见的城墙苹确不平的景色。而李商隐的《锦瑟》，用"弦"、"年"、"鹃"、"烟"、"然"五个带［i］韵头的字押韵，绵绵密密，作者对于过往年华的追忆与倾诉，被表现得淋漓尽致。无独有偶，写过"生命诚可贵，爱情价更高"的匈牙利诗人裴多菲，也曾经对语音所表达的感情做过总结。他说：

> 响音m、n、l更多的用在阴柔的诗里，清塞音k、t和滚音r用在阳刚雄壮的诗里。出于某种原因，这些音非常显著地与攻击性负相关或是正相关。

这一类具有象征含义的音构成的词，就称作"音征词"（sound symbolic words）。中国学者对其也有研究。例如语言学家王力早就指出，古代以m为声母的字，例如"暮墓幕昧霾雾灭幔晚茂密盲冥蒙梦茫渺"，都和黑暗的意思相关；而古代以ang为韵母的字，如"阳光明朗亮炳旺王皇章昌张扬刚强壮猛长永京广旷洋泱"，常与光明、昌盛、广大、刚强等意义有关。王力先生指出了这种相关性，但没说出原因。其实，这些象征的含义，都与通感、联想有关。前一例其实应该反过来说：表示黑暗的词很多用m作为声母，而不是m声母字都与黑暗有关。那是什么原因呢？人体有所谓"通感"一说，钱钟书还专门写过一篇长文来论述。

比如耳朵可以"闻"，鼻子也可以"闻"。发m音时闭合双唇，这闭合的双唇像闭合的眼皮，合上了眼皮，当然一片黑暗。后一例也要反过来说：光明、宏大、刚强的意思，用ang韵母来表达，那是因为元音a开口度大，加上后鼻音-ng，显得洪亮，像是大钟大缸的声音，用来表示宏大、刚强正好。

古人说，诗是有声之画，画是无声之诗（这也是通感啊）。而诗歌为我们提供的绘画般绚丽的心理图景，可以说有一大半是来自于语音的。因此，语音学的研究不仅可以推动自然科学的发展，同样对人文艺术学科的探究，也能起到意想不到的作用。

不但在语言上高频可以反映小、惹人爱怜等特质，纯音乐同样也是如此。听过小提琴协奏曲《梁祝》的大概都记得，十八相送时的音乐和英台逼婚时的音乐，感觉是截然不同的。

十八相送时是尖细的小提琴独奏：

英台逼婚时是低沉的管鸣鼓擂：

最近，美国俄亥俄州立大学音乐学院的 Huron 和 Kinney，与 SRI 公司言语技术研究室的 Precoda 合作做了个很有趣的实验。他们从不同风格、文化中选了受试者可能没听到过的36段乐调，其中3段选自舒伯特、3段韦伯、18段欧洲传统民歌（捷克、丹麦、荷兰、英格兰、匈牙利、罗马尼亚、瑞士）、2段 Hassidic 圣歌、1段格鲁吉亚圣歌、3段非洲传统歌曲（Pondo，Xhosa，Zulu）、2段中国传统歌曲、1段美洲印第安歌曲（Ojibwa）、1段美国流行歌，还有2段任意组合的乐曲，放给41个受试者听。结果表明，乐调高低的含义与生物的声调情况基本相同：高频乐调比低频乐调听起来更有服从感，更少威胁性。

教我如何不想她

擂鼓进攻，鸣金收兵

我们都听说过"一鼓作气"这个成语。讲的是春秋时代，齐国起兵攻打鲁国，鲁庄公准备应战，曹刿就去求见——先等一下，我们先来看一下曹刿这个名字的读音，"刿"读成guì，是个形声字。形声字是汉字的一大发明，现代常用汉字中大约百分之七八十以上都是形声字。那么它是怎么创造出来的呢？就是通过同音（如"各~格"）或近音（"各"与"洛"）孳乳繁衍出来的。所谓"孳乳繁衍"，就是不断联想，来回联想，"互相发明"出来的。"刿"的声旁是"岁"，声母尽管不同，但韵母uì和声调都相同，所以"刿"与"岁"大致相同，所以就形声起来，繁衍出来了——

话说曹刿想去求见鲁庄公，有个同乡跟他说："那些战略大计是吃肉的人干的活儿，你一个小百姓瞎掺和什么？"曹刿回答说："吃肉的那帮卑鄙家伙只会捞眼前好处，不懂得深谋远虑。"于是他帮鲁庄公在长勺布阵与齐军对峙。鲁庄公要击鼓发令进攻，曹刿说不行。齐军打了第一通鼓，鲁军不应战；打第二阵鼓，还不应战；等到齐军三通鼓打完，曹刿说，现在可以擂鼓进攻了，结果一举击败宿敌强敌。战后鲁庄公问他原因，曹刿回答说："打仗这档子事，比的是勇气啊！"（可不是吗——两军相争勇者胜！）接着就是那千载流传的名言："一鼓作气，再而衰，三而竭。"打第一通鼓时，勇气大作；打第二通时，已经衰减；打完三通鼓，士气已耗竭。他耗竭了而我正充盈，因此一举打败了他。

古代打仗，擂鼓是进攻的信号，而鸣金（敲铜锣）是收兵的信号——这我们都知道。但为什么是这么使用信号，而且敌我双方都如此？难道不能反过来鸣金进攻，擂鼓收兵吗？

奥秘就在于擂鼓的声音是低频，而鸣金是高频。低频像是雄狮争霸时的吼声，而高频则像是市井婆娘的骂架声。所以，如果进攻和收兵的信号需要两种不同声响，一种低频，一种高频，那么选择低频鼓点"通~通~通"作为进攻信号便是男子汉内心勇气的呼唤，而高频鸣金"当当当"则表示尖叫"不打了，不打了！"

体态语的高频动作

其实不仅仅是声音的高频有此效果,其他高频动作也会有同样的"细小、低下、亲密、套近乎"的含义,如传统日本女性的小碎步、满族女子的高底木屐、汉族妇女缠小脚、西方女性穿高跟鞋所产生的碎步效果。

与此相反,低频率的"踱方步"、"八字步"则是一种表示地位优越的态度,它与"扬长而去"一样,是表示拉开距离的态度。随着现代化进程的加快和女性地位的提高,日本职业女性的步态已经不再是小碎步了;而前些年法国的女国防部长,走的就是八字步。

跟说话时用高调一样,女性比较多使用高频步子。不过男人也会。古代汉语有个"趋"字,就是走快步,是下属在上司面前的走路方式,用诚惶诚恐来表示恭敬,是下属取悦上司的方式,拉近与上司的关系。而退出时就是低频慢慢儿地退出。

这种接近时用快步,分开时用慢步的不由自主的天然频率,在朋友,尤其是情人相会时最明显。见面时快步向前,甚至一路小跑;分手时慢慢离去,一步三停。

对于用高频动作表示弱小亲近,有两种解释:

(1)高频小碎步是模仿儿童步伐,跟高调是下意识模仿儿童声音一样。

(2)高频反映了肌肉紧张的状态,所以使得动作(包括声带振动)加快。而肌肉紧张的状态跟地位相关。地位高或自视高的,肌肉放松,走路慢而步子大,声带放松,声音也就低沉。地位低的或者自卑的,就容易处于一种紧张、戒备、焦虑、敏感的状态,从而使肌肉紧张,声带紧张,声调也就升高了。

教我如何不想她

服从动物行为大原理的语音小原理

不但高语调可以表示撒娇或是亲昵,而且语言学里有条基本原理,仅仅在音高的运用上出现了例外:语音跟语义之间的关系是任意的,但是所有的语言在用语调表示语气时,都毫无例外地用高调或升调表示疑问,用低调或降调表示陈述,例如:

陈述句用降调:我去。↘

疑问句(疑问或协商)用升调:你去?↗

陈述句:I'm leaving. ↘

疑问句:Are you leaving? ↗

这种用高调表示不肯定、要求合作,低调表示自信、肯定的音义固定关系实际上包含在一个更大的关系中,那就是奥哈拉所说的高调跟细小亲密之间的一种生物学上的关系,或者说是天然关系。这种关系不但是跨语言的,甚至可以说是跨物种的。奥哈拉称之为"基频编码"(frequency code)。基频编码首先把高调和"小体型发声者"这样一种基本含义联系在一起,然后派生出"下属、弱势、屈从、无威胁、讨好、想要对方善待"等含义。与此相反,低调首先与"大个儿发声者"相关,其次是"统领、侵犯性、有威胁"等派生含义。

有科学家发现,不管是哺乳动物还是鸟类,在它们打架争斗时,往往有自信的、强势的一方发出的叫声都是低沉的,而弱的一方往往声音尖细,也就是频率高但音强小。一个大家都熟悉的例子就是狗的叫声:攻击性的狗叫都是低沉的吼声,而屈服、讨好的叫声都是尖细的。对此的解释是,打架一般是个头大的一方赢。这从拳击、摔跤比赛必须按体重分级别就可明白。这一点,打架双方都清楚。由于真打起来,双方都可能受伤,即使赢的一方也可能,而这对以后的生活质量是很关键的,所以如果能不真打,而通过某种方式显示出双方的强弱差别,个头小的一方就此屈服,就能避免殃及双方的流血事件。因此,动物在进化过程中,发展出很多显示个头的方式,大多是视觉方式,来显示或假装自己是大个儿。例如，狗会竖起耳朵和背上的毛，猫会弓起背，鸟会展开翅膀或尾羽，而雄狮的鬃毛是最明显的标志。男人长胡须、"怒发冲冠"、走路大摇大摆、叉腰、双手握拳两臂下垂与身体呈30°夹角的姿势也属此类。听觉上的类似信号可以用嗓音来表示，因为个头大的声带一般也长而厚，嗓音也就比较低沉。因此，打架前低沉的叫声是为了显示自己个头大，哪怕是虚张声势。与此相反，声调尖细就表示个头小，没威胁性，也有人认为这是模仿婴儿尖细的哭叫声。如果这个假设成立的话，倒是可以解释尖细嗓音为什么是摆脱受攻击的好办法，因为在一般的社会中都有避免伤害婴儿的要求。

因此，这种动物行为学上音高与个头的反比关系，可以引申到人类语言中的一些现象中去：例如，陈述句还是疑问句，说话态度，以及一些表达尺寸的音征词等。所以我们看到，高调常用来表示弱小、屈服、讨好、要求拉近关系等意义。

美眉怎么知道男孩子是真心爱她？

明白了上面这些道理之后，我们就能发现，语音学实际上跟我们的文化、社会紧密相关，它有很多功用，其中最为有用的一个是，能帮助女孩子判断一个追她的男孩子是不是真心喜欢她。

男人一般五大三粗，嗓音低沉，有时为了显示男子汉气概，更是压低嗓门。在一个电视节目上，主持人刘仪伟说，现在男人性感的特征是磁性嗓音。他还学了什么是低沉但有力的嗓音。为什么这样的嗓音有磁性，对异性有吸引力？因为低沉的嗓音表示人高马大，表示强壮有力，能够保护娇小的美眉。所以，那是美

教我如何不想她

眉喜欢的、低沉、厚重的嗓音连带着想到了稳重、可靠,是可嫁的对象。

那么,什么时候低沉的嗓音会变得轻柔尖细?男人并不总是板着脸、压着嗓子的,他有两个场合嗓音会柔和尖细起来。一个是逗小孩的时候,你不能粗着嗓子吓着了小孩,你得学着跟他们一样嗓音尖细。儿童的声带很短很薄,一般能达到500Hz。你要跟他们玩,就得跟他们套近乎,就要学着他们说话,表示咱们是哥们儿。这样,小孩就会喜欢你,跟你玩。

另一个场合就是谈恋爱的时候,男孩儿喜欢上一个女孩,说话会不由自主地轻柔尖细起来,这也是套近乎、拉近关系的表现。用语音学上的话说,就是发声时要基频高,还有一个补充条件,那就是同时还要音强小。基频高,嗓音就尖细了。如果这时嗓门大,也就是音强大,那就成了尖叫了,那是受惊或兴奋的表现。而如果同时嗓门小,音强弱,那就显得轻柔了。所以啊,美眉要是听到这样的嗓音,那就知道追她的男孩是从心底里不由自主地喜欢她——当然啦,读过这本书的男孩不在此列,因为人是会学习、会模仿的。

语音与联想

"首当其冲"的联想——同音联想和淳朴民俗——顺应民俗联想的政治文化——同音联想面面观——其他民族的同音联想——联想再联想——再联想之一：法治如语法——再联想之二：中国为什么产生不了科学

教我如何不想她

广义地说，上一章中谈到的语音的象征作用，也是通过联想进行的，不过，在具体运用象征作用时，往往是下意识，甚至无意识的。例如"美眉"的低高升调的象征作用，在运用之初是无意识的。但上面提到的"美眉"通过"美丽的娥眉"联想到"美女"，则是一种有意识的联想旁推。本章内我们就来看这种我们头脑中最基本、最常用的思维活动。可以毫不夸张地说，以联想来繁衍孳乳新概念是我们民族，实际上是演绎法出现以前所有民族的文化中的常规"推理"——如果也能叫"推理"的话。咱们再来看些例子。

"首当其冲"的联想

首当其冲——朱晓农上中学时，正赶上"文革"。有一次写学习心得，他"首当其冲"地写道："文化革命战鼓擂，红卫兵首当其冲，大破四旧……"他爸爸看了对他说："应该是'红卫兵一马当先'。"

"首当其冲"的意思是首先受到冲击、第一个被打击。可把它理解为"首先"的，不是中学生朱晓农一个人，有无数文章都是这么理解、这么使用的。例如网上有篇知识青年的文章，说："支持西部教育，我首当其冲。"他用得跟知识青年朱晓农一样，得改为"我一马当先"。

最近网上还有篇知识分子的文章《中国白领要破产，中国人正在上的四个大当》，也是这么用的：

到了今天，垄断经营所带来的矛盾日益突出。首当其冲的就是房地产。由于我国的法制不健全，尤其是金融以及改革领域里出现了各种失误导致房地产节节攀升。

作者的意思当然不是"首先受到冲击的是房地产行业"，因为"房地产（还在）节节攀升"，他的意思和当年的朱晓农一样，是说"首先是房地产，它由于垄断经营而矛盾日益突出"。又如下面这篇剧评中的"首当其冲"，也应改为"首先"：

剧中还启用了许多听起来十分不伦不类的台词，首当其冲的就是曹操说陈宫的那句："要杀便杀嘛，何必犹豫，搞得自己很痛苦。"

同音联想和淳朴民俗

同音词影响到南北生活的方方面面。很多地方送礼都不能送钟，因为"送钟"和"送终"同音。上海人探病不能送苹果，因为在上海话中"苹果"bingku 和"病故"bingku 同音［ƥiŋku］。过年打碎碗盘，老人们马上念念叨叨："碎碎平安，碎碎平安"——讨的是"岁岁平安"的口彩。过年吃"年糕"，年年高升。考试前也要吃"糕"。上海早点有一种"定胜糕"，不怎么好吃，家长却常常给孩子吃，寓"一定胜利"，谐"高"中。韩寒说，他上学时同学之间喜欢互送杯子，因为"杯"子代表一"辈"子。"真不想，十年后的今天回想起来，你送了多少杯具（悲剧）给自己中意的人啊。"

这是民间的风俗。你还别说，咱们的风俗习惯大概有一多半建立在同音联想

教我如何不想她

上。结婚了，要撒上红枣、花生、桂圆、莲子。为什么呀？因为那是美好的祝愿。咱们中国人的风俗是"祖先崇拜"，是祭祖，这种风俗就要求多子多孙，那才能显得祖先能生、有能耐、能够繁衍昌盛。所以咱们对婚姻最美好的祝愿就是"早生贵子"，于是就撒上"（红）枣、（花）生、桂（圆）、（莲）子"。有的地方婚礼上的两个新人要从火盆上跨过，这就是传统的"过火盆"。"火"，红红火火，象征以后生活红红火火，火烧得旺旺的，谐人财兴"旺"。——这就是淳朴的风俗，建立在同音联想上的风俗习惯。

类似的婚庆风俗在新形势下还有新发展，而且要成规模了。这些天不断有报道说，10月10号那一天举行婚礼的把登记处撑爆了：北京据说有10万多对新人选在这一天结婚。海外也凑热闹，悉尼有1000多对华人在这一天登记结婚——讨的都是那同音好口彩："十月十号"就能"十全十美"！那么，已经结婚的以及还未准备好结婚的，是不是就会为错过这吉时良辰而抱憾终生呢？当然不会，在2010年10月10日10点10分，北京还举行了"千人接吻"活动，留取浪漫慰平生。

这种发展是不会有尽头的。估计到2222年2月22号那天结婚的可能数以百万计了，那是"双双对对对双双"！当然中国人耐心没那么久，也许2012年2月22号就流行新风俗了，也许明天就流行，也许2月2号也行——有时还真搞不明白，这算是民族想象力丰富呢，还是贫乏？

渐渐地，淳朴的风俗进入了商业领域。先是香港，然后是广东很多地方，盖住宅楼，4楼被取消了，或者跳过了，过了3楼就是5楼，或者改称3A楼——这是因为4（sei）和死（sei）在广东话里同音。风气所及，连北京的有些楼宇，也没有4楼了，可北京的"4"（sì）跟"死"（sǐ）不完全同音，声调不一样啊。但谁让这是风气所及，而这风气就是深植于咱们脑海深处的同音或近音联想。

顺着这风气继续往下或者往上走，连政策决策都跟着民俗走了。不过，这也挺好的，算是父母官顺应民俗民心民意吧，是人性化管理的表现。比如海南省有关部门颁发车牌号取消了4这个数字，谁开车愿意跟"死"挨边啊。

语音与联想

顺应民俗联想的政治文化

最不可思议或者说最神奇的，竟然是北京奥运会开幕式选在8月8号8点零8分8秒，那又是建立在广东话基础上的广东"同音联想民俗"对我们的全民文化、对我们政治大事所做出的丰功伟绩："8"与"发"近音。这样的决策的确大得人心，上下和顺，人民拥护，顺理成章，和谐命题。还可以进一步联想旁推，因为我们体育大发，也就经济大发，也就国运大发，也就……但要是谁敢提出7月4号7点4分开幕，那一定会被指责为别有用心，因为"7"、"4"与"去死"近音（十三道辙儿里"去"和"七"是可以押韵的）。

无独有偶，海峡的另一边绝不落后于这一边。2008年台湾选举大战，民进党正副候选人是谢长廷和苏贞昌，一开始叫"谢苏配"，但马上改为"长昌配"，因为在台湾的民间普通话中没有翘舌音，翘舌音都发成平舌音，所以"谢苏sū"与"谢输sū"同音，这哪输得起啊。而改成"长昌配"后，那就是"长久昌盛"的口彩。别小看这口彩，它还真影响咱们中国人的思维、行为和社会运作模式。

网上有条花边消息，说是有位联想高手，买了台二手车，车牌号是"1674"。他的一位朋友不知趣，说那车牌号不吉利，明摆着就是"一路去死"。高手听后那个难过、郁闷啊！干啥都没了心思。他思前想后，挖空心思，竭尽全力地去联想，竟被他琢磨出了——"1674"不是"一路去死"，而是"一路去发"！

什么理由啊？怎么推出来的？

原来"4"不是"1，2，3，4"的"4"，而是音乐简谱的"多来咪发"（do-re-mi-fa）的"发"！"一路去发"啊！开着这车上路心情多舒畅。

别笑话这位联想思维高手，他是我们民族精神的代表，民族文化的化身。他的所思，是历代圣贤们慷慨激昂、抑扬顿挫地讲高深道理时推理成立的基础；他的所为是他们历来行事的依据。或者反过来说，圣贤们同样的联想推论能够被历代中国人民接受，关键在于圣贤们的思维方式同样的"多来咪法"，不对不对，不是"法"，是"发"。圣贤们想人民之所想，思人民之所思，更重要的是，用和广大人民群众一模一样的同音联想，以及由此孳乳繁衍出来的种种天然联想，去得

教我如何不想她

出合乎人民群众心意的结论——所以，实际上是我们人民自己创造，或者说选择了我们的圣贤以及圣贤教诲。

同音联想面面观

同音联想是中国人最坚实的思维基础，也是宣传、煽情最有效的口头武器。对GDP盲目增长不满意的人就叫它"鸡的屁"。咒人"就死就要死"就写上"94914"。5月21号是结婚好日子，因为"521"谐音"我爱你"。一、二、四方面军长征都到了会宁县，就是红军"会"师，人民安"宁"。广告或网上还有：

鸡（机）不可失【卖鸡广告】
做女人"挺"好！【内衣广告】
百衣（依）百顺【熨衣广告】
中央一套【计生广告】
谦（千）变万化【刘谦在苏州表演魔术时的广告语】
可口可乐【原来的英文名Coca-Cola根本没有中文名那种美好的联想义】
宝马，奔驰【同样，BMW和Mercedes-Benz毫无情趣】
人生就像一个茶几，上面摆满了杯具（悲剧）【文学情趣】
玉米【歌手李宇春的歌迷，"玉"谐音"宇"，"米"谐音"迷"】
钢丝【演员郭德纲的粉丝，"钢"谐音"纲"，"粉丝"本身就是fans的借音词】

语音与联想

梨花体【诗人赵丽华写的诗歌的体裁,"梨花"谐音"丽华"】

羊羔体【湖北官员诗人车延高获第五届鲁迅文学奖,他的旧作《徐帆》《刘亦菲》被网友翻出,戏称为"羊羔体",谐音"延高"】

石(时)来运转【据网上消息:一个国家级贫困县,耗资500万元,又一说1300万元,搬迁一块400多吨重的巨石,据领导们说是"为了石(时)来运转"!】

网上流传的搞笑段子:愚民同乐、植树造零、白收起家、勤捞致富、择油录取、得财兼币、检查宴收、大力支吃、为民储害、提钱释放、攻官小姐……

蒜你狠、姜你军、豆你玩、糖高宗、苹什么……物价高企下的百姓这么说。

同音联想还不够,还要通过孳乳繁衍出更多的联想——

留学人员从海外归来,简称"海归",同音联想到"海龟",再繁衍出反义的"土鳖"。然后是没完没了的"海……"。

海带:谐音"海待",指海龟中"暂时"待业者(按:这样的"暂时"用得很滥,成因很哲学,或者很官僚,咱们另外谈)。

海鲜:海龟中活得光鲜者。

海星:海龟中的明星们。

海藻:谐"海找",海龟中忙于找活儿干的人。

海草:不值钱的意思,比喻海龟中那帮学历不高、找不到好工作的人。

海参:"参"shen谐音"生"sheng,"生"是"生手"的简称,指的是没什么工作经验的海龟学生。

海根:留学毕业后在当地找到工作,扎根海外的不归者。

海派:由海外的机构、公司派遣回国,担任其驻华办事处的代表或管理人员。

海泡:"泡"就是"泡"在那儿,耗在海外。指那些留学已经或接近毕业,有意回国但又对国内局势难以把握而感到左右为难,就这么"泡"

教我如何不想她

在留学地的人。

海鸥：海鸥飞翔于大海上，在大洋两岸来回飞。比喻那些还不算彻底的"海龟"，常常在国内和海外来回飞的人。

最近国内在进行人口普查，善于发掘问题的网民们比较了美国的人口普查，发现了很多不同。比如美国的问卷比较简单，只有10个问题，而中国的问卷看晕你。又如中国国家统计局局长在第六次全国人口普查入户登记动员视频会议上要求，普查对象要按时如实提供普查所需资料，不得拒绝或者阻碍入户登记工作。而美国人口普查网页上注明"Note that the census taker will never ask to enter your home"（注意，普查员绝不会要求进你的家门）。而最有趣的是，一个最普通也最重要的问题，美国的普查员用英文问，一个来回就够了——

"How many people live in this household？"
"One."

但轮到中国人口普查员用有点蓝青（比喻不纯粹）的普通话来问——你不能保证所有普查员都能说标准普通话吧？更有甚者，你不能保证所有被普查者都说标准普通话吧？——你就能明白，为什么咱们的统计数据那么让人揪心——

"请问您家里是几口人？"
"是一口人。"
"十一口？"
"不是十一口，而是一口人。"
"二十一口？"
"不是二十一口，其实一口人。"
"七十一口？不会吧？"
"不是七十一口，就是一口人！"
"九十一口？"
"对了，就是一口人。"

语音与联想

你不得不自我佩服咱们中国人的智慧和幽默，建立在同音联想上的智慧和幽默。

同音表义达致极点的是赵元任那篇被认为"只能看，不能读"的游戏文《施氏食狮史》：

石室诗士施氏，嗜狮，誓食十狮。施氏时时适市视狮。十时，适十狮适市。是时，适施氏适市。氏视是十狮，恃矢势，使是十狮逝世。氏拾是十狮尸，适石室。石室湿，氏使侍拭石室。石室拭，氏始试食是十狮。食时，始识是十狮，实十石狮尸。试释是事。

通篇92个字，用的竟是同一个音 shi，不计声调。读的时候只有 shi～shi～shi～shi升高高降……这样的旋律变化，当然不知所云。所以只能看，不能听。

其他民族的同音联想

上面我们看到同音联想这种我们头脑中最基本、最常用的思维活动。可以毫不夸张地说，以联想来繁衍孳乳新概念是我们民族，实际上是演绎法出现以前所有民族的文化中的常规"推理"——如果也能叫"推理"的话。其他民族当然也有类似的联想，只不过不如我们发挥得那么淋漓尽致。比如：讲英语的澳大利亚人，最近他们的女总理吉拉德剪短了头发露出了大耳垂，谁知成为漫画家和媒体

教我如何不想她

的关注点，以致有人建议说，吉拉德领导的"工党"，应该改名为"耳垂党"。工党（Labour Party）和耳垂党（Lober Party）能联想到一起，全靠labour和lober发音相近。又如有个美国姑娘受不了主管Spenser先生的气，愤而辞职，辞职信写在题板上。最后把他骂成dispenser，谐disposal音，拐着弯儿骂上司是处理品，是垃圾。

朱晓农和沈家煊等人翻译了《语言导论》（*Introduction to Language*），原文有那么一句"If you watch a side view of an X-ray（that's -ray, not -rated!）video of someone's tongue moving during speech…"，中文初译为"如果侧面观察某人说话时舌头活动的X光（不是X级）录像……"。编辑时把中文括号中的忠实翻译的字句去掉了，为什么呢？无非是英语原文在打趣，而中文译文既看不出调侃，还平白多出个"X级"的"污染词"！英文之所以能打趣，无非是利用了ray和rated的近音联想。后来中文加了几个字："如果侧面观察某人说话时舌头活动的X光录像（不是X级录像！）"，调侃劲儿就出来了。

当然，英语世界远不如汉语能发挥得那么淋漓尽致，因为他们的同音词远远不如我们那么多。

更接近于我们的也许是我们的近邻日本。例如，我们因为"四～死"近音而忌讳"四"，他们也有数字忌讳。像"六"他们就不喜欢，因为日语里面"六"和"碌碌无为"的"碌"谐音。他们也不喜欢"九"，因为与"苦"音近。为什么日本人有最多的技术翻新，在技术方面移植能力特别强，亦即联想能力特别强呢？那是因为他们跟我们一样，汉语和日语中同音字或同音词太多，同音词多的环境中，想不进行同音联想都难。

联想再联想

写完上面"同音联想"一章,全书也该结束了。但我们忍不住再联想一下,谁让咱们是世界范围内的联想高手呢? 11月11号是光棍节,靠的是那四根并列的"1"号棍。网络上疯传的原义"光明"的"囧"字,染上了那倒霉的"囧"义(倒霉蛋的郁闷、无奈状),靠的是那"倒眉"(倒挂的眉毛)形。那就不单单是同音联想,连形体都可以联想了。每日里没完没了的听觉联想操练,把我们个个都练成了基本功过硬的联想高手,然后把这基本功拿到视觉、味觉、触觉,甚至思维领域中去驰骋。下面就是超出语音联想之外,再进一步的联想。这也是我们传统思想史中最常见的"孳乳繁衍"式连环过程。

再联想之一:法治如语法

同音字多造成我们同音联想的丰富,而没完没了的同音联想操练使得我们深谙此道,熟能生巧,跨境到各领域中去联想,包括思维最需严密的哲学领域。所以,我们传统的大哲学家、大思想家,如孟子、墨子,大多是联想能力出色的形象思维高手,而不是逻辑推理严密的科学家、哲学家。

我们来看孟子的一则"讲理"故事:

教我如何不想她

> 曾晳嗜羊枣，而曾子不忍食羊枣。公孙丑问："脍炙与羊枣孰美？"孟子曰："脍炙哉！"公孙丑曰："然则曾子何为食脍炙而不食羊枣？"曰："脍炙所同也，羊枣所独也。讳名不讳姓，姓所同也，名所独也。"（《孟子·尽心下》）

曾子的爸爸喜欢吃小粒儿的羊矢枣（不说"羊屎枣"，这也是一种同音修辞），因而曾子不忍心跟爸爸抢着吃。公孙丑不理解了，问孟子："炒肉丝和羊矢枣哪个好吃？"孟子说："炒肉丝吧！"公孙丑说："那为什么炒肉丝你吃，而羊矢枣却不吃呢？"孟子解答道："炒肉丝是大家爱吃的'同'，而羊矢枣是个别人爱吃的'异'。咱们对尊者名字要避讳，但姓不用避讳。道理就在于姓是很多人分享的'同'，而名字却是个人所独有的。"

这不是一则建立在同一律基础上的演绎逻辑推理，而是一则建立在同构律上的喻证。根据孟子的解释，曾子不吃羊矢枣但吃炒肉丝，其理论根据即讳名不讳姓。本来这是风马牛不相及的两件事情（互补关系），见下图8-1。但孟子用一个更大的类，忌独不忌同，把它们概括起来，于是便能使用旁推法了。顺便联想一下，中国人"老张"、"小李"称姓，欧洲人John、Mary叫名，都是"忌独不忌同"的表现。姓张姓李的人上亿，而教名是基督教的公共名字，叫"约翰"叫"玛丽"的成千上万。所以咱们叫"老张"、"小李"是叫共同的通用名，不必忌讳，但如果你叫一个靓女"丽丽"、"娟娟"，那就有点不合适了，那是她"独有"的名字，得爸爸妈妈亲爱的叫，你叫算什么呀？同样，西方叫"约翰"、"玛丽"是通用的教名，不必顾忌，但如果叫Wierzbicka，叫Chomsky，那就是某个家族特有的姓氏，得加上Ms、Mr等才显得庄重点、正式点。

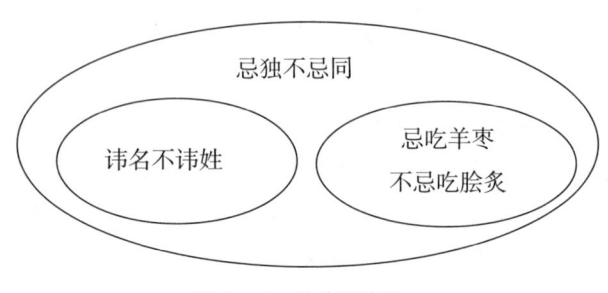

图8-1 忌独不忌同

这种同构式思维方式可以称为"秦人思维"、"秦人推理方式",或简单点"秦人逻辑"。秦人逻辑的推理方式有三条"思维律"(仿照希腊逻辑的三条基本律的说法):旁推律、内推律、外推律。他的推理基础,或者说逻辑基础即是联想。有关详细的讨论可以看朱晓农的两篇文章:《秦人逻辑论纲》(1989),《秦人逻辑的任意性和旁推法的两种推理模式》(1997)。

有人也许会说,这是"逻辑"吗?这只是名词之争。秦人的"逻辑"当然不是西文的LOGIC。我们在用中文说"逻辑"的时候,把归纳逻辑,甚至辩证逻辑也包括进去了,它们当然也不是Aristotelian logic。如果你不喜欢,我们可以改称为"中国传统的同构式思维—推理方式",就是长点,麻烦点。这种从孟夫子以来的论辩方式,被我们后代中国人很好地继承下来了,到"文革"中发挥到了顶点。下面是几个例子:

狗还嫌臭——

"文革"中有个知识分子在读一本机械手册,遭到揪斗,于是来了一番上纲上线的"推理"——

读机械手册就是读业务书,
读业务书就是只钻业务,
只钻业务就是只专不红,
只专不红就是不突出政治,
不突出政治就是反对政治挂帅,
反对政治挂帅就是反对"永远健康",
反对"永远健康"就是反对"万寿无疆",
反对"万寿无疆"就是反党,
反党就是反革命,
反革命就罪该万死,
就死了喂狗,狗还嫌臭。

从读机械手册怎么会推到"狗还嫌臭"?似乎不可想象。但是说者振振有词,听者战战兢兢——这是从孟子以来祖传的旁推法,在不讲演绎逻辑的场合非常有效。

教我如何不想她

不要以为这只是"文革"中的极"左"现象、不正常现象,请看另一个早一些的例子。

只想睡觉——

有个人在大炼钢铁的年代,几天几夜没休息,说了句:"我现在只想睡觉。"给人抓着了小辫子,来了番这样的"推理"(见图8-2):

只想睡觉就是不想大炼钢铁,
不想大炼钢铁就是不想搞大跃进,
不想搞大跃进就是反对三面红旗,
反对三面红旗就是右派。

现在只想睡觉 不想大炼钢铁 不想搞大跃进 反对三面红旗 就是右派

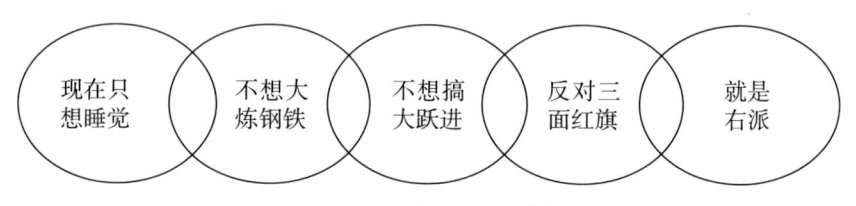

图8-2 只想睡觉……就是右派

他还算幸运,右派没当成,只算有右倾思想。

你要是觉得那也是极"左"年代,再看些近年来的例子。比起20世纪50年代到70年代,新千年应该不"左"了吧——其实,这又跟"左"和"右"有什么关系呢?孟子算"左"还是"右"?公孙龙呢?

六君子——

十年前,很多体育报刊大量报道某运动俱乐部"六君子"找应召女一事。如果报道属实,那么就是六个不检点的球员、"六小人"、"六混混儿"。怎么成了"六君子"呢?"六君子"指的是20世纪30年代六位主持正义而受迫害的律师,其中一位女律师史良在50年代还当过司法部长。就因为都有一个"六"字,所以"六混混儿"也可以用"六君子"来指称。这是旁推法的运用。当然在某些特定场合,为了讽刺不是不可这么联用。不过在这个例子中,从开始创造性联想,到后来模式化沿用,看不出讽刺的意味。

大模样——

《中国队有了"大模样"》——这是数年前一则有关足球队的新闻报道的标题。

"大模样"是来自日语的围棋术语,意思为庞大的形势。现在作者把它移用到足球界,已经不是原来的意思了。作者的原意是想说"中国足球队有了大致的模样,即队员、战术等已经大致确定"。这"大致的模样"跟"庞大的模样"因都有个"大"而大致相同,于是就旁推了过来。所以,胡适说中国人都是"差不多先生",反映的是中国人思维深处的联想旁推习惯,已经上升到推理法则了。

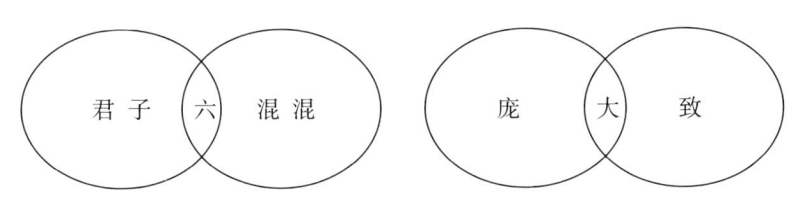

图 8-3 旁推法实例

上面"六君子"和"大模样"使用的是同样的旁推法,凡有相交点,就可互推。再看两个例子:

意大利面——

> 这个意大利人忘记了没有中国人阶级兄弟似的奉献,他根本不知道天天吃的意大利面条为何物。没有中国人,就没有意大利面条;没有意大利面条,哪有他长大成人。(这是十年前一家晚报上的一篇足球评论,关于欢送一位四川球员去意大利足球俱乐部踢球的事儿。)

你可以把意大利面和阶级兄弟搅和在一起看成是调侃。但问题是,写者和读者都必须对旁推联想法心领神会,才会觉得有趣。要是广大人民群众对无穷联想不是这么熟门熟路,那作者的联想幽默就无人欣赏了。

"演绎"——

> 某歌手把这首歌演绎得感性十足。
> 某演员领衔这电影演绎真爱永恒。
> 某车模真情演绎奥迪。

教我如何不想她

这样的用法现在已经很流行了,不但歌啊戏啊,连轿车都能"演绎"了。本来演员是"表演"、"演出"、"演戏",这个"演"是形象表演,跟演绎法的"演"正好相反,演绎法推演的是最理性的逻辑。但就是因为大家都带个"演"字,最理性的词儿就"演绎"为最感性的含义了。当然,演绎的原义也不是演绎法的演绎——见"汉儒解经,依经演绎"(《朱子语类》卷六七)——那还是联想解说的含义。那么,看来演绎法的演绎本身就是"演绎"出来的。

这种种联想,我们给它一个学术化的名称——同构推理,包括三法:旁推法、内推法和外推法。详细的这里不多谈。这种同构律的推理模式发展到极致,便是中国"逻辑"史上有名的"演连珠"推式——瞧瞧,咱们古人已经把种种联想抽象为合法推理了。这样的联想推式被当代的逻辑学家或者联想家解释为"融归纳、模拟和演绎于一体的错综的逻辑关系,用'互相发明'四字来概括,真是再确切不过了"。好一个"互相发明",真是食髓知味,也就是一个"来回联想"的意思罢了。归纳、演绎这两种截然相反的推理方式竟然都糅合到一块儿了,这样的超级联想的成果是怎么进行"推理"得到的呢?让我们来看两例被逻辑联想家看作"互相发明"典范的陆机《演连珠》中的例子——

臣闻:目无尝音之察,耳无照景之神。(前提)故在乎我者,不诛之于己;存乎物者,不求备于人。(结论)

这不过是一个普通的比喻、一则常用的联想,从具体的眼睛、耳朵的功能限制,比喻联想到抽象点的人际或人与物之间的功能差异。但我们联想能力强大的逻辑学家说:这是一则二段的连珠推论……它是归纳,又兼有演绎,并寓模拟于不言之中。从前提来看,通过对耳目各有职守的归纳,可以得出事物各有其功用而不能苛求其互易的普遍性命题,只是这普遍命题被省略了。结论就是从这一省略的普遍性命题中演绎出来的。

他们在陆机的这个比喻之间联想出很多陆机做梦也没想到的归纳、演绎的过程:先是归纳出子虚乌有的或者是"被省略的"普遍性命题,再从这不存在的普遍性命题中演绎出结论。这让我们想起以前有些联想能力强的语法学家,把"下雨了"看成是主语"被省略的"无主句，因为英语"It is raining"是有主语的。那么，"被"省略了的主语是什么呢？于是，联想到"天"、"龙王爷"、"王母娘娘"、"云层"、"何仙姑"等等。那么，到底是"龙王爷下雨"了呢，还是"云层下雨了"——又要进行猜想了。其实，这个汉语句子什么也没省略，咱们就是这么说话、这么演连珠的，不是每个句子都要有主语的，汉语又不是英语。在很多情况下，省略可能都是"被省略"，被联想家们省略了。再看一则陆机的演连珠：

　　臣闻：春风朝煦，萧艾蒙其温；秋霜宵坠，芝蕙被其凉。（前提）是故威以齐物为肃，德以普济为弘。（结论）

　　同样，这不过是个比喻，拿具体的春风秋霜，来比喻或者联想到君王的"德"与"威"。但咱们的逻辑学家说：这首连珠虽然只有前提和结论两段，但其前提具有归纳的性质，其结论则具有演绎的性质，前提与结论并不具有直接的推导关系，其间还隐含着一个模拟的过程，模拟的前提原来就是从归纳得出的结论，模拟的结论则又做了演绎的前提。而且其模拟又是异类相比，与一般模拟推理的同类相比显然不同。

　　把他们的分析只录了一半就已显得词费。中西逻辑对比跟中西语法范畴对比一样，是削了中国的脚去塞西方的鞋。把古代中国人的一个推理看成既有演绎，又有归纳，还有模拟（还是一种出格的跨类类比），这跟把汉语里一个词看成既能做名词，又能做动词，还能做形容词，或者把汉语里一个词类看成既能做主宾语，又能做谓语，还能做定语，性质是完全一样的。

　　朱晓农在香港科技大学开一门课："中国的语言、逻辑与科学"，讲了多年。课上提出一个命题：一种语言的语法规则的严密程度与说该语言的社会的法治程度成正相关关系。也就是说，语法规则严格的，社会法治程度也高；语法规则不严格的，也就是"意合语法"较强的，社会上人治程度较高。

　　要证明这个猜想可以用社会学的问卷方式进行。朱晓农设计了一份问卷如下：

教我如何不想她

问　　卷

第一部分　个人信息
性别：　　　姓名（可填可不填）：
母语：　　　国别：
学习中文多长时间：

第二部分　在合适的地方（"中国人"或"你们国家"）画上圈。
1. 汉语和你的母语比，哪个语法规则更严密？
2. 中国人和你们国家比，谁更遵守交通规则？
3. 买东西时人很多，中国人和你们国家比，谁更能够守秩序排队？

图 8-4　语法与法治相关性问卷

这个问卷去年在北京某高校分发了近百份，收回68份，多数是欧美留学生，少数亚洲学生，没有非洲学生。答案高度一致，除了两个亚洲学生，其余66人全部选择后者：即他们的母语语法规则更严密，他们国家的人更遵守交通规则、更能够守秩序排队。那两个亚洲学生的回答也不算例外，因为他们的回答都是前者（即正相关），他们认为汉语的语法规则比他们的母语更严密，中国人比他们国家的人更守规则。

语法的严密程度和规则的遵守程度之间高度一致，几乎可以说完全一致，说明了什么？说明了上面的假说（重复如下）的合理性：

珠子二号定律：
一种语言的语法规则的严密程度与说该语言的社会的法治程度成正相关关系。

得出这个观点的出发点和推理过程是：语言是人类行为，而且是最常用的行为。如果最常用行为是严格受规则控制的，那么该社会人群的其他行为也容易类化，较高程度地受到规则控制，也就是法治。相反，最常用行为较少受到规则控

语音与联想

制,那么他的其他行为也会较少受到规则控制,也就是法治程度较低而人治程度较高。

下面来对照两段话,注意,那不是联想的结果,而是有了上面的定律(假说加证明)后,仿造的结果。

> 有子曰:"其为人也孝弟,而好犯上者,鲜矣;不好犯上,而好作乱者,未之有也。君子务本,本立而道生。孝弟也者,其为仁之本与!"(《论语·学而》)

> 珠子说:"为言者常行也。其常行也循法,他行而好违规者,鲜矣。不好违规,而好犯法者,未之有也。语言学家务本,本立而法治。语法也者,其法治之本与!"

也许有人会说,把语法和守规则之间联想起来,作者也是在联想而已。

作者是进行了联想,不过请等一下,这儿不仅仅是联想,而是对联想做了科学程序的判断。我们知道,科学研究分两个步骤。第一步,是想象的天下,当然也可不想象,而依靠逻辑的方法,做出各式各样的假说。第二步呢,那就更重要了,需要遵循演绎推理的逻辑论证。说"语法和守规则"之间有相关性,那是第一步,可以说是初步的归纳,属于联想一类。但如果你进一步进行社会学的调查,并将结果做统计学的处理,求出它们之间的相关性指数——那就不再是联想,而是科学研究了。让我们来读一段福尔摩斯的话:

> We balance probabilities and choose the most likely. It is the scientific use of the imagination.
> (我们权衡各种可能的情况,然后选择可能性最大的。这是科学地运用想象。)

你可以不信朱晓农的话,不信焦磊的话,但你该信神探福尔摩斯吧?"相关性"的确只是联想,但如果进一步运用概率论和数理统计来加以处理,那么得出的就是"统计相关性"了。这是科学结论,不是民间科学家常用的联想和想象了。

教我如何不想她

请跟随福尔摩斯,用数理统计的方法把联想和想象加以科学化。这就是程序的必要性,方法的重要性,演绎逻辑的重要性。有了这些个统计学的程序做检验,我们中国人的特长"联想"就能大展宏图了。

再联想之二:中国为什么产生不了科学

我们已经看到,在传统的思维活动中,最为广泛使用的推理方式就是"同构推理"——这是"联想"的学术化名词。这就能够回答一个困惑了我们差不多一个世纪的难题:为什么我们没有产生科学?

答案是:因为我们没有演绎逻辑!

我们的推理方式是联想式孳乳繁衍,或者学术点儿,叫"建立在同构律上的秦人逻辑",而不是建立在同一律上的演绎逻辑。

那么,为什么我们没有演绎逻辑?

因为我们没有严密的语法。

让我们从头说起——

20世纪20年代初,就有中国学者提出了"为什么我们没有科学?"这样的问题。到40年代,英国科学家李约瑟开始研究中国文明史,这问题就凸显了出来。到60年代,美国的科学史家把这问题叫作"李约瑟难题"(Needham's Puzzle),表述为——

弱命题(李约瑟难题)——古代中国的科技发明比其他所有国家加起

来还多，但为什么近代科学革命发生在欧洲而不是中国？

我们把它进一步强化一下，表述为——

强命题（朱晓农问题）——为什么中国产生不了科学？

李约瑟难题是个弱命题，相比之下，朱晓农命题就是强命题了。在这个问题上，不应该问弱命题，而应该问强命题！李约瑟的弱命题其实没什么意义，因为对这弱命题可以这么回答：16、17世纪发展不出科学，18、19世纪也许可以发展出来吧？20、30世纪一定可以了吧！而对朱晓农强命题的理解是：如果一切保持原样，那么，永远发展不出科学来。

不管怎样吧，这么些年来，参与讨论的可谓人山人海，这专业的那专业的，有关系的没关系的，七嘴而八舌，瞎七以搭八，对这个问题的回答是多种多样，丰富多彩。例如——

（1）政治因素决定的：我们是封建社会，我们是专制社会。（好像资本主义制度是充分条件。哥白尼、伽利略提出那些无与伦比的科学理论时，正是中世纪最黑暗的宗教专制年代。为捍卫哥白尼理论，布鲁诺还被火刑处死。）

（2）制度上的问题：科举制度妨碍了科学的产生。（实际上是，科举制度被现代政治学认为是近代以前最好的行政制度之一。）

（3）经济因素决定的：我们是小农经济，我们是重农抑商。（现在倒是商人横行了，连官员或他们的家属都下海经商了。这改变了我们的推理方式了？）

（4）文化因素决定的：中国的传统是入世的，不是出世的；确是比较注重实际的，不注重抽象理论架构的。（其实，重理论的人在任何社会永远只是"一小撮"。）

（5）观念上的问题：认为技术不重要，认为是"奇技淫巧"；有天人合一的观念。（还没分清科学和技术。）

（6）（无）宗教因素决定的。（宗教都是非理性的，中国无形式意义上的宗教，因此，中国的非理性因素较少，也就应该有利于科学的产生。）

（7）地理因素决定的：欧洲是个大平原，容易形成统一的共性观念；中国地

教我如何不想她

貌复杂,容易形成具体情况具体处理的观念。

这种种解释都貌似有理,但都没什么大道理。我们的回答是:根源在于语言结构。语言在逻辑产生中起到关键作用,而逻辑在科学产生中起到关键作用。

科学研究有两个步骤:(1)做出假说的随机探索过程;(2)进行评估的逻辑论证过程。对于第一步,不会也难——联想呗,猜呗!第二步则是一个文化的奇迹,它包括两项工作方法,这也是科学产生的两大必要条件:

1)用演绎逻辑来进行推理,组织命题。

2)用受控实验来寻找因果关系。

两者共同构成了科学产生的充分条件(也许还要一条观念上的前提条件:统一的共性观——即使信神也是一神教)。这一点爱因斯坦在1953年致友人的信中已经指出了:

> The development of Western science has been based on two great achievements, the invention of the formal logical system (Euclidean geometry) by the Greek philosophers, and the discovery of the possibility of finding out causal relationships by systematic experiment (at the Renaissance). In my opinion one need not be astonished that the Chinese sages did not make these steps. The astonishing thing is that these discoveries were made at all.
>
> (西方科学的发展是建立在两项伟大成就上的,一是由古希腊哲学家们创立的形式化的逻辑系统(如欧几里得几何),另一项则是在文艺复兴年代发现的通过系统实验而有可能找到的事物的因果关系。据我看,不用为中国古代圣贤们没做出这些成就而感到惊讶,相反,如果他们做出了这样的发现倒是令人惊奇了。)

2004年10月23日,清华大学高等研究中心和《科技中国》杂志社,在清华大学联合主办了"中国传统文化对中国科技发展的影响论坛"。会上杨振宁对李约瑟难题的解答是:中国传统文化中没有演绎法。会上会后有很多国学老先生们批驳杨振宁,说我们从《周易》起就有演绎法了,《周易》可用来算卦,怎么算呢——靠推演!您瞧,他们把算命的"推演"联想成了"演绎",就是因为有一个共同的

"演"连着，因此，推演算卦也能演绎出科学定理来。就好像上一节中的例子——六个小混混被联想成了六君子，就因为两者都有个"六"字。

爱因斯坦的判断不错，杨振宁的直觉不错，但问题并没因此而解决，只是把问题推进了一步——为什么中国产生不了演绎法？

科学是一种思维方式，以及在它指导下的行为方式。理性思维取决于语言结构，这是因为理性思维由语言组织，理性思维由语言进行，理性思维由语言表达。维特根斯坦（Wittgenstein 1958）说："The limits of my words are the limits of my world."——我们语言的极限也就是我们认识世界的极限。

理性思维与演绎法的关系是：理性思维就是基于演绎推理的思维方式，也就是推理必须遵循形式逻辑，从前提到结论之间不能跳跃，每一步之间都有逻辑关系。

让我们来看一个令人惊奇的"巧合"。全世界古往今来，不知出现过多少个民族、多少个文化、多少种语言，可是出现过形式逻辑的只有两种语言：一是在古希腊语中出现的亚里士多德逻辑，二是在梵语中出现的佛教逻辑，也就是中国传统所叫的"因明学"Nyāyapraveś。最为惊人的是，这两种语言有一个相同点——同属印欧语系。也就是说，它们是从共同的祖语（原始印欧语 Proto Indo-European）发展而来的姐妹语言，有着相似的语言结构，从中产生相似的逻辑就一点不是"巧合"了。

什么是逻辑？为什么会产生逻辑学？——其实，最早的逻辑问题就是语言问题。自然语言中存在的模糊性和歧义，促使语言分析产生，那就是语法学、逻辑学（可能还有修辞学）产生的源头。两者最初是混而不分的，像公孙龙的"白马非马"、墨子的"二马或白"，既是逻辑分析，又是语法澄清。而这样的命题、这样的逻辑问题，在希腊语和梵文中是不会产生的，因为它们的语法结构不产生类似汉语这样的模糊性和歧义性，它们有它们自己的语法歧义。

语言结构与逻辑形式的关系是：特定的语言结构产生特定的语言歧义；为解决特定的语言歧义，产生了特定的语言分析技术；特定的语言分析技术导致了特定的推理方式；特定的推理方式规定了日后特定的逻辑形式。

逻辑与科学的关系是：特定的逻辑形式规定了特定的探究外在世界的思维方式。各民族特定的"科学"（探索自然）的产生不是偶然的。怎么样推理，就导致什么样的自然探索之道，也就是不同的科学。

教我如何不想她

在古往今来不计其数的"文化—语言"（语言是文化最重要的载体）中，只产生过两个演绎逻辑，其中一个文化（希腊文化）的后代产生了科学。因此，李约瑟难题"为什么中国不产生科学"，实际上不是个有意义的问题，说得严厉点，是个"伪命题"，因为我们同样可以问：

为什么日本不产生科学/逻辑？
为什么土耳其不产生科学/逻辑？
为什么柬埔寨不产生科学/逻辑？
为什么埃塞俄比亚不产生科学/逻辑？
为什么澳洲土著不产生科学/逻辑？
为什么美洲土著不产生科学/逻辑？
为什么班图文化中不产生科学/逻辑？
为什么南岛文化中不产生科学/逻辑？
为什么张三不是长一只眼睛？
为什么李四不是长一只眼睛？
为什么王五不是长一只眼睛？
为什么？为什么？

如果到处都不产生科学/逻辑，那么有意义的问题应该是——

为什么希腊产生逻辑？
为什么印度产生跟希腊逻辑同性质的因明？
为什么赵六只长一只眼睛？

因为对于个别的存在（特称命题），我们总是针对特殊性来提问，而不是针对一般性来提问的。就好像医生会问这个人为什么只有一只眼睛，而不会问为什么会有两只眼睛或不是长一只眼睛。不产生逻辑是人类文明的一般性情况，而产生逻辑是一种文化突变、一种特殊现象。所以有意义的问题应该针对希腊（和印度）来问。过去（现在也如此）我们总是以为中国是特殊的，所以会问"为什么中国不产生科学?"这样的问题,而不知道我们很普通,很平常,在世界各地古往今来千千万万个民族中是普通一员。

现在我们知道了,产生演绎逻辑实际上要有一些特殊的语法结构。那么,需要有哪些逻辑赖以产生的语言结构呢?下面就是一张清单,列出这些必要条件:

语法上的"句子"与逻辑上的"命题"同构。
"句子"是个语法上充分定义的单位。
主谓才能、并且就能成句。

具体来说——

一个句子有且仅有一个主语。
一个句子有且仅有一个定动词。
一个句子用一个句号标志。
当然,首先我们要有"句子"的概念。

从德语中"句子"和"命题"用的是同一个词 Satz,就可明白上面说的这些道理。对于讲德语的人来说,语法上的"句子"和逻辑上的"命题"同构,或者说,本来就是一回事。一个句子就代表一个命题,而一个命题就用一个句子来表达。西方的 LOGIC(逻辑学)和 GRAMMAR(语法学)用的是同一套基本概念和术语:Subject-predicate-object。只是到了中文里,逻辑学里用"主词—谓词—宾词",而语法学里用"主语—谓语—宾语"。

相比之下,对我们的李逵来说,什么是"句子",摸不着头脑;什么是"命题",更不知所云。至于句子和逻辑的关系,那说的是啥呀?下面是《水浒传》里的一段话,谁要感兴趣就试着标点一下,看看第一"句"应该到哪儿结束,全文一共有几个句子。

李逵看看揸得到岭上松树边一块大青石上把娘放下插了朴刀在侧边分付娘道奈心坐一坐我去寻水来你吃李逵听得溪涧里水响闻声寻将去扒过

教我如何不想她

了两三处山脚……扒到溪边捧起水来自吃了几口寻思道怎地能勾得这水去把与娘吃立起身来东观西望远远地山顶见一个庵儿李逵道好了攀藤揽葛上到庵前推开门看时是个泗州大圣祠堂面前有个石香炉李逵用手去掇原来却是和座子凿成的李逵拔了一回那里拔得动一时性起来连那座子掇出前面石阶上一磕把那香炉磕将下来拿了再到溪边将这香炉水里浸了拔起乱草洗得干净挽了半香炉水双了擎来再寻旧路夹七夹八走上岭来到得松树里边石头上不见了娘只见朴刀插在那里李逵叫娘吃水杳无踪迹叫了几声不应李逵定住眼四下里看时寻不见娘走不到三十馀步只见草地上一段血迹李逵见了心里越疑惑趁着那血迹寻将去寻到一处大洞口只见两个小虎儿在那里舐一条人腿李逵心里忖道……

这种主谓宾难以分清、句子难以界定的情况，在下面的例子中更是明显：

垃圾分类，从我做起！（浦东某街上的标语）
坚决打击流产女婴！（安徽某县的标语）
老张问过了
刘生等得她急死了
女生如果没有了男生就恐慌了
店家切一盘熟牛肉荡一壶热酒请林冲吃又自买了些牛肉又吃了数杯就又买了一葫芦酒包了那两块牛肉留下碎银子把花枪挑了酒葫芦怀内揣了牛肉叫声相扰便出篱笆门依旧迎着朔风回来……（《水浒传》）
那先生两口剑砍将入来被武行者转过身来看得亲切只一戒刀那先生的头滚落在一边尸首倒在石……（《水浒传》）

朱晓农在香港科技大学的"中国的语言、逻辑与科学"课上，让学生做过这样的标点练习：一是标点上述"李逵"段落，一是标点以下的英语段落：

once a little boy went to school he was quite a little boy and it was quite a big school but when the little boy found that he could go to his room by walking right in from the door outside he was happy and the school did not seem quite so big anymore one morning when the little boy had been in school a while the teacher said today we are going to make a picture good thought the little boy he liked to make picture he could make all kinds lions and tigers chickens and cows trains and boats and he took out his box of crayons and began to draw but the teacher said wait it is not time to begin and she waited until everyone looked ready

结果符合预期,百十来个香港学生,标点母语的(即"李逵看看捱得到岭上……")五花八门,而标点外语的(即"once a little boy went to school...")却基本一致。为什么标点自己母语这么难,而标点外语那么容易?这问题问错了。本来这些标点是欧洲语言中用来标示句子、分句的符号,不是用来标点汉语文章的。咱们汉语的文章是用"句读"来标点的,也就是长停顿和短停顿。咱们从小学起学写作文,老师就批评说:"你怎么一逗到底啊!"是啊,没完呢!咱们是用"句"来表示一个意群,中间用很多"逗",表示念累了,歇一歇,换口气。这都说明汉语的表达不是用"sentence"(句子)为单位的(而英语是用句子为单位,并且或者因此,有明确的分界)。再进一步,汉语中要表达"命题",可以但并不一定要用欧洲语言那样的"句子"来表达。也就是说,汉语的句子不一定要用"主语—谓语—宾语"这样的结构来表达,因此,汉语的逻辑命题不一定要用"主词—谓词—宾词"这样的组织来构建。因此,建构在"Subject-predicate-object"上的演绎逻辑就难以产生于汉语,至少难以产生在古汉语、古白话中。

现在,我们可以来回答为什么中国产生不了科学。

因为古汉语的语言结构产生不了逻辑。

那么,为什么现在的中国能够容纳逻辑和科学呢?这就涉及我们的学习能力。人类具有学习的能力,而我们在这一点上更是比谁都高明,更擅长——这只要看满山遍寨的中国式创新就能明白。尽管我们难以自发产生,但我们是能够引发的。100年来,我们的汉语,至少是书面汉语的语法结构,引发了太多的变化。欧化句子在新闻、法律、商业、科技、哲学等需要严格表述的场合,已经成了主要表达方式。

教我如何不想她

跋

我的大部分科学知识是从科普小品、科学逸史中看来的，所以有了写一本通俗语音书的想法，也攒了些素材，可一直下不了决心开笔。这是吃力难讨好的事情。从来都是研究做得好的有的是，但能科普出去的却少得可以。后来架不住周洪波先生以欣赏代催促的鼓励话，又幸好焦磊愿意来做帮手，于是就硬着头皮上阵了。

上阵是上阵了，可对手在哪儿啊，枪往哪儿放啊，还一头雾水。所以一边儿写一边儿愁，不知道最后生出个什么样的"宁馨儿"——我说的是宁馨的本义"呐亨"，不是后来的孳乳繁衍义。内容写着写着从最早的通俗知识转到了英雄传奇，但主题是什么呢？咱们小学里写作文，老师教的"中心思想"是什么呢？总不能一堆故事、一把散钱，总得有个钱串子把它们串起来吧。可那钱串子是什么样的呢，它又在哪儿呢？

就这么只顾低头拉车，不知路向何方地过了三个月。直到世博会的广告铺天盖地，突然哪根神经给激发起了共振——原来世博会展馆各有各的主题，不是一堆老古董新技术瞎拼乱堆的马赛克。头一个看到的是美国馆的四大核心理念：（1）可持续发展；（2）团队精神；（3）健康生活；（4）奋斗和成就。好多天来的困惑一下子"豁然开朗"了。我把这四个理念的顺序倒过来，为本书仿造了四个主题：它的"（4）奋斗和成就"成了本书的"一、有志者事竟成"（古训今励志）；"二、有趣而快乐"那该是"（3）健康生活"（今生活要素）的表现；"多学科合作"（今工作要求）体现了"（2）团队精神"；最后是"不断进步"（今社会要义），这都包括在下面表里了——

	世博美国馆四大核心理念	本书四个主题思想和系统目标
单项目标	（4）奋斗和成就	一、有志者事竟成
单项目标	（3）健康生活	二、有趣而快乐
单项目标	（2）团队精神	三、多学科合作
单项目标	（1）可持续发展	四、不断进步
系统目标	***	有志而乐学，广博以奋进

这样高兴了还没五分钟，又再次困惑起来。这四条理念好是好，但中心思想或系统目标不能这么散啊——你得用一条钱串子来串铜板，而不是四个核心。那么，怎么把这些个单项目标组合进一个系统呢？这下美国馆没再管用，我们得自己造句，用那四个单项造一个句子，也就是把四根杂色线拧成一条彩色钱串子。结果就有了——

有志而乐学，广博以奋进！

你要有志于在广博的知识大海中奋进，但最好不要吊脑袋扎大腿么以苦作舟在茫茫苦海中一代又一代地忍受苦难！你要乐学，以乐作舟！

而激发兴趣以帮助打造泛海语音的汽轮机——这就是本书的主旨了。

最后，还要大大地感谢本书责编蔡长虹。由于她的出色工作，本书的毛病减少到了最低程度。当然，若有残留问题，则由我负责。

朱晓农
2010年春

图书在版编目(CIP)数据

教我如何不想她:语音的故事/朱晓农,焦磊著.—北京:商务印书馆,2013(2023.12重印)
ISBN 978-7-100-08400-0

Ⅰ.①教… Ⅱ.①朱…②焦… Ⅲ.①语音学—通俗读物 Ⅳ.①H01-49

中国版本图书馆 CIP 数据核字(2011)第 112914 号

权利保留,侵权必究。

教我如何不想她
——语音的故事
朱晓农　焦磊　著

商务印书馆出版
(北京王府井大街36号　邮政编码100710)
商务印书馆发行
北京冠中印刷厂印刷
ISBN 978-7-100-08400-0

2013年10月第1版　　开本710×1000 1/16
2023年12月北京第3次印刷　印张15¾
定价:78.00元